新・判例ハンドブック

【債権法Ⅰ】

潮見佳男・山野目章夫
山本敬三・窪田充見 編著

日本評論社

はしがき

本書は、民法を勉強する諸君に知っておいてもらいたい債権法に関わる重要な判例を取り上げるものである。債権総論に当たる部分を第Ⅰ巻に、債権各論に当たる部分を第Ⅱ巻に収録している。現在の民法を理解するために、条文とともに、継続的に形成されてきた判例を十分に理解することが不可欠であるということは言うまでもない。法は生きており、条文を基礎としつつも、それを解釈し適用する判例が、そうした現在の法を形成している。その意味で、条文を学ぶとともに、判例を知ることで、初めて現在の法の状態を知ることができるのである。もっとも、「判例を知る」という場合、さまざまなレベルでのものがあり、実際に、そうしたさまざまなレベルに対応した教材が用意されている。本書の意義にも関わるところなので、少しその点について触れておくことにしよう。

一方で、判例付き六法に示されるような判例の要旨（そのポイント）を知ることも、そのひとつであり、そうした知識ももちろん重要である。ただ、判例は実際には、ひとつひとつ具体的な事件において示されたものであり、判例を十分に理解するためには、その事件がどのようなものであり、何が問題となったのかを理解することが、「判例を知る」うえで不可欠である。そのような考慮から、本書においては、【事実】において、前提となる事実関係について簡潔に説明している。

これをふまえて【裁判所の見解】を読むことで、学生諸君は、その判例をより生き生きとしたものとして理解することができるだろう。

また、その判例が、条文との関係、従来の判例や学説等との関係でどのように位置づけられるのか等を理解することも、判例を理解するという意味で、「判例を知る」ことにつながる。もちろん、こうした判例の理解をめぐっては、多くの場合、それ自体について議論があり、その意味では、判例を深く理解するためには、より詳しい判例解説や判例評釈が求められる。ただ、ひとつひとつの判例のすべてを、そこまで掘り下げて勉強することは容易ではない。本書の【解説】においては、(判例評釈であれば、むしろ求められる)執筆者自身の見解や独自の分析はやや抑制したうえで、一般的に共有される判例の意義と位置づけをまず示すことが企図されている。学生諸君は、そうした解説により、条文との関係や学説上議論のある部分との関係等を理解することができるだろう。本書の意義と役割が以上のようなものであるということを前提としつつ、本書の編集にあたっては、特に以下の点を重視した。

第一に、上記のような意味での【事実】、【裁判所の見解】、【解説】を簡潔に示すことである。もちろん、実際に、たった一頁の中にこれらを過不足なく盛り込むことは容易ではない。執筆者には大変な苦労をかけることになったに違いないが、いずれも簡潔な記述の中で、これらのポイントを示して頂くことができたものと思っている。

第二に、これは債権法を対象とする本書において特に意識されることであるが、二〇一七年に成立した債権法改正をふまえての【解説】という点である。もちろん、債権法改正との関係では特に影響を受けていない判例も少なくない。しかし、他方で、債権法改正において対象となった規範に関わるものについては、その判例がどのような意味を持つのかについては、債権法改正をふまえたうえで、あらためて考える必要がある。その点では、債権法改正の影響を受ける判例については、意識的に、改正を受けてどのような位置づけとなるのかについて言及するように執筆者にお願いし、これも実現できたものと考えている。

こうした目的を掲げた本書が、これを利用してくれる諸君の勉強の一助になれば、編者としては何よりの幸せである。最後に、多忙な中、執筆の労をとってくださった先生方に心からの御礼を申し上げたい。また、項目ごとの調整を含め、日本評論社第一編集部の上村真勝氏、室橋真利子氏には大変なご苦労を頂き、刊行までたどりつくことができた。なかなか思うように進行しない債権法改正の立法作業を横でにらみながらの作業には、心理的な負担も大きかったものと拝察している。編者として、心から感謝の気持ちを申し上げたい。

二〇一八年二月

潮見佳男
山野目章夫
山本敬三
窪田充見

目　次

はしがき

第一部　債権総論

I　債権の目的

A　種類債権────辻　博明　22

①　取立債務における特定／漁業用タール事件──最3判昭和30年10月18日民集九巻一一号一六四二頁

②　持参債務における特定／鱈不着事件──大判大正8年12月25日民録二五輯二四〇〇頁

B　金銭債権────川地宏行　24

③　金銭債権と名目主義──最3判昭和36年6月20日民集一五巻六号一六〇二頁

④　外国金銭債権──最3判昭和50年7月15日民集二九巻六号一〇二九頁

C　利息債権────川地宏行　26

⑤　超過利息の元本への充当の可否──最大判昭和39年11月18日民集一八巻九号一八六八頁

⑥　貸金業法旧四三条と超過利息支払の任意性──最2判平成18年1月13日民集六〇巻一号一頁

⑦　過払金の後発借入金債務への充当──最2判平成20年1月18日民集六二巻一号二八頁

⑧ 過払金返還請求権の消滅時効の起算点――最1判平成21年1月22日民集六三巻一号二四七頁
D 選択債権――川地宏行 30
⑨ 土地の一部の賃貸借と選択債権――最1判昭和42年2月23日民集二一巻一号一八九頁
Ⅱ 債権の効力
A 契約（締結）上の義務――根本 到 31
⑩ 公務員に対する国の安全配慮義務――最3判昭和50年2月25日民集二九巻二号一四三頁
⑪ 従業員に対する会社の安全配慮義務――最3判昭和59年4月10日民集三八巻六号五五七頁
⑫ 安全配慮義務と履行補助者――最2判昭和58年5月27日民集三七巻四号四七七頁
⑬ 安全配慮義務の証明責任――最2判昭和56年2月16日民集三五巻一号五六頁
B 強制履行――大久保邦彦 35
⑭ 自然債務／カフェー丸玉事件――大判昭和10年4月25日新聞三八三五号五頁
⑮ 訴求力を欠く債権――最2判平成19年4月27日民集六一巻三号一一八八頁
⑯ 不作為債務の間接強制――最2決平成17年12月9日民集五九巻一〇号二八八九頁
⑰ 間接強制と不当利得――最2判平成21年4月24日民集六三巻四号七六五頁
C 債務不履行――白石友行＋潮見佳男＋松井和彦＋宮下修一＋長野史寛＋荻野奈緒 39
⑱ 不法行為を理由とする損害賠償債務の履行遅滞――最3判昭和37年9月4日民集一六巻九号一八三四頁
⑲ 安全配慮義務違反を理由とする損害賠償債務の履行遅滞――最1判昭和55年12月18日民集三四巻七号八八八頁

⑳ 弁護士費用に関する損害賠償債務の履行遅滞――最3判昭和58年9月6日民集三七巻七号九〇一頁
㉑ 処分禁止の仮処分と移転登記義務の履行不能――最1判昭和32年9月19日民集一一巻九号一五六五頁
㉒ 不動産の二重売買において売主の一方買主に対する債務が履行不能になる時点
――最1判昭和35年4月21日民集一四巻六号九三〇頁
㉓ 履行補助者の行為を理由とする債務者の損害賠償責任――大判昭和4年3月30日民集八巻三六三頁
㉔ 転借人の行為による賃借物の滅失と転貸人の損害賠償責任――大判昭和4年6月19日民集八巻六七五頁
㉕ 特別事情の予見時期――大判大正7年8月27日民録二四輯一六五八頁
㉖ 損害の発生と損害額の立証――最2判昭和28年11月20日民集七巻一一号一二二九頁
㉗ 損害賠償額の算定基準時／富喜丸事件――大判大正15年5月22日民集五巻三八六頁
㉘ 損害賠償額の算定基準時としての履行期――最2判昭和36年4月28日民集一五巻四号一一〇五頁
㉙ 解除後の損害賠償と損害賠償額の算定基準時――最2判昭和28年12月18日民集七巻一二号一四四六頁
㉚ 騰貴価格による損害賠償請求(1)――最2判昭和37年11月16日民集一六巻一一号二二八〇頁
㉛ 騰貴価格による損害賠償請求(2)――最1判昭和47年4月20日民集二六巻三号五二〇頁
㉜ 執行不能に備えた請求の算定基準時――最2判昭和30年1月21日民集九巻一号二二頁
㉝ 賃借人の損害回避義務――最2判平成21年1月19日民集六三巻一号九七頁
㉞ 過失相殺の立証責任――最3判昭和43年12月24日民集二二巻一三号三四五四頁
㉟ 賠償額の予定と過失相殺――最1判平成6年4月21日裁時一一二一号一頁
㊱ 安全配慮義務違反と弁護士費用賠償――最2判平成24年2月24日判時二一四四号八九頁
㊲ 損害賠償請求権の時効起算点――最3判昭和35年11月1日民集一四巻一三号二七八一頁

D　受領遅滞――――荻野奈緒　59
㊳　買主の受領義務――最1判昭和46年12月16日民集二五巻九号一四七二頁
㊴　受領遅滞にある債権者による催告と解除――最1判昭和35年10月27日民集一四巻一二号二七三三頁
㊵　受領遅滞と解除――最2判昭和40年12月3日民集一九巻九号二〇九〇頁
E　債権者代位権――――山田　希＋平田健治　62
㊶　財産分与請求権を保全するための代位権の行使――最2判昭和55年7月11日民集三四巻四号六二八頁
㊷　債権者代位権における無資力要件――最1判昭和50年3月6日民集二九巻三号二〇三頁
㊸　名誉毀損による慰謝料請求権の一身専属性――最1判昭和58年10月6日民集三七巻八号一〇四一頁
㊹　遺留分減殺請求権の一身専属性――最1判平成13年11月22日民集五五巻六号一〇三三頁
㊺　代位権の行使と消滅時効の完成猶予・更新――大判昭和15年3月15日民集一九巻五八六頁
㊻　保険金請求権の代位行使の時期――最3判昭和57年9月28日民集三六巻八号一六五二頁
㊼　消滅時効援用権の代位行使――最1判昭和43年9月26日民集二二巻九号二〇〇二頁
㊽　代位債権者への直接の明渡請求の可否――最2判昭和29年9月24日民集八巻九号一六五八頁
㊾　妨害排除請求権の代位行使――大判昭和4年12月16日民集八巻九四四頁
㊿　債権譲渡通知の代位行使――大判昭和5年10月10日民集九巻九四八頁
51　建物買取請求権の代位行使――最3判昭和38年4月23日民集一七巻三号五三六頁
52　代位債権者独自の事情に基づく再抗弁――最2判昭和54年3月16日民集三三巻二号二七〇頁
F　詐害行為取消権――――片山直也＋名津井吉裕＋岡本裕樹＋山本貴揚＋村田大樹＋瀧　久範　74
53　詐害行為取消権の法的性質及び取消しの効力――大判明治44年3月24日民録一七輯一一七頁

54 詐害行為取消訴訟の訴訟物の個数――最3判平成22年10月19日金判一三五五号一六頁
55 準消費貸借前の債権譲渡と詐害行為――最1判昭和50年7月17日民集二九巻六号一一一九頁
56 詐害行為後に発生した債権と詐害行為取消権――最1判平成8年2月8日判時一五六三号一一二頁
57 将来の婚姻費用債権と詐害行為取消権――最3判昭和46年9月21日民集二五巻六号八二三頁
58 被保全債権成立後の登記移転と詐害行為取消権――最1判昭和55年1月24日民集三四巻一号一一〇頁
59 被保全債権成立後の債権譲渡通知と詐害行為取消権――最2判平成10年6月12日民集五二巻四号一一二一頁
60 特定物債権と詐害行為取消権――最大判昭和36年7月19日民集一五巻七号一八七五頁
61 離婚による財産分与と詐害行為――最2判昭和58年12月19日民集三七巻一〇号一五三二頁
62 遺産分割と詐害行為――最2判平成11年6月11日民集五三巻五号八九八頁
63 相当価格による不動産売却と詐害行為(1)――大判明治39年2月5日民録一二輯一三六頁
64 相当価格による不動産売却と詐害行為(2)――最2判昭和41年5月27日民集二〇巻五号一〇〇四頁
65 相当価格による不動産売却と詐害行為(3)――大判大正13年4月25日民集三巻一五七頁
66 相当価格による動産売却と詐害行為――最3判昭和39年11月17日民集一八巻九号一八五一頁
67 本旨弁済の詐害性――最2判昭和33年9月26日民集一二巻一三号三〇二二頁
68 代物弁済としての債権譲渡の詐害性――最2判昭和48年11月30日民集二七巻一〇号一四九一頁
69 既存債権者に対する担保供与と詐害行為――大判明治40年9月21日民録一三輯八七七頁
70 債務負担と同時の担保権設定と詐害行為――最2判昭和44年12月19日民集二三巻一二号二五一八頁
71 生活費のための譲渡担保設定と詐害行為――最1判昭和42年11月9日民集二一巻九号二三二三頁
72 相続放棄と詐害行為――最2判昭和49年9月20日民集二八巻六号一二〇二頁
73 扶養的財産分与及び慰謝料に関する合意と詐害行為――最1判平成12年3月9日民集五四巻三号一〇一三頁
74 新設会社分割と詐害行為――最2判平成24年10月12日民集六六巻一〇号三三一一頁

⑺5 詐害行為取消権の行使方法――最2判昭和40年3月26日民集一九巻二号五〇八頁
⑺6 被保全債権額を超える贈与の取消し――最3判昭和30年10月11日民集九巻一一号一六二六頁
⑺7 取消債権者に対する不動産移転登記――最1判昭和53年10月5日民集三二巻七号一三三二頁
⑺8 抵当権付不動産の譲渡担保の取消し――最1判昭和54年1月25日民集三三巻一号一二頁
⑺9 共同抵当と価額償還――最1判平成4年2月27日民集四六巻二号一一二頁
⑻0 価額償還の算定基準時――最2判昭和50年12月1日民集二九巻一一号一八四七頁
⑻1 取消債権者の分配義務――最3判昭和37年10月9日民集一六巻一〇号二〇七〇頁
⑻2 受益者である債権者の分配請求権――最2判昭和46年11月19日民集二五巻八号一三二一頁
⑻3 詐害行為取消権の期間制限の起算点――大判大正4年12月10日民録二一輯二〇三九頁

G 対外的効力――小林和子 105

⑻4 債権侵害と不法行為――大判大正4年3月10日刑録二一輯二七九頁
⑻5 債権侵害と妨害排除――最2判昭和28年12月18日民集七巻一二号一五一五頁

Ⅲ 多数当事者の債権及び債務

A 可分債権・債務と不可分債権・債務――宮本誠子＋杉本和士＋都筑満雄 107

⑻6 可分債権の共同相続――最1判昭和29年4月8日民集八巻四号八一九頁
⑻7 連帯債務の共同相続――最2判昭和34年6月19日民集一三巻六号七五七頁
⑻8 不可分債権：建物明渡請求権――最2判昭和42年8月25日民集二一巻七号一七四〇頁
⑻9 不可分債務の共同相続(1)：賃料債務――大判大正11年11月24日民集一巻六七〇頁
⑼0 不可分債務の共同相続(2)：所有権移転登記義務――最1判昭和44年4月17日民集二三巻四号七八五頁

㉛ 不可分債務の共同相続(3)：賃貸物を使用収益させる債務――最2判昭和45年5月22日民集二四巻五号四一五頁

B　連帯債務――都筑満雄＋渡邊　力　113

㉜ 連帯債務者の一部の者に対する債権の転付命令――最2判平成3年5月10日判時一三八七号五九頁
㉝ 四四三条一項の通知を怠った連帯債務者の求償制限――最2判昭和57年12月17日民集三六巻一二号二三九九頁
㉞ 共同不法行為における損害賠償債務の相互の関係――最1判平成10年9月10日民集五二巻六号一四九四頁

C　保証債務――大澤慎太郎＋三枝健治＋渡邊　力＋杉本和士　116

㉟ 保証の趣旨でする手形の裏書と原因債務の保証――最1判平成2年9月27日民集四四巻六号一〇〇七頁
㊱ 保証債務の範囲(1)：不動産の所有権移転義務――大決大正13年1月30日民集三巻五三頁
㊲ 保証債務の範囲(2)：法定解除による原状回復義務――最大判昭和40年6月30日民集一九巻四号一一四三頁
㊳ 保証債務の範囲(3)：不当利得返還義務――最3判昭和41年4月26日民集二〇巻四号八四九頁
㊴ 保証債務の範囲(4)：合意解除による原状回復義務――最1判昭和47年3月23日民集二六巻二号二七四頁
㊵ 事前求償権と事後求償権の関係――最3判昭和60年2月12日民集三九巻一号八九頁
(101) 無委託保証人が弁済により取得する事後求償権の法的性質――最2判平成24年5月28日民集六六巻七号三一二三頁
(102) 主たる債務についての債権譲渡に係る対抗要件の具備と保証債務――大判明治39年3月3日民録一二輯四三五頁
(103) 主たる債務の債務者の法人格消滅と保証人によるその消滅時効の援用――最2判平成15年3月14日民集五七巻三号二八六頁
(104) 保証人による主たる債務の相続と消滅時効の中断(更新)――最2判平成25年9月13日民集六七巻六号一三五六頁

D　根保証―――齋藤由起　126
105　期間の定めのない継続的保証と保証人の解約権――最2判昭和39年12月18日民集一八巻一〇号二一七九頁
106　継続的保証における保証債務の相続性――最2判昭和37年11月9日民集一六巻一一号二二七〇頁
107　保証人に対する債権者の通知義務――最1判昭和48年3月1日金法六七九号三五頁
108　身元保証の相続性――大判昭和18年9月10日民集二二巻九四八頁
109　複数の身元保証人と相互の求償――最1判昭和60年5月23日民集三九巻四号九七二頁
110　期間の定めがある建物賃貸借契約の更新と保証人の責任――最1判平成9年11月13日判時一六三三号八一頁
111　賃借人の債務の保証の相続性――大判昭和9年1月30日民集一三巻一〇三頁
112　根保証契約の主たる債務に係る債権の譲渡――最2判平成24年12月14日民集六六巻一二号三五五九頁

Ⅳ　債権譲渡

A　債権の譲渡性―――白石　大　134
113　債権譲渡制限特約と債務者の承諾――最1判昭和52年3月17日民集三一巻二号三〇八頁
114　債権譲渡制限特約と債務者の承諾の第三者への影響――最1判平成9年6月5日民集五一巻五号二〇五三頁
115　債権譲渡制限特約の譲渡当事者間における効力――最2判平成21年3月27日民集六三巻三号四四九頁

B　債権譲渡の対抗要件―――白石　大＋池田雅則＋和田勝行　137
116　確定日付のある証書による通知・承諾の意義――大連判大正3年12月22日民録二〇輯一一四六頁
117　債権譲渡の対抗要件規定の強行規定性――大判大正10年2月9日民録二七輯二四四頁
118　確定日付のある証書によらない承諾と確定日付のある証書による通知が競合した場合の債権譲渡の優劣
――大連判大正8年3月28日民録二五輯四四一頁

⑲ 債権の二重譲渡において第一譲受人との間で債権が消滅した場合の第二譲受人の地位
――大判昭和7年12月6日民集一一巻二四一四頁
⑳ 債権の二重譲渡と優劣の基準――最1判昭和49年3月7日民集二八巻二号一七四頁
㉑ 確定日付のある証書による通知の同時到達(1)：債務者に対する請求――最3判昭和55年1月11日民集三四巻一号四二頁
㉒ 確定日付のある証書による通知の同時到達(2)：供託金還付請求権の帰趨
――最3判平成5年3月30日民集四七巻四号三三三四頁
㉓ 債権譲渡が予約された場合の第三者対抗要件――最3判平成13年11月27日民集五五巻六号一〇九〇頁
㉔ 債務者が予め承諾した債権譲渡と債務者対抗要件――最2判昭和28年5月29日民集七巻五号六〇八頁
㉕ 質権設定(債権譲渡)の通知・承諾における質権者(譲受人)の特定――最1判昭和58年6月30日民集三七巻五号八三五頁
C 将来債権譲渡――和田勝行 147
㉖ 将来債権譲渡契約の有効性――最3判平成11年1月29日民集五三巻一号一五一頁
㉗ 集合債権譲渡予約の有効性――最2判平成12年4月21日民集五四巻四号一五六二頁
㉘ 集合債権譲渡担保契約における第三者対抗要件――最1判平成13年11月22日民集五五巻六号一〇五六頁
㉙ 将来債権譲渡担保権者の法的地位――最1判平成19年2月15日民集六一巻一号二四三頁
D 債務者の抗弁――和田勝行 151
㉚ 債権譲渡の異議をとどめない承諾と抵当不動産の第三取得者――最3判平成4年11月6日判時一四五四号八五頁

Ⅴ　債務引受・契約上の地位の譲渡――都筑満雄　152

⑬1 併存的債務引受における債権者の受益の意思表示――最2判平成23年9月30日判時二一三一号五七頁
⑬2 預託金会員制ゴルフクラブ会員権の譲渡の第三者対抗要件――最2判平成8年7月12日民集五〇巻七号一九一八頁
⑬3 債権の一括譲渡と契約上の地位の移転――最3判平成23年3月22日判時二一一八号三四頁

Ⅵ　債権の消滅

A　弁済の提供――北居　功　155

⑬4 金銭債務の金額の不足と弁済の提供の成否(1)――最1判昭和35年12月15日民集一四巻一四号三〇六〇頁
⑬5 金銭債務の金額の不足と弁済の提供の成否(2)――最2判平成6年7月18日民集四八巻五号一一六五頁
⑬6 弁済の提供における債権者への通知の要否――最1判昭和32年6月27日民集一一巻六号一一五四頁
⑬7 慣習上の履行場所の確定／深川渡事件――大判大正14年12月3日民集四巻六八五頁
⑬8 口頭の提供の要否――最大判昭和32年6月5日民集一一巻六号九一五頁
⑬9 受領遅滞にある債権者による契約の解除――最1判昭和45年8月20日民集二四巻九号一二四三頁
⑭0 受領を拒絶する債権者と債務者の債務不履行責任――最1判昭和44年5月1日民集二三巻六号九三五頁

B　弁済の当事者――山田八千子＋石上敬子　162

⑭1 第三者弁済の「正当な利益」(1)：債務者の妻の姉妹の夫――大判昭和14年10月13日民集一八巻一一六五頁
⑭2 第三者弁済の「正当な利益」(2)：第二会社的立場にある会社――最3判昭和39年4月21日民集一八巻四号五六六頁
⑭3 第三者弁済の「正当な利益」(3)：建物賃借人の地代弁済――最2判昭和63年7月1日判時一二八七号六三頁
⑭4 債権者の外観を有する者への弁済(1)：債権の二重譲渡――最2判昭和61年4月11日民集四〇巻三号五五八頁

⑭⑤ 債権者の外観を有する者への弁済(2)：債権者から受領者への不当利得請求
——最3判平成16年10月26日判時一八八一号六四頁
⑭⑥ 債権者の外観を有する者への弁済(3)：現金自動支払機による支払——最3判平成15年4月8日民集五七巻四号三三七頁
⑭⑦ 債権者の外観を有する者への弁済(4)：定期預金の期限前払戻——最3判昭和41年10月4日民集二〇巻八号一五六五頁
⑭⑧ 債権者の外観を有する者への弁済(5)：預金担保貸付への類推適用——最3判昭和48年3月27日民集二七巻二号三七六頁
⑭⑨ 債権者の外観を有する者への弁済(6)：預金担保貸付における過失の判断の基準時
——最1判昭和59年2月23日民集三八巻三号四四五頁
⑮⓪ 債権者の外観を有する者への弁済(7)：総合口座取引への類推適用——最1判昭和63年10月13日判時一二九五号五七頁
⑮① 債権者の外観を有する者への弁済(8)：保険契約者貸付への類推適用——最1判平成9年4月24日民集五一巻四号一九九一頁

C 弁済の効果——下村信江＋杉本和士＋渡邊　力 173

⑮② 弁済充当(1)：指定充当——最3判平成22年3月16日判時二〇七八号一八頁
⑮③ 弁済充当(2)：不動産競売手続と指定充当——最2判昭和62年12月18日民集四一巻八号一五九二頁
⑮④ 弁済充当(3)：債務者複数の根抵当権——最2判平成9年1月20日民集五一巻一号一頁
⑮⑤ 弁済による代位(1)：求償及び代位の特約——最3判昭和59年5月29日民集三八巻七号八八五頁
⑮⑥ 弁済による代位(2)：原債権と求償権の関係——最1判昭和61年2月20日民集四〇巻一号四三頁
⑮⑦ 弁済による代位(3)：保証人による代位弁済と求償権の消滅時効——最1判平成7年3月23日民集四九巻三号九八四頁
⑮⑧ 弁済による代位(4)：代位者への内入弁済と求償権と原債権の帰趨——最3判昭和60年1月22日判時一一四八号一一一頁
⑮⑨ 弁済による代位(5)：財団債権としての原債権の行使——最3判平成23年11月22日民集六五巻八号三一六五頁
⑯⓪ 弁済による代位(6)：物上保証人の共同相続と頭数の算定基準時——最1判平成9年12月18日判時一六二九号五〇頁
⑯① 弁済による代位(7)：保証人と物上保証人を兼ねる場合——最1判昭和61年11月27日民集四〇巻七号一二〇五頁

⑯ 弁済による代位⑻：抵当権の複数の被担保債権のうち一部の弁済――最1判平成17年1月27日民集五九巻一号二〇〇頁
⑯ 担保保存義務免除特約の保証人に対する効力――最1判昭和48年3月1日金法六七九号三四頁
⑯ 担保保存義務免除特約と信義則――最1判平成2年4月12日金法一二五五号六頁
⑯ 担保保存義務免除特約の第三取得者に対する効力――最2判平成7年6月23日民集四九巻六号一七三七頁

D 弁済供託――三枝健治 187

⑯ 債権者の受領拒絶と供託の要件――大判大正11年10月25日民集一巻六一六頁
⑯ 金額不足の供託に伴う還付と債権の消長――最1判昭和42年8月24日民集二一巻七号一七一九頁
⑯ 供託金取戻請求権の時効期間――最大判昭和45年7月15日民集二四巻七号七七一頁
⑯ 供託金取戻請求権の消滅時効の起算点――最3判平成13年11月27日民集五五巻六号一三三四頁

E 代物弁済――都筑満雄 191

⑰ 代物弁済による債務消滅の効果の発生――最2判昭和40年4月30日民集一九巻三号七六八頁

F 相殺――深川裕佳＋山野目章夫＋山田八千子 192

⑰ 相殺の遡及効と契約解除の効力への影響――最2判昭和32年3月8日民集一一巻三号五一三頁
⑰ 請負人の報酬債権と損害賠償債権との相殺と報酬残債務の履行遅滞
――最3判平成9年7月15日民集五一巻六号二五八一頁
⑰ 相殺の意思表示がされる前の相殺等を原因とする債権消滅と相殺の成否
――最3判昭和54年7月10日民集三三巻五号五三三頁
⑰ 時効完成後に譲り受けた債権を自働債権とする相殺――最2判昭和36年4月14日民集一五巻四号七六五頁

⑰⑤ 消滅時効が援用された自働債権による相殺の要件——最1判平成25年2月28日民集六七巻二号三四三頁
⑰⑥ 修補に代わる損害賠償請求権を自働債権とする相殺——最1判昭和51年3月4日民集三〇巻二号四八頁
⑰⑦ 不法行為に基づく損害賠償債権を自働債権とする相殺——最1判昭和42年11月30日民集二一巻九号二四七七頁
⑰⑧ 相殺適状を生じさせる合意の差押債権者に対する効力——最大判昭和45年6月24日民集二四巻六号五八七頁
⑰⑨ 担保不動産収益執行と賃借人による相殺——最2判平成21年7月3日民集六三巻六号一〇四七頁

G 混同——都筑満雄 201

⑱⓪ 賃貸人と転借人の地位の混同と転貸借——最1判昭和35年6月23日民集一四巻八号一五〇七頁
⑱① 損害賠償債権と損害賠償債務の混同——最1判平成元年4月20日民集四三巻四号二三四頁

凡　例——17
判例索引——211

凡　例

▽判例の引用方法

・「最大判昭和45・6・24民集二四巻六号五八七頁」とあるのは、「昭和四五年六月二四日最高裁判所大法廷判決、最高裁判所民事判例集昭和四五年度二四巻六号五八七頁（通し頁）」を指す。なお、例えば「最○決」の「決」は決定の略である。また、大法廷判決（決定）は「最大判（決）」、小法廷判決（決定）は「最1判（決）」のように表記した。

・その他、東京地判→東京地方裁判所判決、大阪高決→大阪高等裁判所決定、札幌地小樽支判→札幌地方裁判所小樽支部判決のごとくである。

▽登載判例集は、次のように略記した。

民（刑）集＝最高裁判所民事（刑事）判例集、大審院民事（刑事）判例集
民（刑）録＝大審院民事（刑事）判決録
高民（刑）集＝高等裁判所民事（刑事）判例集
下民（刑）集＝下級裁判所民事（刑事）判例集
集民（刑）＝最高裁判所裁判集民事（刑事）
裁時＝裁判所時報
評論全集＝法律〔学説判例〕評論全集
新聞＝法律新聞
判決全集＝大審院判決全集
判時＝判例時報
判タ＝判例タイムズ
商事＝商事法務
金判＝金融・商事判例

金法＝金融法務事情
・なお、解説本文において、例えば「25判決」とあるのは、本書（第Ⅰ巻）掲載判例のうち裁判例番号25のものを指す（Ⅰ・Ⅱ巻完）。
▽法令等は、次のように記述した。
・本文において、条数のみで法律名が省略されているものは、民法の条文を指す。本書は、平成29年の改正民法に対応しているが、新旧のいずれを指しているかがわかりにくい場合に「新○条」「旧□条」と表記している。なお、便宜上、改正前民法、規定を「旧法」「旧□条」と記述しているが、改正民法が施行される平成30年4月1日までは、改正前民法が現行法であることに注意されたい。
・「関連条文」においては、改正民法の適用条文（○条）と改正前民法（旧□条）の適用条文を、「○条（旧□条）」として表記している。適用条数に変わりがないものについては、改正民法の条文のみを掲記している。
・民法以外の条文引用の際には、例えば、次のように略記した。

会社	会社法
貸金	貸金業法
金商	金融商品取引法
憲	憲法
国賠	国家賠償法
自賠	自動車損害賠償保障法
借地借家	借地借家法
商	商法
税徴	国税徴収法
手	手形法
道交	道路交通法
農業組合	農業協同組合法
破	破産法
不登	不動産登記法

身元保証　身元保証ニ関スル法律
民執　民事執行法
民訴　民事訴訟法
利息　利息制限法
労基　労働基準法

新・判例ハンドブック　債権法Ⅰ

取立債務における特定……漁業用タール事件

1 最3判昭和30・10・18民集九巻一一号一六四二頁

関連条文 四〇一条二項

取立債務の性質を有する種類債権において、「物の給付をするのに必要な行為」とはどのような行為か（制限種類債権の場合）。

事実 Xは、Yから溜池に貯蔵中の漁業用タールを購入し、XがYに引渡しを求めYが引渡場所を指定しXがドラム缶を持って引取りに行くと定めた。Yは引渡場所をXに通知し一部引渡しをしたが、途中からXは品質が悪いとして引取りに行かなかった。Yは引渡作業員の配置等の引渡準備をしたが、その後作業員の引上げ等をしたところ、第三者がタールを処分し滅失した。Xは債務不履行解除を主張し手付金の返還を請求した。原審は特定したとし請求を認容。Y上告。

裁判所の見解 Xの債権が通常の種類債権とすれば、特段の事情のない限り、履行不能は起こらないが、制限種類債権とすれば、履行不能となりうる代わりに、目的物の良否は普通問題とならず、Xが品質が悪いとして引取りに行かなければ、Xは受領遅滞の責めを免れない。目的物中未引渡しの部分につき、Yが言語上の提供をしても、物の給付をするのに必要な行為を完了したことにならず、特定は生じない。

解説 本判決は、本件未引渡しの部分につき、債務者が債権者に言語上の提供（口頭の提供）をしただけでは目的物は特定しないとする。ただし、どのような行為があれば特定するかについては言及してない（従来取立債務の性質を有する種類債権における物の給付に必要な行為の完了〔四〇一条二項〕には目的物の分別・債権者への通知が必要とされる〔通説〕）。なお、本判決は、履行不能は、種類債権では特別の事情がない限り生じないが、制限種類債権では生じる可能性があるとし、制限種類債権か種類債権かという範疇的な区別を前提に判断している（制限種類債権か否かは物の品質の問題、受領遅滞の成否、危険の移転に影響する）（本判決の差戻審判決は制限種類債権の点を審理する）。

物の給付に必要な行為の実質は、理論的には、改正法の全体の姿勢・実際の解釈によると、債務者がどのような内容の債務を負担したかという個々の契約内容の解釈によって決まる（なお改正法では、危険の移転には特定した目的物の引渡しが必要とされており〔新五六七条一項〕、特定のみでは危険は移転せず、どのような行為があれば特定するかの解釈が問題となる）。制限種類債権か種類債権かという範疇的な区別は実際には相対的で、制限種類債権における制限の内容も、当事者がどのような範囲でどのような物を給付することを想定していたかという契約の具体的な内容の解釈等に委ねることが適切であると解される。

持参債務における特定……鱈不着事件

2 大判大正8・12・25民録二五輯二四〇〇頁

関連条文 四〇一条二項

持参債務の性質を有する種類債権において、「物の給付をするのに必要な行為」とはどのような行為か。

事実 Xは訴外Aに不特定の鱈を注文した。Aは鱈をXに発送するために訴外Bと運送契約を締結したが、鱈はBを経由してYの手に入り、更に訴外Cに到達した。そのため、XはYに対し、所有権侵害に基づく損害賠償を請求した。原審は、不特定物売買において所有権を取得するには物の特定が必要であるとし、この場合普通は持参債務であり、物の特定に要する給付に必要な行為は目的物が注文者Xに到達した時に完了するとし、Xに所有権はまだ帰属していないとして、請求を棄却。X上告。

裁判所の見解 債務者は給付の目的物を債権者が受領できる地位に置いたときでなければ給付に必要な行為をしたとはいえない。給付の目的物を債権者が受領できる地位に置くには債務者が現実に履行の提供をしたことを要する。持参債務の場合、債務者は債権者の住所で履行の提供をしなければ給付に必要な行為をしたものといえない。持参債務の場合に債務者が債権者に目的物を発送したのみで給付に必要な行為を完了したとすると、四八四条に反し債権者の不利益となり、債務者は物を取り分け債権者に送付するため運送人に送付したのみでは給付に必要な行為をしたことにはならない。

解説 本件では、種類債権の特定の効果としての目的物の所有権のXへの移転・帰属が問題となっている。種類債権の場合、債務者が物の給付をするのに必要な行為を完了したとき、特定が生じる（四〇一条二項）。問題は債務者が物の給付をするのに必要な行為とはどのような行為かである。この点について、本判決は、目的物を債権者が受領できる地位に置くこと、すなわち現実の提供が必要であるとし、持参債務の場合は、債権者の住所において履行の提供をすることを要するとした（なお本判決は不特定物の引渡債務の履行地は特約がない限り債権者の住所であるから〔四八四条〕、本件債務は送付債務ではなく持参債務であると判定した）。

物の給付をするのに必要な行為の具体的内容については、事例に即した判断基準となる複数の判例の蓄積があり（本判決、1判決等）、不特定物売買においては原則として目的物が特定した時に所有権が当然に移転するとされ、所有権時期をめぐる条文上の支えとして、四〇一条二項は実務上意義がある。物の給付をするのに必要な行為をしたかは、債務者がどのような内容の債務を負担していたかという契約解釈によって実際には決まる。なお、持参債務では、売主が目的物を持参し買主が受領できるようにし、通常は、その時に買主が引渡しを受け危険も移転する（新五六七条一項）。

金銭債権と名目主義

3　最3判昭和36・6・20民集一五巻六号一六〇二頁

関連条文　四〇二条

債権発生時から弁済期までの間に貨幣の実質価値が下落した場合に金銭債権の給付内容である金額を増額させるべきか。

事　実　昭和9年10月にY銀行は償還時に券面額二〇円を支払う旨の割増金付割引勧業債券を売出価格一〇円で発行し、Xは本債券を購入した。本債券販売時には純金七五〇ミリグラムが一円であったが、昭和28年5月にわが国のIMF加盟に伴い純金約二・四六八ミリグラムが一円と定められ、これにより円の貨幣価値は三〇〇分の一に下落した。償還時である昭和32年4月にXはYに対して償還金二〇円のうち元本に相当する一〇円について三〇〇倍に増額した三〇〇〇円の支払を請求した。

裁判所の見解　金硬貨による支払の特約もしくは償還期限までに貨幣価値の著しい高騰や下落があった場合にそれに応じて償還金額を増減させる旨の特約がない限り、銀行は償還期限に債券面記載の償還金額を支払えば足りる。

解　説　金銭債権は一定金額の給付を目的とした債権であり、金額の表示に用いられた貨幣単位を表章した通貨（日本銀行券や硬貨）で履行される。通貨の価値は素材の物質価値ではなく、表章された貨幣単位の倍数で決まり（同質の紙を素材にしながら一万円札は千円札の一〇倍の価値を有する）、貨幣単位の実質価値が変動しても貨幣単位と通貨の価値関係は不変である（通貨の名目主義）。弁済に使用する通貨の種類を問わないとする四〇二条一項は通貨の名目主義を体現した規定である。これに対して本件で問題となったのは「債権額の名目主義」であり、本判決は債権発生時（債券発行時）から弁済期（債券償還時）までの間に貨幣単位の実質価値が変動しても債権発生時に約定された一定金額を弁済期に履行すれば債務者は免責されるとして債権額の名目主義を肯定した。四〇二条一項から債権額の名目主義が当然に導き出されるわけではないが、仮に貨幣単位の実質価値の変動を反映させて弁済期に履行すべき金額を増減させる「実価主義」に依拠すると、弁済すべき最終金額が債権発生時において確定できず、その算定方法をめぐり争いが生ずる危険性もあることから、債権額の名目主義を採用した本判決の結論は支持できる。もっとも、本判決も認めているように、弁済期に履行すべき金額を金価値、外貨、物価指数等に連動させる特約が締結された場合、債権額の名目主義は排除される。債権額の名目主義を認めたその他の判例として、最2判昭和31・4・6民集一〇巻四号三四二頁（売買契約）、最2判昭和57・10・15判時一〇六〇号七六頁（郵便貯金）がある。

外国金銭債権

4　最3判昭和50・7・15民集二九巻六号一〇二九頁

関連条文　四〇三条

①外貨債権の債権者に円建の支払請求権を認めるべきか。
②円建請求が認められる場合の換算基準時はいつか。

事　実　昭和42年8月、X銀行がA社に対して継続的貸付を行うにあたり、Y社を連帯保証人とする極度額二五万ドルの連帯根保証契約がXY間で締結された。Aが履行遅滞に陥り、XはYに対して保証債務の履行として二五万ドルを当時の固定相場である一ドル三六〇円で換算した九〇〇〇万円の支払を求めたが、これに対してYは、四〇三条は外貨債権の債権者に円建請求権を与えていないので九〇〇〇万円の請求は認められない、仮に円建請求が認められるとしても事実審の口頭弁論終結後の昭和46年12月に固定相場が一ドル三〇八円に変更されたので二五万ドルは七七〇〇万円に換算されるべきであると主張した。

裁判所の見解　四〇三条の外貨債権は、いわゆる任意債権であり、債権者は債務者に対して外国の通貨と日本の通貨のいずれによって請求することもできる。外貨債権を日本の通貨によって弁済するにあたっては、現実に弁済する時の外国為替相場によって換算をすべきであるが、外貨債権における日本の通貨による請求について判決をするにあたっては、裁判所は、事実審の口頭弁論終結時の外国為替相場によって換算をすべきである。

解　説　①本判決は四〇三条に定められた外貨債権の性質を任意債権と捉えた上で、円建の代用給付請求権を債権者に認めたが、外貨債権が任意債権であるならば、外貨建金額の給付が外貨債権の目的（本来的給付）となり、本来的給付とは異なる代用給付は「法定の権利」として認められるにすぎないので、債権者の円建請求権を明文で定める手形四一条や小切手三六条とは異なり、条文の文言上、債務者のみに円貨での代用給付権を与えているにすぎない四〇三条の解釈として債権者の円建の代用給付請求権を認めてよいのか疑いが残る。②本判決は、債権者の外貨建請求に対して債務者が円貨での代用給付権を行使する場合には現実の支払時を換算基準時とする一方で、債権者が円建の代用給付請求をする場合には事実審の口頭弁論終結時を換算基準時とする。しかしながら、債権者が九〇〇〇万円を受領後に一ドル三〇八円でドルに両替すると約二九万ドルとなり、債権額の二五万ドルより約四万ドル増額されたことになり、債権額の名目主義（3判決参照）に反する。外貨債権について債権者が円建請求した場合でも債権額の名目主義を遵守するならば現実の支払時が換算基準時となる。

超過利息の元本への充当の可否

5　最大判昭和39・11・18民集一八巻九号一八六八頁

借主が貸主に支払った制限超過利息は元本に充当されるか。

事　実　XはYに対し複数回に亘り計七〇万円を貸し付け、Yは利息並びに遅延損害金の支払を繰り返し、支払額は合計約四三万円に達した。Xは元本七〇万円とこれに対する利息並びに遅延損害金の支払をYに求めたが、YはXに支払済みの約四三万円のうち、利息制限法の制限利率を超える制限超過利息は当然に元本に充当されるべきであると主張した。

裁判所の見解　利息制限法旧一条一項と旧四条一項はいずれも強行規定であることから制限超過利息は無効であり、その部分について債務は存在しない。借主が制限超過利息を利息債務の弁済に充当するように指定しても、その指定は無意味であり、指定がないのと同一であるから、制限超過利息は四九一条により残存元本債務の弁済に充当される。利息制限法旧一条二項と旧四条二項は借主が任意に支払った制限超過利息について貸主に対する返還請求を否定しているが、これは既払いの制限超過利息の返還に裁判所が助力しないことを定めたにすぎず、元本充当が否定されているわけではない。

解　説　利息制限法一条（平成18年改正前の旧一条一項）によると、制限利率を超える利息（制限超過利息）の約定は無効となる。その一方で、平成18年改正前の同条二項には、制限超過利息を任意に支払った借主は貸主に対してその返還を請求できないと定められていた（旧四条二項は制限超過遅延利息について同様に定めていた）。これによると、貸主は借主に対して制限超過利息の支払を請求できないが、その一方で借主から任意に支払を受けた制限超過利息の返還義務を負わないことになり、無効と気付かずに制限超過利息を支払った借主の保護に欠ける事態が生じた。本判決は旧判例である最大判昭和37・6・13民集一六巻七号一三四〇頁を変更して、借主が任意に支払った制限超過利息について、残存元本への充当を認めることにより、貸主が制限超過利息を利息として受領することを否定して、利息制限法旧一条二項（並びに旧四条二項）を事実上骨抜きにした（なお、旧一条二項と四条二項は平成18年改正で廃止された）。更に、最大判昭和43・11・13民集二二巻一二号二五二六頁は、制限超過利息の元本充当が繰り返されて、計算上、元本が完済となった後に借主から貸主に支払われた金銭は債務の弁済に充当されることなく過払金になるとして、借主の貸主に対する過払金返還請求権を認めた。

関連条文　四八九条（旧四九一条）、利息一条・四条

貸金業法旧四三条と超過利息支払の任意性

6　最2判平成18・1・13民集六〇巻一号一頁

関連条文　貸金旧四三条、利息一条・四条

制限超過利息を含む約定利息の支払遅延により残元利債務の期限の利益を喪失させる旨の特約の下でされた制限超過利息の支払は貸金業法旧四三条における任意性要件を満たすか。

事　実　登録貸金業者XはYに対して利息制限法の制限利率を超える制限超過利息を約定して金銭を貸し付け、契約書面には「元金又は利息の支払を遅滞したときは催告の手続を要せずして期限の利益を失い直ちに元利金を一時に支払う」旨の期限の利益喪失特約が記載されていた。XはYが支払った制限超過利息について貸金業法旧四三条の「みなし弁済」の要件を満たすと主張し、Yに対して残元本の支払を請求した。

裁判所の見解　貸金業法旧四三条一項にいう「債務者が利息として任意に支払った」とは、債務者が利息の契約に基づく利息の支払に充当されることを認識した上、自己の自由な意思によってこれを支払ったことをいい、債務者において、その支払った金銭の額が利息の制限額を超えていることあるいは当該超過部分の契約が無効であることまで認識していることを要しないが、債務者が、事実上にせよ強制を受けて利息の制限額を超える額の金銭の支払をした場合には、制限超過部分を自己の自由な意思によって支払ったものということはできず、旧四三条一項の適用要件を欠く。本件期限の利益喪失特約の存在は、通常、債務者に対し、支払期日に約定の元本と共に制限超過部分を含む約定利息を支払わない限り、期限の利益を喪失するとの誤解を与え、その結果、このような不利益を回避するために、制限超過利息を支払うことを債務者に事実上強制することになるので、旧四三条一項の要件を具備しない。

解　説　借主が任意に支払った制限超過利息は元本に充当されるが（5判決）、貸金業法旧四三条一項（現在は廃止）は、借主が登録貸金業者に「利息として」「任意に」制限超過利息を支払った場合（任意性要件）に制限超過利息を元本に充当せずに業者が利息として受領することを認めていた。本判決は、任意性要件について、制限超過利息が無効であることとの借主の認識は不要であるとの判例（最2判平成2・1・22民集四四巻一号三三二頁）を踏襲しながら、本件のような「期限の利益喪失特約」の存在は、制限超過利息の支払を怠れば元利金債務の期限の利益を喪失するとの誤認を招き、借主に制限超過利息の支払を事実上強制することになるとして、任意性要件を満たさないとした。

過払金の後発借入金債務への充当

7　最2判平成20・1・18民集六二巻一号二八頁

関連条文　四八八条、利息一条

継続的貸付を内容とする基本契約から生じた借入金債務への弁済により発生した過払金を、その後に締結された別の基本契約から生じた借入金債務の弁済に充当できるか。

事　実　登録貸金業者YとXとの間で継続的貸付を内容とする基本契約(1)が締結され、借入と弁済が繰り返されて過払金が生じたが、その後にXY間で締結された基本契約(2)においても借入と弁済が繰り返された。XはYに対して基本契約(1)と(2)が実際には一つの基本契約であることを前提にして算定した過払金の返還を請求したが、Yは二つの基本契約は別個の存在であり、基本契約(1)から生じた過払金は基本契約(2)に基づく借入金債務の弁済には充当されないとして、過払金返還請求権の消滅時効を主張した。

裁判所の見解　貸主と借主との間で継続的貸付を内容とする基本契約が締結され、この基本契約から生じた債務の弁済により過払金が発生したが、過払金発生時点において両者の間に他の債務が存在せず、その後に、両者の間で改めて金銭消費貸借に係る基本契約が締結され、この基本契約に基づく取引に係る債務が発生した場合には、第一の基本契約に基づく取引により発生した過払金を新たな借入金債務に充当する旨の合意が存在するなど特段の事情がない限り、第一の基本契約に基づく取引に係る過払金は、第二の基本契約に基づく取引に係る債務には充当されない。二つの基本契約に基づく取引が事実上一個の連続した貸付取引と評価できる場合は過払金充当合意が存在するものと解されるが、本件はそれに該当しない。

解　説　借入金債務（第一債務）から生じた過払金をその後に発生した借入金債務（第二債務）の弁済に充当できるかをめぐり、①基本契約が締結されていない場合は原則として充当が否定されるが貸主と借主間で充当の合意があれば充当肯定（最3判平成19・2・13民集六一巻一号一八二頁）、②両債務が同一の基本契約に基づく場合は合意充当が推認され充当肯定（最1判平成19・6・7民集六一巻四号一五三七頁、基本契約はないがそれがある場合と同様の継続的貸付がされた事案について最1判平成19・7・19民集六一巻五号二一七五頁）という判例が形成されていたが、本判決により、③両債務が異なる基本契約から生じた場合には原則として充当が否定されるが過払金充当合意が存在するなど特段の事情があれば充当が肯定され二つの基本契約が事実上一体である場合には過払金充当合意の存在が推認され充当肯定、という判例が加えられた。

過払金返還請求権の消滅時効の起算点

8 最1判平成21・1・22民集六三巻一号二四七頁

関連条文　一六六条一項・七〇三条、利息一条

継続的貸付を内容とする基本契約において過払金発生後に生じた他債務の弁済に過払金を充当する旨の合意が含まれていた場合、過払金返還請求権の消滅時効の起算点はいつか。

事実　貸金業者YとXとの間で継続的に金銭消費貸借取引を行う基本契約が締結され、実際に借入と弁済が繰り返された。本基本契約には、借入金債務について制限超過利息の元本充当により過払金が生じた場合には、弁済当時に他の借入金債務が存在しなければ、当該過払金をその後に発生する新たな借入金債務の弁済に充当する旨の合意（過払金充当合意）が含まれていた。Xの過払金返還請求に対してYは消滅時効を主張した。

裁判所の見解　本件のような過払金充当合意においては、新たな借入金債務の発生が見込まれる限り、過払金を同債務に充当することとしているので、借主が過払金返還請求権を行使することは通常想定されていない。したがって、一般に、過払金充当合意には、基本契約に基づく継続的な金銭消費貸借取引が終了した時点で過払金が存在していればその返還請求権を行使するが、それまでは過払金を新たな借入金債務の弁済に充当するという趣旨が含まれており、基本契約に基づく取引が継続中は過払金充当合意が法律上の障害となる。したがって、過払金充当合意を含む基本契約による取引が終了した時点から過払金返還請求権の消滅時効が進行する。

解説　一六六条一項二号（旧一六六条一項）は消滅時効の起算点について「権利を行使することができる時」と定めるにすぎず、同号の解釈をめぐっては、権利の行使について法律上の障害がなくなった時と解する法律上障害説と、権利行使が現実に期待できる時と解する現実的期待可能性説が対立している。判例は、基本的に法律上障害説に依拠しながら、権利行使の現実的期待可能性にも配慮している（供託事案に関する168判決）。過払金返還請求権の消滅時効の起算点について、従来の下級審裁判例では過払金発生時説（広島高松江支判平成19・9・5金法一八三七号五八頁等）と取引終了時説（名古屋高判平成20・2・27金法一八五四号五一頁等）が対立し、取引終了時説は更に過払金充当合意の位置づけについて法律上障害説と現実的期待可能性説に分かれていたが、本判決は、取引終了時説を採用すると共に過払金充当合意を法律上の障害と解した。従来の判例法理を過払金事案に踏襲したものといえる。

土地の一部の賃貸借と選択債権

9　最1判昭和42・2・23民集二一巻一号一八九頁

一筆の土地の一部を対象とした賃貸借契約において契約の趣旨に適した場所が相当数ある場合に借地の範囲を特定して引き渡す賃貸人の債務は選択債務の性質を有するか。

事　実　借地人Xは道路に面した賃貸人Y所有の土地甲を賃借して米穀商を営んでいたが、XY間で紛争が生じ、Xが土地甲の借地権を放棄すると共に、新たにY所有の七二番地の土地乙（約三四〇坪）の中の五〇坪をXがYから借り受けることで和解が成立した。しかし、土地乙の中のどの範囲の五〇坪が借地の対象となるかが確定していなかったので、Xは測量に立ち会うようにYに催告したが、Yは応じなかった。そこでXは引き続き米穀商を営むために土地乙の中の道路に面した部分五〇坪を選択し、これを借地の範囲として特定したと主張して、その引渡しをYに求めた。

裁判所の見解　本件七二番地の一宅地三四〇坪の中には、表道路に面しかつXが米屋を営むに適した土地が相当箇所あるので、そのうちの一個所五〇坪をXに引き渡して使用収益させるべき債務は、選択債務に当たるものというべく、選択債務に関する規定が適用される。

解　説　四〇六条以下の選択債権とは複数の給付の中から選択によって特定する一個の給付を目的とする債権を指す。選択権を有する者が複数の給付の中から一つを選択すると、以後、選択された給付を目的とした債権となる。本件のように一筆の土地の中から一定面積を引き渡す債務については、制限種類債務と選択債務のいずれと解すべきかをめぐり従来から争われていたが（制限種類債務と解した上で四〇六条以下を準用した判例として大判大正5・5・20民録二二輯九九九頁）、本件の原審は選択債務類似の債務と認定した上で四〇六条以下を準用した。これに対し、本判決は、賃貸人Yが借地人Xに対して負う土地乙の中から五〇坪を引き渡して使用収益させる義務の性質を選択債務と認定して四〇六条以下を直接適用した。四〇六条以下が適用されることにより、債務者である賃貸人Yに選択権が帰属するが（四〇六条）、Xからの催告を受けたにもかかわらずYが選択権を行使しなかったことから選択権がYからXに移転し（四〇八条）、Xが選択した道路沿いの五〇坪が借地の範囲として特定した。従来の判例のように制限種類債務と認定した上で四〇六条以下を準用あるいは類推適用するという解決法もありえたが、本判決は明確に選択債務と性質決定した上で四〇六条以下を直接適用した。

関連条文　四〇一条・四〇六条

公務員に対する国の安全配慮義務

10 最3判昭和50・2・25民集二九巻二号一四三頁

安全配慮義務は、どのような法律関係において認められるのか。

事　実　自衛隊員Aは、隊内の車両整備工場で作業中に同僚隊員Bの運転する車両に轢かれて即死した。Aの両親Xらは、国家公務員災害補償法に基づく補償に加えて、国に対して、自賠法三条に基づいて、Aの逸失利益等を請求した。一審及び原審共に請求を棄却したが、Xらは原審から、国は使用者として隊員が服務するについてその生命に危険がないよう注意し、人的物的環境を整備すべき義務を負うものであると主張していた。

裁判所の見解　「国は、公務員に対し、国が公務遂行のために設置すべき場所、施設もしくは器具等の設置管理又は公務員が国もしくは上司の指示のもとに遂行する公務の管理にあたって、公務員の生命及び健康等を危険から保護するよう配慮すべき義務」（安全配慮義務）を負っている。安全配慮義務は、「ある法律関係に基づいて特別な社会的接触の関係に入った当事者間において、当該法律関係の付随義務として当事者の一方又は双方が相手方に対して信義則上負う義務として一般的に認められる」。消滅時効は、旧一六七条一項により一〇年である。

関連条文　一六六条一項二号（旧一六七条一項）

解　説　昭和40年代後半以降の労災民事事件において、不法行為に基づく注意義務とは別に、その法律関係の信義則に基づく付随義務として安全保証・保護義務を認める下級審判決例が現れていたが、本判決はこの動向を是認し、消滅時効を旧一六七条一項により一〇年とした上で、安全配慮義務の法的根拠を提供した最初の最高裁判決であった。

本判決は、安全配慮義務を、「特別な社会的接触の関係」を構築する法律関係に信義則上認められると特徴づけた。これは、本件が公務員の事案であったためであるが、本判決がこのように一般性を付与したことは、同法理の適用範囲を拡大させる伏線となった。例えば、雇用関係だけでなく、元請企業は、その作業場内で作業に従事する下請企業の従業員に対しても、安全配慮義務を負うと判示された（19判決）。しかし、安全配慮義務が認められたのは、最高裁では雇用関係に類似する場合に限定されており、売買契約（製品関連事故）、診療契約（医療過誤）、在学契約（学校事故）などにおいては安全配慮義務という概念は用いられていない。最高裁は、学校事故については「生徒を指導監督し事故の発生を未然に防止すべき一般的な注意義務」（最2判昭和58・2・18民集三七巻一号一〇一頁）、医療過誤については「診療契約上の債務不履行責任」（最1判平成16・1・15集民二一三号二二九頁）などという用語を使用している。

従業員に対する会社の安全配慮義務

11　最3判昭和59・4・10民集三八巻六号五五七頁

関連条文　四一五条

安全配慮義務の具体的内容は何か。

事　実　宿直勤務中、窃盗目的の侵入者に殺害されたY社の新入社員であったAの父母であるXらが、右殺害は使用者であるYの安全配慮義務違反により生じたものであるとして、Yに対し損害賠償を求めた。一審及び原審は、請求の一部を認容したため、Yが上告した。

裁判所の見解　使用者は、報酬支払義務にとどまらず、「労働者が労務提供のため設置する場所、設備もしくは器具等を使用し又は使用者の指示のもとに労務を提供する過程において、労働者の生命及び身体等を危険から保護するよう配慮すべき義務」（安全配慮義務）を負っている。もとより、安全配慮義務の具体的内容は、「労働者の職種、労務内容、労務提供場所等安全配慮義務が問題となる当該具体的状況等によって異なるべきものである」。Yは、「宿直勤務中に盗賊等が容易に侵入できないような物的設備を施し、かつ、万一盗賊が侵入した場合は盗賊から加えられるかも知れない危害を免れることができるような物的施設を設けるとともに、これら物的施設等を十分に整備することが困難であるときは、宿直員を増員するとか宿直員に対する安全教育を十分に行うなど」し、物的施設等と相まって労働者たるAの生命、身体等に危険が及ばないように配慮する義務があったものと解すべきである。

本件は、最高裁が、私企業における使用者の安全配慮義務を是認した初めての判断である。安全配慮義

解　説　務は、当初は法律に何も定めがなかったが、平成19年に制定（翌年3月1日施行）された労働契約法五条において、労働契約に限っては、当然に伴う義務として明文化された。

安全配慮義務の内容は、本判決でも判示されているように、「問題となる当該具体的状況等によって異なる」とされている。そこで義務内容を具体的に考察してみると、本件は「第三者損害惹起型」の事案であるが、一般に注意義務を負う者以外の者（第三者）の行為が原因となっている場合には、責任発生に対して消極的な判断に結びつきやすい。しかし、①抽象的な意味での殺害の結果は予見可能であるにもかかわらず、②侵入防止のための物的設備を施さず、また③新入社員が宿直の際には増員措置をとるとか、④宿直に対して十分な安全教育を施すなどの措置を講じていなかったという事実の存在が、安全配慮義務を肯定することになった。原審判決（一審判決を引用）では、予見可能性の判断について、具体的な殺害の可能性についてまで要求しているかに読める部分があり、疑問が示されていたが、本判決は、身体加害についての抽象的な予見可能性に加えて、夜間は近隣と隔絶した状況になり、宿直員が一人であったという事実をみて、予見可能であると考えたのであった。

安全配慮義務と履行補助者

12　最2判昭和58・5・27民集三七巻四号四七七頁

関連条文　四一五条

履行補助者が道路交通法等により負うべき通常の注意義務は、安全配慮義務に含まれるのか。

事実　自衛隊の会計隊長Aが、隊員輸送任務を終えた帰途、同隊のジープを運転中、極めて滑りやすい道路状況を看過したため、反対車線の対向車に衝突し、職務上同乗を命じていた部下Bが死亡した。Bの遺族Xらは、Aを履行補助者とする国の安全配慮義務違反を理由に損害賠償を請求した。一審は請求を認容したが、原審は請求棄却した。Xらが上告。

裁判所の見解　「国は、自衛隊員を自衛隊車両に公務の遂行として乗車させる場合には、右自衛隊員に対する安全配慮義務として、車両の整備を十全ならしめて車両自体から生ずべき危険を防止し、車両の運転者としてその任に適する技能を有する者を選任し、かつ、当該車両を運転する上で特に必要な安全上の注意を与えて車両の運行から生ずる危険を防止すべき義務を負うが、運転者において道路交通法その他の法令に基づいて当然に負うべきものとされる通常の注意義務は、右安全配慮義務の内容に含まれるものではなく、また、右安全配慮義務の履行補助者が右車両にみずから運転者として乗車する場合であっても、右履行補助者に運転者としての右のような運転上の注意義務違反があったからといって、国の安全配慮義務違反があったものとすることはできない」。

解説　本判決は、履行補助者の過失に関して、道交法等により履行補助者が負うべき通常の注意義務は、債務者が負う安全配慮義務には含まれないと判示し、安全配慮義務の内容を限定し、下級審裁判例の判断が分かれていたところを統一した判断であった。

安全配慮義務と履行補助者をめぐる議論については、学説から諸説が唱えられてきたが、下級審裁判例においては、ⓐ業務管理者として予測しうる危険等を排除しうるに足りる人的物的諸条件を整えることに尽きるとの見解と、ⓑそれに加えて、使用者の支配管理を受けて業務に従事する者が業務遂行上危険の発生を防止するために尽くすべき注意義務も含まれるとする見解がとられていた（議論動向については、高橋眞『安全配慮義務の研究』〔成文堂、一九九二年〕二〇五頁以下参照）。本判決はⓐ説をとり、安全配慮義務の内容として、①車両の整備、②適任者の選任、③運転上の注意を与えることの三つに限定したが、運転者（履行補助者）が負う「通常の注意義務」は除外されると判示した。ただし、この判断に対しては、③の義務と「通常の注意義務」との差異は必ずしも明らかではなく、国は一般的注意さえ与えていれば、全ての責任を免れる可能性もあるのかといった批判も受けている。

安全配慮義務の証明責任

13 最2判昭和56・2・16民集三五巻一号五六頁

関連条文 特になし

安全配慮義務の証明責任は債権者と債務者のいずれが負うのか。

事実 航空自衛隊所属のヘリコプターが墜落し、人員及び物資輸送の任務に従事していた自衛官Aが死亡した事故につき、Aの父母であるXらが、国の安全配慮義務違反を理由に、損害賠償を請求した。原審は、ツールマークは顕微鏡による精密検査がなければ発見しえなかったものであるが、その検査を義務づけていない基準は不合理なものではないとして、安全配慮義務違反はないとした。Xらが上告。

裁判所の見解 安全配慮義務の内容を特定し、かつ、義務違反に該当する事実を主張・立証する責任は、国の義務違反を主張する原告にある。

解説 安全配慮義務に基づく債務不履行構成が債権者（原告。被災者）にとって、不法行為に基づく構成と比べて、訴訟実務上相対的に有利と解されたこともあったが、本判決は、安全配慮義務の内容の特定と義務違反の事実の主張・立証の責任は義務違反を主張する債権者にあると判示した。

まず、債権者は、抽象的な安全配慮義務の存在を主張するだけでは足りず、そのような抽象的義務を当該状況に適用した場合の具体的安全配慮義務の内容を特定し、かつ、その不履行を主張・立証しなければならない。安全配慮義務の内容を、安全と健康それ自体を請け負う結果債務と解する見解に立てば、債権者が債務の履行のないことを主張・立証すれば、債務者（国・使用者）が過失のないことを立証しなければ責任を免れないのに対し、安全・健康のために諸々の措置を講ずる債務（手段債務）にとどまると解する通説的見解に立つのであれば、債権者が債務者の過失を主張・立証しなければならない。本判決は、この点について判示してはいないが、学説上は後者の見解が多数である。

次に、証明責任については、債権者が主張・立証責任を負うとする見解が学説上唱えられていたが、本判決も同旨の立場をとっている。ただし、本件の調査官解説（吉井直昭・曹時三七巻六号九七頁以下）によれば、債務不履行における帰責事由の立証責任が債務者にあるとの見解を否定するものではなく、本件は事故発生の予見可能性につき債務者の免責事由が認められることにより請求を排斥したと解されている。また、事故原因に関する情報格差を考慮すれば、債権者が立証すべき安全配慮義務の内容もある程度抽象的なもので足り、債権者が入手可能な資料により義務違反を推認させる間接事実を立証する限り、債務者がより詳細な間接事実により反証を行うことを要するとと解する見解も唱えられている（山川隆一『雇用関係法〔第四版〕』〔新世社、二〇〇八年〕二三〇頁）。

自然債務……カフェー丸玉事件

14 大判昭和10・4・25新聞三八三五号五頁

関連条文 四一四条

裁判上の請求権の付与されない債務（履行を強要することのできない債務）は認められるか。

事実 Yは、カフェー丸玉の女給Xと遊興の上、昭和8年1月頃より昵懇となり、その歓心を買うため将来の独立自活の資金として同年4月18日Xに対し金四百円を贈与することを約し、かつ、贈与金を目的として同年5月末より四ヶ月に亘りXに対し金百円ずつを分割して支払い、一回でも遅滞したときは全額を一時に支払う旨の準消費貸借契約を締結した。しかし、Yが分割金の支払を遅滞したため、Xが金四百円とそれに対する遅延損害金の支払を訴求した。一審・原審共Xが勝訴した。それに対し、Yが上告した。

裁判所の見解 YがXと昵懇となったというのは、Xが女給を勤めていたカフェーにおいて比較的短期間Xと遊興した関係にすぎず、他に深い縁故はない。そうであるならば、かかる環境裡においてたとえ一時の興に乗じXの歓心を買うため相当多額の金員の供与を諾約することがあっても、これをもってXに裁判上の請求権を付与する趣旨に出たものと速断するのは相当でない。むしろかかる事情の下における諾約は、諾約者が自ら進んでこれを履行するときは債務の弁済となるが、要約者においてこれの履行を強要することができない特殊の債務関係を生ずるものと解する。

解説 債権には、①請求力（債権者が債務者に任意に履行せよと請求できる権能）、②給付保持力（債務者がした給付を適法に保持できる権能）、③訴求力（債権者が債務者に対し訴えによって履行を請求することができる権能）、④執行力・強制力（給付判決が確定しても債務者が任意に履行しない場合において、強制執行手続をとることにより、国家機関の手によって債権の内容を実現できる権能）が備わっている。これらのうち、④については従来から規定（四一四条）が設けられていたが、新四一二条の二第一項は、①の存在を裏面から表現した。

さて、③④の権能を欠く債権が存在するかは問題である。③の権能を欠く債権はローマ法の用語に従い「自然債務」と呼ばれるが、旧民法がフランス法に倣い広い範囲で自然債務を認めていたのに対して、現行民法典やその立法者は自然債務を否定するつもりだったからである。しかし、本判決は自然債務を認めた。平成29年の改正時には自然債務の認否については議論されていないが、時効が援用された債権について③④は消滅するものの②は残るという理解を前提に、消滅時効の完成により債務者に履行拒絶権が発生するという案が出されているから、自然債務の考え方が否定されたわけでもない。

訴求力を欠く債権

15 最2判平成19・4・27民集六一巻三号一一八八頁

関連条文 日中共同声明五項

日中共同声明五項による請求権放棄は、日中戦争の遂行中に生じた中華人民共和国の国民の日本国・日本国民・日本法人に対する請求権について、いかなる法的意味を有するか。

事実 本件は、全国各地に訴訟が係属した中国人強制連行事件の一つである。Xらは、中華人民共和国の国民であり、第二次世界大戦中に中国華北地方から日本に強制連行されY（西松建設）の下で強制労働に従事させられたと主張する者またはその承継人である。Xらは、Yに対し、Yが本件被害者らを過酷な条件の下で強制労働に従事させたことは安全配慮義務に違反するものであるなどと主張して、債務不履行等に基づく損害賠償を求めた。

裁判所の見解 サンフランシスコ平和条約は、戦争の遂行中に生じた交戦国相互間またはその国民相互間の請求権であって戦争賠償とは別個に交渉主題となる可能性のあるものについては、個人の請求権を含め、戦争の遂行中に生じた相手国及びその国民に対する全ての請求権は相互に放棄することにした。それは、平和条約を締結しておきながら戦争の遂行中に生じた種々の請求権に関する問題を、事後的個別的な民事裁判上の権利行使をもって解決するという処理に委ねたならば、将来、どちらの国家または国民に対しても、平和条約締結時には予測困難な過大な負担を負わせ、混乱を生じさせることとなるおそれがあり、戦争状態を最終的に終了させ、将来に向けて揺るぎない友好関係を築くという平和条約の目的達成の妨げとなるとの考えによる。したがって、ここでいう請求権の「放棄」とは、請求権を実体的に消滅させることまでを意味するものではなく、当該請求権に基づいて裁判上訴求する権能を失わせるにとどまる。平和条約の実質を有する日中共同声明についても、同様に解することができる。

解説 日中共同声明（昭和47年9月29日）五項には、「中華人民共和国政府は、中日両国国民の友好のために、日本国に対する戦争賠償の請求を放棄することを宣言する。」という条項がある。かかる平和条約による請求権放棄によって、①外交保護権のみが消滅するのか、②個人の請求権も処分されるのかについては、争いがある。個人の請求権の消滅を前提として、日本人が国に賠償や補償を求める訴訟においては、国は請求を妨げるために①説を主張したのに対し、外国人による日本国に対する戦後補償裁判では、国は請求を妨げるために②説を主張している。ただし、「救済なき権利」だという意味で、国の立場は一貫しているという弁明もある。本件では国は共同被告とされていないが、本判決は②説を採用し、処分の内容を請求権の消滅ではなく訴求力の消滅だと解した上で、Yに被害の救済に向けた任意の自発的な対応を促している。

不作為債務の間接強制

16 最2決平成17・12・9民集五九巻一〇号二八八九頁

不作為を目的とする債務の強制執行として間接強制決定をするために債権者において債務者の不作為義務違反の事実を立証することを要するか。

事実　債権者Xとフランチャイズ契約を締結して「つぼ八」の名称で居酒屋営業をしていた債務者Yは、同契約を解約した。同契約には、契約終了後二年間は類似する営業を行ってはならないとする競業禁止条項があったが、Yは他のフランチャイズチェーンの加盟店として「海鮮居酒屋はなの舞」の名称で居酒屋営業を継続したため、XはYに対してYの営業の差止めを求める訴訟を提起し、その確定勝訴判決を債務名義として間接強制を申し立てた。これに対し、Yは、従前「海鮮居酒屋はなの舞」として営業を行っていた店舗につき、その営業内容を海鮮レストランに変更し、看板にも「海鮮レストランはなの舞」と記載してその旨を表示し、メニューも食事中心のレストランメニューに変更したと主張した。

裁判所の見解　「不作為を目的とする債務の強制執行として民事執行法一七二条一項所定の間接強制決定をするには、債権者において、債務者がその不作為義務に違反するおそれがあることを立証すれば足り、債務者が現にその不作為義務に違反していることを立証する必要はない」。

とりわけ、不作為請求権は、その性質上、一旦債務不履行があった後にこれを実現することは不可能だから、一度は義務違反を甘受した上でなければ間接強制決定を求めることができないとすれば、債権者の有する不作為請求権の実効性を著しく損なうことになるからである。

もっとも、債務者が不作為義務に違反するおそれがない場合にまで間接強制決定をする必要性は認められないから、この義務違反のおそれの立証は必要であるが、この要件は、高度の蓋然性や急迫性に裏づけられたものである必要はない。

解説　不作為義務の間接強制のために、債務者が現に不作為義務に違反している事実の立証を必要とするか否かについては、争いがあった。かつての通説・実務たる必要説は、債務不履行の事実が強制履行の実体的要件であること（民執三〇条一項。その例外、同一五一条の二・一六七条の一六）をその論拠とするが、一回的不作為義務（例：特定の演奏会に出演しない義務）については強制執行ができず、反復的不作為義務（例：毎晩九時以降はピアノを弾かない義務）や継続的不作為義務（例：競業しない義務）については違反行為を待たないと強制執行ができないという問題がある。そこで不要説が有力化し、本決定も不要説をとり、代わりに「義務違反のおそれ」を要件とした。なお、物の引渡しや代替的作為義務の間接強制（民執一七三条）については、本決定の射程は及ばない。

関連条文　民執一七二条一項

間接強制と不当利得

17　最2判平成21・4・24民集六三巻四号七六五頁

関連条文　七〇三条

本案訴訟で被保全権利の存在が否定され、仮処分命令が取り消された場合に、仮処分命令の保全執行により取り立てられた間接強制金の不当利得返還請求をすることができるか。

事実　共同相続人たるXとYらの間で遺産分割協議が成立し、本件商標権をXが相続することになったが、その後Yらは協議の錯誤無効を主張して遺留分減殺請求権を行使し、商標権の持分権を被保全権利として商標権処分禁止仮処分命令とこれに違反した場合に一日五万円（後に十万円）の支払を命ずる間接強制決定を得た。しかし、Xが仮処分命令に従わなかったため、Yらは間接強制金（一億八千万円余）を強制執行により取り立てた。その後、YらはXに対し仮処分事件の本案訴訟を提起したが、控訴審において遺産分割協議は有効で被保全権利は存在しないという理由で敗訴したため、事情変更を理由に仮処分決定と間接強制決定は取り消された。そこで、XはYらに対し、保全執行により支払った間接強制金には法律上の原因がないとして不当利得返還請求訴訟を提起した。

裁判所の見解　仮処分命令における保全すべき権利が、本案訴訟の判決において、当該仮処分命令の発令時から存在しなかったものと判断され、このことが事情の変更に当たるとして当該仮処分命令を取り消す旨の決定が確定した場合には、当該仮処分命令に基づく間接強制決定は、履行を確保すべき債務が存しないのに発せられたものであったことが明らかであるから、債権者に交付された間接強制金は法律上の原因を欠いた不当利得に当たるため、当該仮処分命令を受けた債務者は、その保全執行としてされた間接強制決定に基づき取り立てられた金銭につき、債権者に対して不当利得返還請求をすることができる。

解説　不当利得の成否は、強制金を保持する「法律上の原因」の有無によって決まる。債務名義上の債権が直接強制により実現された後にその債務名義が取り消された場合には、不当利得が成立する。しかし、本件では、債務名義上の債権ではなく、強制金が取り立てられた。強制金の法的性質については、損害賠償金説と制裁金説とが対立している。損害賠償金説によると、強制金は債務不履行による損害賠償の性質を持つが、債務がなければ損害賠償は問題にならないから、本件では強制金がYらに帰属する「法律上の原因」はない。それに対して、制裁金説によると、Xが仮処分命令に従わなかったという事実は否定されないから制裁の根拠は失われず、強制金がYらに帰属するという考え方が成り立ちうる。しかし、制裁金を債権者に帰属させる根拠は明らかでない。法実現という国家の任務の代行に対する報酬と考える説もあるが、一億八千万円余の保持は無理であり、報酬は相当額に限られよう。

18 不法行為を理由とする損害賠償債務の履行遅滞

最3判昭和37・9・4民集一六巻九号一八三四頁

関連条文 四一二条

不法行為を理由とする損害賠償債務が履行遅滞に陥るのはいつの時点か。

事実 Aは、原動機付自転車に乗り国道を走行中に、暗渠新設工事のため道路上に横たえられていた枕木に後輪を激突させ、転倒して頭蓋骨を骨折し、その翌日に死亡した。そこで、Aの妻X_1と子X_2らが、国道の管理者である県Yに対して損害賠償を請求した。Xらは、当初、固有の慰謝料として各十万円等と訴状送達の翌日からの遅延損害金の支払を求めていたが、その後、X_1について、慰謝料の請求を二十万円に拡張した。原審は、国道管理上の瑕疵を認めYの責任を肯定した上で、Xらの右請求を認容した。これに対し、Yは、拡張された請求について訴状送達の翌日からの遅延損害金の支払を命じたことは、請求を受ける前に遅滞の責任を生じさせるもので、法令解釈を誤った違法があるとして上告した。

裁判所の見解 不法行為を理由とする損害賠償債務は、損害の発生と同時に、何らの催告を要することなく、遅滞に陥るものと解するのが相当であり、これと同趣旨に出た原判決は正当である。

解説 本判決は、不法行為を理由とする損害賠償債務が履行遅滞に陥るのはいつの時点かという問題について、Yが主張する請求時以降の時点ではなく、損害の発生時（不法行為の成立時）であることを判示する。この理解によると、不法行為を理由とする損害賠償債務の遅延損害金は、加害者が被害者から請求を受けていなくても、不法行為が成立した時から起算されることになる。この点、安全配慮義務違反に基づく損害賠償債務については、債務者が債権者から履行の請求を受けた時から履行遅滞に陥るとされている（19判決）。そのため、不法行為と債務不履行の両者が成立する場面では、いずれを基礎として損害賠償を請求するかによって、遅延損害金の額に大きな違いが生ずることになる。

もっとも、不法行為を理由とする損害賠償債務も期限の定めのない債務であるところ、それが履行遅滞に陥る時点を、四一二条三項に従って請求時とするのではなく、不法行為の成立時とする根拠は、必ずしも明確ではない。そのため、近時の議論では、損害賠償額算定の裁量的・創造的性格を根拠に口頭弁論終結時とすべきであるとの考え方や、四一二条との均衡から請求時または訴状送達時とすべきであるとの考え方、更に、原則的には後者の考え方によりつつ、故意による侵害利得型の不法行為については七〇四条との均衡から不法行為時とすべきであるとの考え方等が提唱されている。

なお、改正法はこの問題につき変更を加えていない。そのため、本判決は、改正法でも、旧法下と同様の意義を有する。

安全配慮義務違反を理由とする損害賠償債務の履行遅滞

19 最1判昭和55・12・18民集三四巻七号八八八頁

関連条文 四一二条・四一五条

①安全配慮義務違反を理由とする損害賠償債務が履行遅滞に陥るのはいつの時点か。②安全配慮義務違反により死亡した者の遺族は固有の慰謝料請求権を有するか。

事実 Y_1の従業員Aは、Y_1がY_2から下請をした転炉工場建設工事の鉄骨塗装作業に従事中、足を滑らせ地上三一メートルの高さから転落し死亡した。そこで、Aの父母Xらは、Yらに対して、当初は不法行為に基づき、その後、一審の継続中にこれと選択的に安全配慮義務違反に基づき、Aが被った損害の賠償とXら固有の慰謝料及びこれらの合計額に対する事故日の翌日からの遅延損害金の支払を求めた。原審は、Yらの安全配慮義務違反を認め、右損害項目の賠償とこれらの合計額に対する控訴審係属中の特定日からの遅延損害金の限度でXらの請求を認容した。これに対し、Xらのみが上告。

裁判所の見解 債務不履行に基づく損害賠償債務は期限の定めのない債務であり、四一二条三項により債務者は債権者からの履行の請求を受けた時に初めて遅滞に陥る。したがって、Xらの遅延損害金に関する請求のうち、安全配慮義務違反に基づく損害賠償が主張された日以前の分については認められないが、その後の分についてはこれを認容すべきである。他方、原審はXら固有の慰謝料を五十万円の限度で認容しているが、AとYらの間の雇用契約ないしこれに準ずる法律関係の当事者でないXらがそれらの債務不履行により固有の慰謝料請求権を取得するものとは解し難いから、Xらは固有の慰謝料請求権を取得しなかったというべく、結局、右五十万円に係る遅延損害金の請求を棄却した原判決は正当である。

解説 本判決は、①安全配慮義務違反を理由とする損害賠償債務は請求時に履行遅滞に陥ること、②安全配慮義務違反により死亡した者の遺族は固有の慰謝料請求権を取得しないことを明らかにした点で、重要な意義を持つ。安全配慮義務は契約または特定の法律関係から生ずるものであり、判例は、安全配慮義務違反が債務不履行であることを前提としている（11〜14判決）。本判決が、①について、債務不履行に基づく損害賠償一般に関する先例に倣って請求時を履行遅滞に陥る時とし、②について、契約または特定の法律関係の当事者ではない遺族に固有の慰謝料請求権を認めることはできないとしているのも、そのためである。安全配慮義務違反が問題となる場面では不法行為も併せて主張されることが多いが、不法行為では、損害賠償債務は不法行為の成立時に履行遅滞に陥り（18判決）、一定の遺族に慰謝料請求権が認められているため（七一一条）、本判決が扱った問題についていえば、安全配慮義務違反を理由とする損害賠償請求は、不法行為による請求と比べて、被害者側にとって有利に作用するわけではない。

弁護士費用に関する損害賠償債務の履行遅滞

20 最3判昭和58・9・6民集三七巻七号九〇一頁

関連条文 四一二条

不法行為と相当因果関係に立つ損害である弁護士費用の損害賠償債務が履行遅滞に陥るのはいつの時点か。

事実 Xは、自転車を運転していたところ、Aが運転するY所有の自動車に衝突され負傷した。そこで、Xは、Yに対して、自賠法三条に基づき、弁護士費用を含む損害の賠償と訴訟送達日の翌日からの遅延損害金の支払を求めた。原審は、Yの運行供用者責任を認めた上で、弁護士費用に関わる損害を八万円と認定し、Xの右請求を認容した。これに対し、Yは、弁護士費用が訴状送達日の翌日以前に支払われたことの主張及び立証がないのに、右日時を遅延損害金の起算点とすることには法令解釈を誤った違法があるとして上告した。

裁判所の見解 不法行為と相当因果関係に立つ弁護士費用に関する損害は、被害者が当該不法行為に基づくそれ以外の費目の賠償を求めるに際して弁護士に訴訟の追行を委任し、相手方に勝訴した場合に限って認められる性質のものであるが、それ以外の費目の損害と同一の不法行為により同一の利益侵害に基づいて生じたものである場合には、一個の損害賠償債務の一部を構成するものというべきであるから、右弁護士費用につき不法行為の加害者が負担すべき損害賠償債務も、当該不法行為の時に発生し、遅滞に陥ると解するのが相当である。なお、右損害の額については、被害者が弁護士費用につき不法行為時からその支払時までの間に生ずる中間利息を不当に利得することがないよう算定すべきである。

解説 本判決は、不法行為と相当因果関係に立つ損害とされた弁護士費用に関する損害賠償債務が不法行為時に発生し履行遅滞に陥ることを明らかにした点で、重要な意義を持つ。不法行為の被害者が訴訟追行を弁護士に委任した場合の弁護士費用は、事案の難易、請求額、認容額その他諸般の事情を斟酌して相当と認められる額の範囲内のものに限り、当該不法行為と相当因果関係に立つ損害として賠償の対象になる（最1判昭和44・2・27民集二三巻二号四四一頁）。ところで、弁護士費用には、その支払時期や損害としての性質等の点で他の財産的損害とは異なる特殊性がある。しかし、弁護士費用に関する損害は、他の損害項目と同一の不法行為及び利益侵害から生じているときには、一個の損害賠償債務の一部を構成するということができる。そして、この場合には、不法行為を理由とする損害賠償債務は不法行為の成立時に履行遅滞に陥るという理解を（18判決）、弁護士費用に関する損害の賠償にも及ぼすことができる。これが、本判決の理解である。なお、本判決の後半部分は、弁護士費用が支出された時期との関係で、被害者が中間利息を不当に利得することがないように、これを諸般の事情の一つとして斟酌することを認めたものである。

処分禁止の仮処分と移転登記義務の履行不能

21 最1判昭和32・9・19民集一一巻九号一五六五頁

不動産の譲渡後その移転登記前に同不動産に処分禁止の仮処分があった場合、譲渡人の移転登記義務は履行不能になるか。

事実　Xは、Aとの間でA所有の不動産を代金三十万円で購入する契約を締結し、Aに内金と違約手付の性質を持つ金銭三万円を支払った。履行期の到来後、Xは、Aに対して、残代金の弁済を提供し移転登記を求めたが、Aがこれに応じなかったので、催告をすると共に、Aの不履行を停止条件とする解除の意思表示をした。それでもAが応じなかったので、Xは、Aの死亡に伴いこれを相続したYらに対して、手付の倍額六万円等の支払を求めた。これに対して、Yらは、履行期の前にBが本件不動産につき処分禁止の仮処分命令を得てその登記を経由しているため、Aの移転登記義務はその責めに帰すことができない事由により履行不能になったと主張した。

裁判所の見解　債務者が所有する不動産につき債務者の処分を禁止する仮処分命令があった場合、債務者は当該不動産の処分をすることができないわけではなく、その処分が仮処分に抵触する範囲内において、仮処分債権者に対抗することができないにすぎないものと解するのが相当である。したがって、Yらが主張する仮処分命令があり、その登記がされたからといって、本件売買契約に基づく移転登記義務が履行不能になったとはいえない。

解説　本判決は、処分禁止の仮処分後にされた債務者による行為の効力につき、それが被保全権利と抵触する限度で仮処分債権者に対抗することができないだけであるという立場を前提に（今日では、民保五八条一項）、譲渡対象不動産に処分禁止の仮処分がされても、譲渡人から譲受人への移転登記は許されるため、その移転登記義務は履行不能にならない旨を判示する。旧法では、履行請求の限界として履行不能が観念され、そこには、物理的不能のほか、社会通念上・取引通念上の不能も含まれるとされてきたところ、本判決は右不能に該当しない場合を明らかにしたものとして位置づけられてきた。

他方、新四一二条の二第一項は、履行請求権の限界として、「債務の履行が契約その他の債務の発生原因及び取引上の社会通念に照らして不能であるとき」を規定する。ここで、履行不能であるかどうかは、当事者の主観的意思に加え、契約の性質や目的等のほか取引をとりまく客観的事情を考慮して決せられる。これによると、譲渡対象不動産に処分禁止の仮処分があったときは移転登記義務も消滅する旨の合意があれば格別、そうでない限り、不動産譲渡契約の目的や処分禁止の仮処分の効力に照らせば、本件のような場面で譲渡人の移転登記義務は履行不能にはならないと判断されることになる。この意味で、本判決の結論は、改正法の下でも基本的には維持される。

関連条文　四一二条の二第一項

不動産の二重売買において売主の一方買主に対する債務が履行不能になる時点

22 最1判昭和35・4・21民集一四巻六号九三〇頁

関連条文　四一二条の二第一項

不動産の二重売買の場合において売主の一方買主に対する債務が履行不能になるのはいつの時点か。

事　実　Xは、Yとの間で、不動産を代金七千五百円で売却する契約を締結し、代金の支払を受け、売渡証書を交付したが、移転登記等の時期については後日協議の上決めることにした。その後、Yは、契約を解除したい旨の意向を示したが、Xがこれに明確な返答をしないまま時が経過し、やがて、Xは、Aに本件不動産を売却して、それから約五年後に登記を移転した。Xは、Aへの売却直後に、Yに売渡証書の返還を求め、Yから受け取った代金を供託した。このような事実関係の下、Xは、Yに対し、合意解除を理由に本件不動産がYの所有でないことの確認を求める訴訟を提起した。これに対し、Yは、合意解除の事実を争うと共に、反訴を提起して、Xに対し損害賠償を請求した。原審は、Xの請求を棄却する一方、Yの反訴請求については、Aへの移転登記によりXの登記移転義務が履行不能になったとして、その当時の本件不動産の価値二二万円余りの限度で認容した。Xが上告。

裁判所の見解　当裁判所も、本件売買契約に基づいてXが負担する債務はAへの移転登記が完了した時において履行不能に確定したとの原判決の判断を正当として是認する。そして、右登記以前にXがYに対して売渡証書の返還を催告し受け取った代金を供託したという事実があったからといって、その時に右債務が履行不能に帰したとは理解することができない。したがって、右履行不能の時を標準として損害賠償額を算定した原判決の判断も正当である。

解　説　本判決は、損害賠償額が原則として履行不能時を基準として算定されるという立場との関連で（27判決等）、不動産の二重売買において、売主の一方買主に対する債務が履行不能になるのは、原則として、他方買主への所有権移転登記が完了した時であることを判示する。旧法下で、本判決の解決は、社会通念上・取引通念上の履行不能の一事例を示したものとして位置づけられてきた。ただし、一方買主への所有権移転登記が完了したときであっても、履行を可能にするような特別の事情、例えば、買戻しその他の方法により売主が目的物の所有権を回復して買主に移転することができる場合や（大判大正2・5・12民録一九輯三二七頁等）、他方買主に所有権移転請求権保全の仮登記がされているにすぎない場合（最1判昭和46・12・16民集二五巻九号一五一六頁等）は、別とされる。この点、改正法は、「債務の履行が契約その他の債務の発生原因及び取引上の社会通念に照らして不能であるとき」は、債権者はその債務の履行を請求することができないとする。本判決の結論自体は、右条文の下で基本的には維持される。

履行補助者の行為を理由とする債務者の損害賠償責任

23 大判昭和4・3・30民集八巻三六三頁

関連条文 四一五条一項

債務者が履行補助者の行為につき、債務不履行を理由とする損害賠償の責任から免責されるのは、どのような場合か。

事実　Xらは、その共有する船舶甲をY_1に賃貸した。Y_1は、甲をXの承諾を得てY_2に転貸した。その後、航行中に甲が暴風を受けて座礁・難破し、Y_1らは甲をXに返還することができなくなった。そこで、Xらは、甲の沈没はY_2の被用者である船員Aらの過失によるものであるとして、$Y_1$$Y_2$に対し、履行不能を理由とする損害賠償を請求した。

裁判所の見解　債務者が債務を履行するため他人を使用する場合には、債務者は、自らその被用者の選任・監督について過失のないことを要するのはもちろんのこと、それ以外にも、他人を使用して債務の履行をさせる範囲内においては、履行に必要な注意を被用者に尽くさせるべき責任を免れない。債務の履行の範囲内における被用者の行為は、債務者の行為そのものに他ならないから、債務者は、その履行につき被用者の「不注意」（「過失」）により生じた結果に対し、債務の履行に関する一切の責任を免れることができない。

解説　本判決は、転借人が六一三条一項により原賃貸人に対して直接に責任を負うことを前提とした上で、①債務の履行の範囲内における被用者の行為は、債務者の行為そのものに他ならないこと、②債務の履行のために補助者を使用した債務者は、債務不履行を理由とする債権者からの損害賠償請求に対し、履行補助者の選任・監督について注意を尽くしたことを主張・立証しても免責されないこと、③債務者は、履行補助者がした債務の履行の範囲内の行為について、補助者の不注意（過失）によるものについては、債権者に対して債務不履行を理由とする損害賠償責任を負うべきことを明らかにした点で、旧法下において重要な意義を有していた。

他方、新四一五条一項の下では、債務不履行を理由とする損害賠償請求については、債務者は、当該債務不履行が「契約その他の債務の発生原因及び取引上の社会通念に照らして債務者の責めに帰することができない事由」によるものであったことを主張・立証して初めて、免責される。したがって、契約上の債権においては、損害賠償からの債務者の免責の可否は、債務者及びその履行補助者に「過失」があったか否かにより決せられるのではなく、債務発生原因である契約の趣旨に照らして決せられる。その結果、本判決の法理は、改正法の下では、①は、債務不履行の有無を契約内容に即して確定する際に、履行補助者の行為が債務の内容に組み込まれているか否かを判断することが必要であるという意味の限りで維持されるものの、②③は、「過失」を帰責事由とする枠組みを基礎に据えている点で、もはや判例としての価値を失う。

転借人の行為による賃借物の滅失と転貸人の損害賠償責任

24 大判昭和4・6・19民集八巻六七五頁

関連条文 四一五条

転貸人が原賃貸人の承諾を得て賃借物を第三者に転貸した場合において、賃借物が転借人の行為により滅失したときに、転貸人は、原賃貸人に対し、原賃貸借契約の債務不履行を理由として損害賠償責任を負わなければならないか。

事実 Yは、甲土地と乙建物をXに賃貸していた。Yは、その後、Xから丙建物の建築資金三万円を借り受けた。その際、XとYは、丙建物完成後にXが同建物をYから賃借すること、その賃料をもってXからの借入金の元利金に充当することを約定した。ところが、丙建物は関東大震災により焼失した。そのため、Xは、Yを被告として訴えを提起し、賃貸借契約の終了を主張すると共に、貸付残債務二万二〇〇余円の支払を求めた。これに対して、Yは、XがYの承諾を得て甲土地と乙建物をAに転貸していたところ、転貸中にAの失火により乙建物が全焼し、二万六〇〇〇余円相当の損害を被ったとして、この損害賠償債権と貸付残代金債権との対当額による相殺を主張すると共に、差引金五九〇〇余円の支払を求めて反訴を提起した。

裁判所の見解 転借人の故意・過失により賃借物が滅失・損傷した場合は、たとえ転貸借について原賃貸人の承諾があり、また、転貸人に責められるべき事情がないときであっても、転貸人は原賃貸人に対して履行不能につき損害賠償責任を負わなければならない。

解説 本判決は、第一に、履行補助者の故意・過失を理由とする債務者の損害賠償責任に関する23判決の考え方が、転借人の過失による賃借物の返還不能の場合にも妥当することを示した。転借人が賃借物の保管義務を負う転貸人の意思の下に賃借物を使用している点を捉え、転借人を転貸人の債務の履行補助者としての地位にあるとみたからである。

本判決は、第二に、転貸借について原賃貸人の承諾があり、また、転貸人に責められるべき事情がないときでも、転貸人は原賃貸人に対して履行不能につき損害賠償責任を負わなければならないとした。原賃貸人の承諾は単なる転貸の許可にすぎず、特別の事情があるのでなければ、その承諾をもって責任免除の意思表示と解すべきではないと考えられたことによる。

23解説でも触れたように、本判決は、履行補助者の故意・過失を理由とする債務者の損害賠償責任という枠組みに依拠している点で、改正法の下では、判例としての価値を失っている。また、そもそも、改正前の民法下でも説かれていたが、転貸借関係は転貸人の賃借物保存義務を転借人が履行補助者として履行する関係であるとの本判決の前提理解にも、疑問がある。

特別事情の予見時期

25 大判大正7・8・27民録二四輯一六五八頁

関連条文 四一六条

特別事情の予見可能性の有無はいつを基準に判断すべきか。

事実 買主Xは、マッチ製造業者である売主Yとの間で、五回に亘りマッチの売買契約を締結した。五回目の契約の締結日に第一次世界大戦が勃発し、これに伴う原料の高騰によりマッチの価格が約15～27％騰貴した。Yは、約定量の一部を引き渡したのみで、残部については一箱三円の値上げを求め、引渡しをしなかった。Xは、催告を経て契約を解除し、損害賠償を請求した。原判決が、特別事情の予見時期を債務の履行期として損害賠償額を算定したのに対して、Yは、この予見時期を契約締結時とすべきであると主張して上告した。

裁判所の見解 特別事情を予見した債務者がこれによって生じた損害の賠償責任を負うべきとされるのは、このような債務者は当該特別事情から損害が発生することを予見しえたはずであり、それにもかかわらず債務を履行せず、もしくは履行を不能にした債務者にその賠償責任を負わせても過酷とはいえないからである。このように考えると、特別事情の予見時期は債務の履行期と解すべきである。

解説 特別事情によって生じた損害が損害賠償の範囲に含まれるためには、債務者において当該事情が予見可能であったことが必要とされる（四一六条二項）。本件で問題となったのは、この予見可能性の判断基準時である。学説では、契約締結時とする説（契約時説）と、債務の履行期すなわち不履行時とする説（不履行時説）が対立しており、本判決は、契約時説を否定して不履行時説を支持した。以来、不履行時説は判例・通説として確立している。

もっとも、契約時説も有力である。これによれば、契約締結時に債務者において予見可能であった特別事情によって生じる損害のリスクは、契約の中に織り込まれているとみるべきであるから、そのような損害は賠償範囲に含まれるべきであるのに対し、契約締結後に予見可能となった特別事情によって生じた損害のリスクは契約の中に織り込まれていないので、そのような損害を賠償範囲に含めるのは妥当でないという。

しかし、契約時説では、契約締結から履行期到来までに予見可能となった事情から生じた損害のリスクについては債権者が負うこととなるが、債務者は契約の締結を通じて契約利益の実現を保証したのであるから、この損害のリスクについては債務者が負担すべきである。この理由から、契約に基づくリスク分配を基礎として賠償範囲を決することを原則とする立場からも、不履行時説が支持されている。

なお、平成29年改正では、この学説上の争いに対する立法的な態度決定が留保され、引き続き解釈に委ねられることとされたため、本判決の意義は改正法の下でも失われない。

損害の発生と損害額の立証

26 最2判昭和28・11・20民集七巻一一号一二二九頁

関連条文 四一六条

裁判所が損害賠償義務の存在を認めたにもかかわらず原告から損害額の立証がない場合、釈明権を行使せず請求を棄却することは違法か。

事実 XはYに船舶を賃貸したが、Yはこれを代物弁済として訴外Aに譲渡した。そこで、Xは、Yに対して所有権に基づく本件船舶の引渡し及び賃料相当額（月一万五千円）の損害賠償を請求した。原審は、本件船舶がXの所有に属すること、Yに損害賠償義務があることを認めつつも、賃料が月一万五千円であることとの立証がなく、損害額に関する主張・立証が他にないとして損害賠償請求を棄却した。これに対し、Xは、裁判所は損害賠償請求権があることを認めたのであるから、訴訟物の価額の法定利率による利息の賠償を認めるべきであるし、賃料相当額以外に損害賠償請求権があるか否かについて釈明権を行使すべきであったとして上告した。

裁判所の見解 損害賠償を請求する者は、損害発生の事実だけでなく損害の数額をも立証すべき責任を負うものであることは当然であるから、裁判所は、請求者の提出した証拠を判断し損害額が証明されたかどうかを判定すべきであり、もし損害額が証明されないと認めたときはその請求を棄却すべきである。

解説 判例・通説によれば、損害とは、債務不履行がなかったならば債権者が置かれていたであろう利益状態と、債務不履行があった現実の利益状態との差額である（差額説）。そして、この損害の発生について主張・立証責任を負うのは、債権者（原告）である。すなわち、債権者（原告）は、損害の事実のみならず差額の存在及びその額（損害額）についても主張・立証責任を負う。たとえ損害の事実が立証されたとしても、損害額が立証されなければ、請求は棄却されざるをえない。本判決は、このことを明示したものである。

ただし、損害額を立証することが極めて困難なこともあり、この場合に一律に損害賠償請求を棄却することは妥当でない。そこで、損害額が立証されたと認定するのに必要な証明度を緩和するといった対応が行われている。例えば、民訴二四八条は、損害の発生が認められるが損害の性質上その額を立証することが極めて困難である場合に、裁判所が相当な損害額を認定することを認めている。また、死亡した幼児の逸失利益については、被害者にとって控え目な算定方法をすることによりできる限り蓋然性のある額を認定すべきとされている（最3判昭和39・6・24民集一八巻五号八七四頁）。もっとも、このことによって損害額の主張・立証それ自体が不要になるわけではなく、本判決は変更を受けない。

損害賠償額の算定基準時……富喜丸事件

27 大判大正15・5・22民集五巻三八六頁

関連条文 四一六条

不法行為により物が滅失した後にその価格が上昇し再び下落した場合、価格が最も高くなった時点を基準に損害賠償額を算定することができるか。

事実 大正4年4月、X所有の汽船（富喜丸）とY所有の汽船とが両船長の過失により衝突し、富喜丸は沈没した。沈没当時における富喜丸と同様の船舶の価格は十万円であったが、その後、第一次世界大戦に伴う船舶の需要増大により船価は急騰したが、大戦の終結により、原審口頭弁論終結時には再び沈没時とほぼ同じ価格になっていた。Xは、Yに対し、船価が最も高かった大正6年8月における価格百九十万円を基礎として損害賠償額を算定しその支払を求めた。原審は、沈没当時の価格を基礎に損害賠償を認めた。

裁判所の見解 物の滅失毀損に対する損害額は、滅失毀損の当時の価格を基礎に算定すべきである。ただし、被害者において不法行為がなければ騰貴した価格（中間最高価格）で転売その他の処分をし、もしくは他の方法によりその価額に相当する利益を確実に取得していたはずであるという特別事情があり、その事情が不法行為の当時に予見可能であった場合は、その騰貴した価格を基礎に損害賠償を請求することができる。

解説 本件は不法行為に関する判決であるが、本判決は、債務不履行に関する四一六条を類推適用すべきであるとして同条二項の問題として解釈論を展開しているので、その解釈論は債務不履行の事案にも妥当すると考えられている。すなわち、①履行不能時における目的物の価格は通常損害（同条一項）であるから賠償範囲に含まれ、②不能後に価格変動があり、その中間最高価格での処分等が確実であったときはこれを特別事情（同条二項）と捉え、その予見可能性の有無によって価格上昇分が賠償範囲に含まれるか否かが決まる。

他方、学説の多くは、右の判例法理に批判的である。その内容は一様でないが、損害概念に関する損害事実説を前提に展開されている有力説は、本判決が扱う問題を損害の金銭評価の問題と捉え、四一六条を適用すること自体を否定する。これによれば、目的物が滅失した場合における塡補賠償は、もし不履行がなければ債権者が事実審口頭弁論終結時に得ていたであろう利益を得させることを基本とすべきであるとして、事実審口頭弁論終結時の価格を原則としつつ、価格変動の場合には債権者がなしえた行動（中間最高価格での処分等）などを考慮して損害の公平な分担を図るべきであるとする。

平成29年改正では、このような理論面の対立状況を立法的に解決せず、引き続き解釈に委ねることとした。このため、法改正後も右の論争は続くことになる。

損害賠償額の算定基準時としての履行期

28 最2判昭和36・4・28民集一五巻四号一一〇五頁

関連条文 四一六条

売買の目的物の価格が騰貴した場合に、約定価格と履行期における市価との差額は通常生ずべき損害といえるか。

事実　買主Xは、売主Yとの間で乾うどんの売買契約を締結したが、Yは、乾うどんの市価が納期までに約二倍に騰貴したため一部を引き渡したにとどまった。そこで、Xは、契約を解除し、約定価格と納期における市価との差額（一箱三円八六銭程度）を損害賠償として請求した。これに対し、Yは、Xがこの乾うどんの転売を予定していたのであるから、損害額は約定価格と転売価格との差額（一箱二十銭程度）であると主張した。

裁判所の見解　本件売買価格と履行期における市価との差額は、債務不履行によって生じた通常損害であって、特別事情によって生じた損害ではない。

解説　売買目的物の価格が上昇し続けている状況において、売主の履行遅滞を理由に契約が解除された場合、賠償の範囲に含まれる通常損害（四一六条一項）として考えられるのは、①約定価格と履行期における市価との差額、②約定価格と解除時における市価との差額、③買主が目的物を転売する契約を締結しているときはその価格と約定価格との差額である。Yが③を主張したのに対し、本判決は、①を採用した原判決を支持した。他方、従来の判例には、目的物の市価が上昇し続けている状況で買主が履行遅滞を理由に契約を解除した事案において、債権者が契約解除によって履行に代わる損害賠償請求権を取得することを理由に②を通常損害（四一六条一項）であると解したものがある（最2判昭和28・12・18民集七巻一二号一四四六頁〔29判決〕）。両判決は、損害賠償額の算定基準時について異なる判断を示したかにみえるが、事実関係が異なることに注意を要する。

前掲昭和28年最判では、前記の算定方法のうち、買主が②を主張・立証したのに対し、売主が①を主張したが判決ではこれが退けられた。他方、本件では、Xは②を主張せず①を主張・立証したのに対し、Yはこれより低い金額となる③を主張したが、転売価格の立証をすることができなかったため①が認められた。つまり、本判決では、①と②のどちらが基準時とすべきかが争われたものではないし、③の主張が退けられたのは転売価格の立証に失敗したためであって、③が理論的に否定されたことを意味するものではない。

要するに、損害賠償額の算定基準時は抽象的・論理的にある一点に固定されるものではなく、事案によって、また当事者の主張・立証に応じて異なる。本件において、Yが③の立証に成功していればこれが認められた可能性があるし、Xが②を主張・立証していればこれが認められた可能性もある。

解除後の損害賠償と損害賠償額の算定基準時

29 最2判昭和28・12・18民集七巻一二号一四四六頁

関連条文 四一六条

物の引渡債務の履行遅滞を理由とする解除に伴う損害賠償請求における損害賠償額は、どの時点で算定すべきか。

事実　Xは、昭和21年10月13日に下駄材一万足分を代金二万五〇〇〇円で買い受ける旨の売買契約を締結し、内金として一万七五〇〇円を支払った。契約では、受渡期日を一ヶ月以内とし、Yが下駄材を運送会社の営業所に引き渡して荷物引渡申告書の交付を受けた後に、それと引換えに残代金を支払う旨の約定がなされた。ところが、Yが約定通りに引渡しをしなかったことから、Xは、債務不履行を理由として契約を解除すると共に、解除時には下駄材の価格が高騰していたとして、その価格と当初の売買価格との差額のうち五万円及び支払済みの内金の合計額につき、損害賠償を請求した。一審・原審共にXの請求を認容したため、Yは、損害賠償額は解除時ではなく、履行期を基準とすべきである等として上告。

裁判所の見解　「売主が売買の目的物を給付しないため売買契約が解除された場合においては、買主は解除の時までは目的物の給付請求権を有し解除により始めてこれを失うと共に右請求権に代えて履行に代る損害賠償請求権を取得するものであるし、一方売主は解除の時までは目的物を給付すべき義務を負い、解除によって始めてその義務を免れると共に右義務に代えて履行に代る損害賠償義務を負うに至るものであるから、この場合において買主が受くべき履行に代る損害賠償の額は、解除当時における目的物の時価を標準として定むべきで、履行期における時価を標準とすべきではないと解する」。

解説　本判決は、引渡債務の履行遅滞による解除で生じた損害賠償額の算定時期を解除時とする。これは、債権者が本来有する履行請求権が解除により消滅して損害賠償請求権に転化するという考え方（債務転形論）を前提とする。もっとも、改正法では履行に代わる損害賠償（塡補賠償）請求権の規定の新設により、一定の場合に履行請求権と損害賠償請求権の併存が認められた結果（新四一五条二項二号・三号）、債務転形論が否定された。そこで改正法下では、本判決は、その理由づけ自体は否定されるものの、解除時を含む塡補賠償請求権発生時を損害賠償額の算定時期とすることを明らかにしたものと理解されることになろう。ところで、28判決は、本判決と同様の理由での解除に伴う損害賠償額の算定時期を履行期としたため、両者をどう整合的に理解するかが問題となる。もっとも28判決では、算定時期を履行期とそれ以前の転売契約締結時のいずれにすべきかが争われており、解除時とするか否かはそもそも議論されていない。なお上記では引用していないが、本判決は、戦後のインフレーションによる騰貴価格と売買価格の差額を特別損害ではなく通常損害とした点でも注目される。

騰貴価格による損害賠償請求(1)

30　最2判昭和37・11・16民集一六巻一一号二二八〇頁

関連条文　四一六条

履行不能後、目的物の価格が騰貴し続けた場合における損害賠償額の算定時期はいつか。

事実　XとYは、甲土地の売買契約を締結した際に買戻しの特約をしたが、その後Xが特約に従い買戻しの意思表示をしたところ、Yはこれを拒絶した。そこで、Xは、Yに対して甲土地の所有権移転登記手続を求めて訴えを提起した。ところが、本訴訟係属中に、YがA及びBに甲土地を売却して所有権移転登記をしたため、Xは、請求の内容をYの債務の履行不能による損害賠償請求に変更した。なお、甲土地の価格は騰貴し続け、控訴審口頭弁論終結時の時価は甲土地売却時の一・四倍となっていた。控訴審ではこの時価で算定された損害賠償額が認容されたことから、Yが上告。

裁判所の見解　「債務の目的物を債務者が不法に処分し債務が履行不能となったとき債権者の請求しうる損害賠償の額は、原則としてその処分当時の目的物の時価であるが、目的物の価格が騰貴しつつあるという特別の事情があり、かつ債務者が、債務を履行不能とした際その特別の事情を知っていたかまたは知りえた場合は、債権者は、その騰貴した現在の時価による損害賠償を請求しうる」。「ただし、債権者が右価格まで騰貴しない前に右目的物を他に処分したであろうと予想された場合はこの限りでなく、また、目的物の価格が一旦騰貴しさらに下落した場合に……損害賠償を求めるためには……騰貴価格による利益を確実に取得したのであろうと予想されたことが必要である」が、「目的物の価格が現在なお騰貴している場合においてもなお、恰も現在において債権者がこれを他に処分するであろうと予想されたことは必ずしも必要でない」。その上で、本件の事実をもとに、原審判決の結論を支持した。

解説　本判決は、履行不能による損害が四一六条二項の特別損害に当たることを前提に、その損害賠償額の算定時期を原則として不能時としつつ、目的物の価格の騰貴継続という特別事情があり、かつ、不能時に債務者が当該事情につき悪意・有過失であれば事実審の口頭弁論終結時とするとした。価格が一旦騰貴して下落した場合には転売利益を確実に取得したるべき特別の事情の予見可能性が必要であるとした27判決の結論を維持しつつ、騰貴継続中は転売等の処分の予想の有無は問わないとした点が注目される。また、本判決の考え方は、転売目的ではない事案である31判決にも継承されている。改正法では履行不能時には履行に代わる損害賠償請求ができる旨の規定（新四一五条二項一号）が設けられたため、上記の原則は同規定を前提に理解されることになろう。もっとも、本判決の結論は、同原則の例外を示したものとしてなお意義を有する。

騰貴価格による損害賠償請求(2)

31 最1判昭和47・4・20民集二六巻三号五二〇頁

関連条文 四一六条

自己使用目的の売買契約の履行不能後、目的物の価格が騰貴し続けた場合における損害賠償額の算定時期はいつか。

事実 Xは、Yから甲建物を賃借していたが、昭和23年2月1日に、Yとの間で甲建物とその敷地の乙土地の売買契約を締結した。この契約では、代金七万円余を同年4月末日までに支払うことや代金完済と同時に所有権移転登記をすること等が約定された。その後、代金（割賦弁済）の支払期日は昭和27年8月26日に変更され、Xは同日に完済した。ところが、Xが甲建物と乙土地の登記を移転せずにいたところ、昭和33年1月17日に、YはAに甲建物と乙土地を売却し、同年3月24日にAは所有権移転登記をした。そのためXは、履行不能後の昭和38年12月当時の時価六四七万円余の損害賠償を求めて訴えを提起した。一審は、損害賠償請求を認容しつつ、Xは転売目的ではなく自己所有目的であったとして、損害賠償額を履行不能時の八三万円余とした。原審も一審判決を引用してその結論を維持したため、Xが上告。

裁判所の見解 まず、30判決を引用した上で、次のように述べる。「この理は、本件のごとく、買主がその目的物を他に転売して利益を得るためではなくこれを自己の使用に供する目的でなした不動産の売買契約において、売主がその不動産を不法に処分したために売主の買主に対する不動産の所有権移転義務が履行不能となった場合であっても、妥当するものと解すべきである」。なぜなら、このような場合でも、「不動産の買主は、……債務不履行がなければ、騰貴した価格のあるその不動産を現に保有しえたはずであるから、右履行不能の結果右買主の受ける損害額は、その不動産の騰貴した現在の価格を基準として算定するのが相当であるからである」。

解説 本判決は、履行不能後に目的物の価格が騰貴した場合には、それを四一六条二項の特別損害とみる30判決の判旨を前提として、売買契約が転売目的ではなく自己使用目的で締結されたとしても、履行不能時ではなく事実審の口頭弁論終結時を基準として損害賠償額を算定するものとした。28判決、30判決、更に本判決によって、履行不能後に価格が騰貴した場合における損害賠償額の算定時期を、原則は不能時としつつ例外的に口頭弁論終結時とすることがありうるという判例法理が確立したといえる。改正法では四一六条二項の改正は文言の微修正にとどまったため、この判例法理はなお意義を有する。なお、現行民事訴訟法が二四八条で裁判官による損害額の裁量的認定を認めていることを踏まえれば、現在では、上記の基準は、同条を適用して損害額を認定する際にも考慮される可能性が高いといえよう。

執行不能に備えた請求の算定基準時

32 最2判昭和30・1・21民集九巻一号二二頁

関連条文 四一六条

本来の給付の請求と共に、履行に代わる損害賠償の請求がなされた場合における損害賠償額の算定時期はいつか。

事 実 Xは、戦時中に戦争遂行目的で設立された、線材等の統制組合である。昭和19年8月19日に、Yとの間でX所有の線材三一二トン余の伸延加工委託契約を締結し、それらを引き渡した。Yは、約八トンを加工してXに引き渡したが、終戦を迎えたため、Xは、昭和20年9月~10月に上記契約を解除した。これを受けてYは、線材約一三〇トンを返還したが、約一七二トンを返還していない（なお、終戦後、線材の価格は高騰した）。そこでXは、残余の線材の返還を求めると共に、強制執行が不能となった場合には履行に代わる損害賠償請求として、一審口頭弁論終結時の価格である一トン当たり五万四〇〇〇円での支払を求めて訴えを提起した。一審は請求を棄却したが、控訴審は逆に請求を認容したため、Yが控訴審口頭弁論終結時の価格で算定すべきであるとして上告。

裁判所の見解 「物の給付を請求しうる債権者が本来の給付の請求にあわせてその執行不能の場合における履行に代る損害賠償を予備的に請求したときは、事実審裁判所は、右請求の範囲内において、最終口頭弁論期日当時における本来の給付の価額に相当する損害賠償を命ずべきものであることは、大審院判例の示すところであって（昭和一五年三月一三日民事連合部判決、民集一九巻五三〇頁参照）、当裁判所は、右判断は相当でありこれを維持すべきものと考える」。「しかも、原審の最終口頭弁論期日当時の本来の給付の価額がいくらであるかは原判決の確定しないところであるが、もしその価額が前記価額よりも低い場合には、原判決主文はとうていこれを維持することはできない」。

解 説 本判決は、履行遅滞を理由とする本来の給付（返還）請求に加え、その執行が不能な場合に備えて履行に代わる損害賠償を予備的に請求（代償請求）するときは、その賠償額は事実審の口頭弁論終結時を基準として算定するとした従来の判例の態度を再確認したものである。学説では、これらの判例は、執行不能時に物の引渡しを受けたのと同等の利益を債権者に得させようとするものであるという指摘もある。改正法下では、本来の給付の履行不能が確定すると履行に代わる損害賠償請求が可能となるが（新四一五条二項一号）、本判決の結論は、上記の条文を前提に損害賠償額の算定時期の具体例を示したものとしてなお意義を有する。なお、民事執行法三一条二項は、代償請求が認められても、その強制執行は、本来の給付について強制執行の目的を達せられなかったことを証明しなければ開始できない旨を定めている点にも留意しておきたい。

賃借人の損害回避義務

33　最2判平成21・1・19民集六三巻一号九七頁

関連条文　四一六条一項

損害回避義務は賠償額算定においていかなる意味を持つか。

事実　XはYから本件ビルの一部を賃借し、カラオケ店の営業を行っていたところ、平成9年2月、同部分で浸水が発生し、営業を継続できなくなった。Yは直後に本件ビルの老朽化等を理由に解除の意思表示をしたが、Xはこれを受け入れず、平成10年9月に修繕義務の不履行を理由に営業利益喪失による損害賠償を求めて訴えを提起した。なお、事故前の時点で本件ビルには老朽化により大規模な改装の必要があったものの、当面の利用に支障が生じるものではなかった。

裁判所の見解　本件では、以前から浸水が頻繁に発生していたこと、本件ビルは老朽化により大規模な改装を必要としていたこと、Yは事故直後にXに対し、本件ビルの老朽化等を理由に賃貸借契約解除の意思表示をしており、その後Xが訴えを提起したのは事故から約1年7ヶ月が経過した時点であることから、Yが修繕義務を履行したとしても、老朽化していた本件ビルにおいてXが賃貸借契約をそのまま長期間継続できたとは考え難い。また、事故から約1年7ヶ月後の本件訴え提起時点においては、本件店舗部分での営業再開の見込みは乏しいものとなっていた。他方、カラオケ店の営業は他の場所でも行うことができるし、保険金の支払によりXは再び機材を整備するための資金の相当部分を取得している。そうすると、遅くとも訴え提起時においては、Xが別の場所で営業を再開する等の損害回避措置を何らとることなく、営業利益相当の損害が発生するに任せて、その全てにつき賠償を請求することは条理上認められず、四一六条一項にいう通常生ずべき損害の解釈上、Xが上記措置をとることができたと解される時期以降における損害の全てについて賠償を請求することはできない。

解説　賃借物の利用による営業利益の喪失は一般に通常損害に当たるが、本判決は具体的事案の下でこれに一定の時期的制約を課した。その制約は、①本件ビルの老朽化により元々契約の長期継続の見込みは低かったこと、②一定の時点以降、Xは他所での営業再開により営業利益の喪失を容易に防ぐことができたことから、当該時点以降の営業利益はもはやXY間において展開した（信義則ないし「条理」をも取り込んだ）契約規範により保障されるものではないとの規範的評価に支えられたものである。四一八条の適用によらなかったのは、それでは①を考慮できないことや、ここでは賠償額が割合的に縮減されるわけではないことによると思われる。

もっとも、Yによる解除が有効でないことは前提とされているため、Xはなお履行請求権を有するはずであるところ、これと右のような損害回避の要請との関係をどう理解すべきかは、なお検討を要する。

過失相殺の立証責任

34 最3判昭和43・12・24民集二二巻一三号三四五四頁

関連条文 四一八条

過失相殺は訴訟上どのように扱われるか。

事実 XY間で、XがYの訴訟代理人に対し百五十万円の債務を毎月分割で支払う旨の本件訴訟上の和解が成立し、和解調書が作成された。その後、Xが支払を怠ったため、Yは本件訴訟上の和解を債務名義として強制執行を開始した。これに対し、Xは請求異議の訴えを提起し、過失相殺の適用などを主張したが、一審、原審いずれにおいても敗訴した。Xが上告し、和解後Yから催告があったことは一度もなく、またYの訴訟代理人の住所移転につき通知がなかったことを理由に再度過失相殺による減額を主張した。

裁判所の見解 四一八条による過失相殺は、債務者の主張がなくても、裁判所が職権ですることができるが、債権者に過失があった事実は、債務者において立証責任を負うものと解すべきである。しかるに、本件にあっては、債務者であるXの債務不履行に関し債権者であるYに過失があった事実につき、Xが何らの立証もしていないことは、記録に徴し明らかである。したがって、原審が本件について四一八条を適用しなかったのは当然であって、原判決に所論の違法はない。

解説 本判決は、過失相殺の訴訟上の扱いについて、二つのことを明らかにしている。第一に、過失相殺による減額を認めるために、債務者が過失相殺を援用することは必要でないということ、すなわち過失相殺が権利抗弁ではなく事実抗弁だということである。第二に、債権者に過失があった事実の真偽が不明である場合に、その立証責任は債務者が負担するということである。これに対し、債権者に過失があった事実がいずれかの当事者の主張に現れている必要があるか、すなわち過失相殺に弁論主義と職権探知主義のいずれが妥当するかという点は、本判決において明らかにされていない。判決文中に「職権ですることができる」とある点を捉えて後者に解する立場もあるが、過失相殺に職権探知主義を正当化するほどの公益性は認められないことから批判も強い。いずれにせよ、この説示は本件の結論とは無関係の傍論にすぎない。

以上のうち実体法的関心の対象となるのは第一点であり、これについては異を唱える見解はみられない。過失相殺も賠償額算定の一プロセスにすぎず、そこで考慮されるその他の事情と特に区別する必要はないと考えれば、その理解が正当ということになろう。もっとも、債務者の「過失」（と呼ぶかどうかはともかく）の扱い（これは提訴の形の「援用」を要する）や、時効が援用を要することとのバランス（相手方の落ち度の指摘を権利者の意思に委ねる必要性は、時効援用におけるよりは高いのではないか）を考えたとき、疑問がないわけではない。

賠償額の予定と過失相殺

35 最1判平成6・4・21裁時一一二一号一頁

関連条文　四一八条・四二〇条一項

損害賠償額の予定がされている場合に過失相殺が認められるか。

事　実　Yは、Xに対しビルの建築工事を請け負い、着工したものの、その後紛争が生じ、工事は中断した。その後和解契約が締結されたが、その中には遅延損害金についての損害賠償額の予定が合意されていた。ところが、その後もトラブルが続き、またXからの度重なる申入れによる中断もあって、引渡予定日を過ぎてもビルが完成しなかった。そこで、XはYに対し遅延損害金の支払を求めて訴えを提起した。原審が工事遅延につきXの側にも原因があったとして過失相殺に基づく予定合意額からの減額を認めたのに対し、Xが上告。

裁判所の見解　当事者が四二〇条一項により損害賠償額を予定した場合においても、債務不履行に関し債権者に過失があったときは、特段の事情のない限り、裁判所は、損害賠償の責任及びその金額を定めるにつき、これを斟酌すべきものと解するのが相当であるところ、原審の適法に確定した事実関係の下においては、損害賠償額の予定としての遅滞損害金につきXの過失を考慮してその三割を減額すべきものとした原審の判断は、正当として是認することができる。

解　説　旧四二〇条一項後段は、損害賠償額の予定がされた場合に「裁判所は、その額を増減することができない」と定めていた。これは元々、とりわけ過失相殺の可能性を排除して賠償額の証明負担を回避することを目指したものだったが、その後、とりわけ公序良俗違反による無効の可能性を念頭に、同後段は契約自由の原則の帰結を確認したものにすぎないと理解されるようになっていった。これと並行して、過失相殺についても、債権者が賠償額予定合意を理由に自己の過失のリスクを債務者に転嫁することは認められるべきでないとして、これを認める見解が一般化した。この判決も、これと同様の方向にあるものと位置づけられる。なお、同後段が削除された改正法の下では、こうした見解はより支持されやすくなるだろう。

ここでの問題は究極的には賠償額予定合意の解釈にあるところ、確かに一般論としては、債権者の過失のリスクを債務者が引き受けるという趣旨までは通常含まれないといえよう。もっとも、この点は、契約の内容・種類（債権者の過失が典型的に生じるような契約類型か）、予定合意額やその定め方（通常想定される損害額からの乖離の有無・程度）、更には実際の債権者の過失の態様（その重大さがリスク引受けの対象たる過失の範疇を超えるような重大なものかどうか）を考慮しつつ個別具体的に判断する必要がある。本判決が「特段の事情のないかぎり」との留保を付するのは、この趣旨に解すべきである。

安全配慮義務違反と弁護士費用賠償

36 最2判平成24・2・24判時二一四四号八九頁

使用者の安全配慮義務違反を理由とする債務不履行に基づく損害賠償請求訴訟において、弁護士費用相当額の賠償は認められるか。

関連条文　四一五条一項（旧四一五条）・四一六条

事実　XはY会社に雇用され、Yの工場内でプレス機械を操作する作業に従事していたが、同機械に両手を挟まれ、両手の各四指を失った。Xは訴訟追行を弁護士に委任し、Yの安全配慮義務違反を理由とする損害賠償請求の訴えを提起し、Yに対して弁護士費用を含む損害の賠償を求めた。

裁判所の見解　「労働者が、使用者の安全配慮義務違反を理由とする債務不履行に基づく損害賠償を請求するため訴えを提起することを余儀なくされ、訴訟追行を弁護士に委任した場合には、その弁護士費用は、事案の難易、請求額、認容された額その他諸般の事情を斟酌して相当と認められる額の範囲内のものに限り、上記安全配慮義務違反と相当因果関係に立つ損害というべきである」。

解説　民事訴訟の訴訟費用は敗訴当事者の負担とされるが（民訴六一条）、弁護士費用は原則としてこれに含まれない。弁護士強制主義が採用されていない以上、弁護士を選任するか自ら訴訟を追行するかは当事者の自由だからである。

そこで、不法行為や債務不履行に基づく損害賠償請求訴訟において、弁護士費用の損害賠償が認められるかが問題とされた。判例は、不法行為の場合については、一般人が弁護士に委任せずに十分な訴訟活動をすることは通常不可能だから、被害者が自己の権利擁護のために提訴を余儀なくされた場合には、「事案の難易、請求額、認容された額その他諸般の事情を斟酌して相当と認められる額の範囲内の」弁護士費用は不法行為と相当因果関係に立つ損害だとして、その賠償を認めてきた（最1判昭和44・2・27民集二三巻二号四四一頁）。これに対し、債務不履行の場合に関する判例の立場は明らかでなかった。

本判決は、労働者が不法行為に基づく損害賠償を請求する場合と同様の主張・立証責任を負うことからすれば、「使用者の安全配慮義務違反を理由とする債務不履行に基づく損害賠償請求権は、労働者がこれを訴訟上行使するためには弁護士に委任しなければ十分な訴訟活動をすることが困難な類型に属する請求権」だとして、前記の通り判示した。このような判示からすれば、本判決は、債務不履行に基づく損害賠償請求一般について弁護士費用相当額の賠償を認めたものではなく、当事者本人による訴訟追行が困難であるか否かに応じて、弁護士費用相当額の賠償の可否を判断する立場を示したものだといえる。

なお、本判決は、労働契約上の安全配慮義務への違反が問題となった事案に関するものだが、その射程は、その他の法律関係において安全配慮義務違反が問題となる事案にも及ぶだろう。

損害賠償請求権の時効起算点

37 最3判昭和35・11・1民集一四巻一三号二七八一頁

関連条文　一六六条一項（旧一六六条）、（旧商五二二条）

契約解除に基づく原状回復義務の履行不能による損害賠償請求権の消滅時効の起算点はいつか。

事実　運送業等を経営するXは、昭和23年7月頃、エンジンの製造販売・修理業者Yにディーゼルエンジン一基（本件物件）の修理を依頼したが、Yが再三の催告にもかかわらず履行しないので、昭和24年8月頃に、契約を解除した。ところが、Yが善管注意義務を怠ったために本件物件を喪失したので、Xは、昭和30年2月12日に、契約解除による原状回復義務の履行不能に基づく損害賠償請求訴訟を提起した。これに対し、Yは、契約解除の時を起算点とする商事債権の消滅時効（旧商五二二条）を援用した。原審は、Yの主張を容れてXの請求を棄却した。これに対し、Xは、本来の債権が時効消滅する以前に履行不能となり損害賠償請求権が発生したときは、その請求権の時効は、請求権発生時つまり履行不能時から新たに進行すると主張して、上告した。

裁判所の見解　契約の解除による原状回復義務の履行不能に基づく損害賠償義務は、本来の債務（原状回復義務）の物体が変更しただけで、その債務の同一性に変わりはないのであるから、右債務の消滅時効は本来の債務の履行を請求しうる時から進行を始めるものと解すべきである。

解説　判例によれば、①契約が解除された場合の原状回復義務の消滅時効は、契約解除の時から進行する（大判大正7・4・13民録二四輯六六九頁）。また、②債務不履行による損害賠償義務の消滅時効は、本来の債務の履行を請求しうる時から進行する（大判大正8・10・29民録二五輯一八五四頁、最2判平成10・4・24判時一六六一号六六頁）。原状回復義務と損害賠償義務とで起算点を違えることに疑問を呈する学説もあるが、本判決は、これら①②の考え方を前提として、起算点を解除時だとした原判決を支持した。

もっとも、前記②は、債務不履行による損害賠償請求権が履行請求権と法的に同一性を有する」ことを理由とするところ、完全性利益の侵害が問題となる場合については別異に解する余地がある。また、平成29年改正後は、瑕疵担保（目的物の契約不適合）による損害賠償請求権の消滅時効の起算点を目的物の引渡し時とする判例（最3判平成13・11・27民集五五巻六号一三一一頁）との整合性が問題となりうる。

なお、本件については、そもそも本件物件の喪失時期が解除前か解除後かがはっきりしないとの指摘もあるが、本判決は喪失時期が解除後であることを前提としている。

買主の受領義務

38 最1判昭和46・12・16民集二五巻九号一四七二頁

関連条文　一条二項・四一五条一項（旧四一五条）・（旧四一三条）

売買契約の買主は目的物の受領義務を負うか。

事　実　XはYとの間で、昭和32年4月16日、Xが本件硫黄鉱区から産出する硫黄鉱石全量の売買契約を締結した。同契約の期間は当初昭和32年末までと定められたが、昭和33年末まで延長された。Yは、昭和32年に出荷された鉱石と昭和33年6月に出荷された鉱石はそれぞれ受領したが、同月下旬に突然、Xに対して鉱石出荷の中止を求め、それ以降は鉱石を受領しなかった。XはYに対して、Yが鉱石を受領しなかったことによる損害（約定代金額から採掘した鉱石の価額を差し引いた残額）の賠償を請求した。

裁判所の見解　本件売買契約においては、Xが右契約期間を通じて採掘する鉱石の全量が売買されるべきものと定められており、XはYに対し右鉱石を継続的に供給すべきものなのであるから、信義則に照らして考察するときは、Xは、右約旨に基づいて、その採掘した鉱石全部を順次Yに出荷すべく、Yはこれを引き取り、かつ、その代金を支払うべき法律関係が存在していたものと解するのが相当である。したがって、Yには、Xが採掘し、提供した鉱石を引き取るべき義務があったというものであり、Yの引取りの拒絶は、債務不履行の効果を生ずるものといわなければならない。

解　説　平成29年改正前の四一三条は、債務の履行を受けることを拒んだ債権者は「履行の提供があった時から遅滞の責任を負う」と規定していた。同条が債権者の受領義務を認めるものか否かをめぐっては議論があったが、判例は、一般論としては、債権者の受領義務を否定していた（40判決）。本判決は、この立場を維持しつつも、例外的に、信義則上、債権者に引取義務が認められる場合があることを明らかにしたものである。Yの引取義務を認めるにあたっては、Xが一定期間内に採掘する鉱石の全量が目的物とされており、XがYに対して鉱石を継続的に供給することが予定されていることが考慮されている。これらの事情は、Xの事業がYとの取引にのみ依存していることを示すものであり、Yが鉱石を引き取らなければXに多大な不利益が生じることは容易に予想される。

新四一三条は、受領遅滞について、債務者の注意義務の軽減と増加費用の債権者負担という二つの効果のみを規定しているところ、同条に基づいて、一般論として債権者の受領義務を認めることは難しい。もっとも、個別の事案ごとに、契約解釈によって、あるいは信義則に基づいて、債権者の引取義務を肯定することは妨げられない。したがって、本判決の先例としての価値は、今後も維持されると考えられる。

受領遅滞にある債権者による催告と解除

39 最1判昭和35・10・27民集一四巻一二号二七三三頁

関連条文 五四一条・四九二条・(旧四一三条)

受領遅滞にある債権者が債務者の債務不履行を理由に契約を解除するためには、債務者に履行の催告をするだけで足りるか。

事実 Xは、土地、建物及び本件畑を担保にYから金員を借り入れたが、弁済できず、これらの所有権をYに移転した。その後、Xがこれら不動産をYから買い戻すことになり、土地及び建物については代金の支払と引換えにXに返還された。本件畑については、Yがこれら不動産について負担した財産税と取得税の合計額をXがYに支払ったときに返還すること、ただし、税金額が不明であったため、その金額を一応三万円と見積もり、後日税額が判明した際に精算することが約定された。Xは三万円を持参してYに受領を求めたが、Yは税金額を争って受領しなかった。Xはその後も受領を求め税額について説明を求めたが、Yがこれに応じなかったため、弁護士に所有権移転登記手続請求訴訟の提起を依頼した。Yはその後になって、Xに対し、三万円の支払を請求すると共に支払がなければ本件畑を処分する旨の催告をした。

裁判所の見解 受領遅滞にあるYが、契約解除の前提としての催告をするためには、Xに対して右受領遅滞を解消させるに足りる意思表示をした上、右三万円の請求をすべきであって、これなしに漫然とその支払のみを請求しても、契約解除の前提としての適法な催告をしたとはいえない。

債務者は、弁済の提供の時から、債務を履行しないことによって生じる責任を免れるところ(四九二条)、受領遅滞にある債権者は、受領遅滞を解消しない限り、債務者の債務不履行責任を問えず、契約を解除できない。本判決はこのことを示したものであり、その後の判例もこれを踏襲している(139判決)。

解説 問題となるのは、受領遅滞にある債権者は、まず受領遅滞を解消する措置を講じた上で次に履行の催告をするという二段階の手順を踏まなければ契約を解除できないのか、一度の履行の請求によって両者を兼ねることができるのかである。本判決以前の判例は、分かれていた(大判大正9・4・12民録二六輯四八七頁、大判大正13・8・6新聞二三〇八号二一頁)。本判決の立場は必ずしも明らかではないが、いずれにせよ、受領遅滞にある債権者が契約を解除するためには、受領遅滞を解消するに十分な措置を講じる必要があることは確かであり、本判決はYがそのような措置を講じていないと判断したものである。

なお、本判決は、Xの三万円の支払とYの本件畑についての所有権移転登記手続とが同時履行の関係にあるとした上で、そうであるとすれば、Yが自己の債務の履行を提供しないでした催告は有効な解除の前提とならないとも判示している。

受領遅滞と解除

40 最2判昭和40・12・3民集一九巻九号二〇九〇頁

関連条文　五四一条・(旧四一三条)

債務者は、債権者の受領遅滞を理由として契約を解除することができるか。

事　実　Yは、自身が請け負った工事に必要な膨張タンク等の物品の製作を、Xに注文した。Yは、Xには履行期までに物品を完成して所定の場所に備え付ける意思がないとして、契約を解除する旨の意思表示をした。他方、Xはこれを争い、Yが物品の引取りに応じないとして、契約を解除する旨の意思表示をし、製作した物品をスクラップとして売却した代金と請負代金との差額について、Yに対して損害賠償を請求した。

裁判所の見解　債務者の債務不履行と債権者の受領遅滞とは、その性質が異なるのであるから、一般に後者に前者と全く同一の効果を認めることはできない。四一四条・四一五条・五四一条等は、いずれも債務者の債務不履行のみを想定した規定であることは明らかであり、受領遅滞に対して債務者がとりうる措置としては、供託・自助売却等の規定がある。したがって、特段の事由のない限り、債権者は、債務者の受領遅滞を理由として、契約を解除することができない。

解　説　債務者が弁済を提供したにもかかわらず債権者がこれを受領しないために履行が完了しない場合、債務者は債務不履行責任を負わない(四九二条)。また、債務者の注意義務の軽減や増加費用の債権者負担といった効果も生じる(四一三条)。しかし、これにより債務者が当然に債務を免れるわけではない。債務者が債務を免れるためには、供託をするか(四九四条)、契約を解除しなければならない。

平成29年改正前民法の下では、旧四一三条の定める「遅滞の責任」に関し、履行の受領は債権者の権利であって義務ではないから債権者に受領義務はないとする法定責任説と、債権者と債務者とは履行に向けて相互に協力すべき関係にあるから債権者は受領義務を負うとする債務不履行責任説の対立があった。後者の見解によれば、債務者は債権者の受領遅滞を理由として契約を解除することができることになるが、本判決は、原則として、これを否定した。

もっとも、双務契約の場合、履行を受領しない債権者は、通常、自己の反対債務について履行遅滞となっているところ、債務者はその履行遅滞を理由として、契約を解除することができる。反対債務の債務不履行を理由とする契約の解除が認められないのは、債務者が先履行義務を負っている場合等に限られる。したがって、受領遅滞を理由とする契約の解除を否定しても、実際に不都合が生じる場面は少ないだろう。

財産分与請求権を保全するための代位権の行使

41 最2判昭和55・7・11民集三四巻四号六二八頁

関連条文 四二三条一項

協議・審判等により具体的内容が形成される前の財産分与請求権に基づいて債権者代位権を行使することが許されるか。

事実　Xは、Y_1と協議離婚の末、財産分与等を求める家事調停を申し立てたが、この調停は、分与の対象となる不動産の帰属に争いがあり不調となった。問題の不動産は、離婚直前にY_1からY_2（Y_1の母親）への譲渡が仮装され、登記もされていた。そこで、Xは、財産分与請求権を保全するため、Y_1に代位して、Y_2に対し、Y_1Y_2間の所有権移転登記の抹消登記手続等を請求した。一審は、Xの請求を棄却。原審は、財産分与請求権も、一種の財産的請求権である以上は債権者代位権の被保全債権になりうるとして、Xの請求を認容した。Y_1Y_2上告。

裁判所の見解　離婚によって生ずることのある財産分与請求権は、一個の私権たる性格を有するものではあるが、協議あるいは審判等によって具体的内容が形成されるまでは、その範囲及び内容が不確定・不明確であるから、かかる財産分与請求権を保全するために債権者代位権を行使することはできない。

解説　離婚の際の財産分与請求権が、いつ、どのような性質の権利として生ずるかについては、学説上、種々の見解がある。ただ、いずれにしても、協議・審判等がなければ、具体的な内容は決まらない。本件では、その具体的内容が決まる前の財産分与請求権が、債権者代位権の被保全債権となりうるかが問題となった。原審が、「抽象的と表現するかどうかはともかく」、財産分与請求権は「一種の財産的請求権」として既に発生しており、被保全債権になりうるとしたのに対し、最高裁は、それとは逆の判断を示した。

財産分与請求権が具体化されるまでのプロセスには、①財産分与請求の意思表示等がされるまで、②協議、調停、審判、裁判の進行中、③協議が調い、調停が成立し、審判がなされ、判決が下された時点、④審判、判決が最終的に確定した時点の四段階が考えられる。本件は、このうち②の段階における被保全債権の該当性が争われた事案である。

被保全債権の具体性をめぐっては、古くから、確実性を要するとする説と、かなりの蓋然性があれば足りるとする説の対立がある。同様の問題は、婚姻費用分担請求権や扶養請求権についても生じうるが、どの程度の具体性が要求されるのかは、本判決の後も不明である。

離婚の当事者間で協議がもたついている間に、名義人が財産を恣意的に処分してしまうことも考えられる。本件がまさにそうであるが、このような場合に将来の財産分与請求権を保全する手段の一つとして債権者代位権は有益である。こうした現実の問題をふまえると、判決の結論には、異論の余地もあろう。

債権者代位権における無資力要件

42 最1判昭和50・3・6民集二九巻三号二〇三頁

関連条文　四二三条一項

土地の売主の共同相続人は、代金債権を保全するため、買主の資力を問うことなく、買主に代位して、登記に応じない相続人に対し所有権移転登記手続を請求することができるか。

事　実　Aは、自己所有の土地をBCに売却したが、代金の一部を受領しただけで、登記をBCに移転する手続を行うことなく死亡し、XらとYがAを相続した。その後、BCが、Aの共同相続人に対し、登記手続に必要な書類の送付を催告したところ、Xらは書類を送付したが、Yだけがこれに応じなかった。このため、BCは登記をすることができず、それを理由として、Xらに残代金の支払をしなかった。そこで、Xらは、BCを代位して、Yに対し、所有権移転登記手続を請求した。一審も原審も、Xらの請求を認容した。Y上告。

裁判所の見解　被相続人が生前に土地を売却し、買主に対する所有権移転登記義務を負担していた場合に、数人の共同相続人がその義務を相続したときは、買主は、共同相続人の全員が登記義務の履行を提供するまで、代金全額の支払を拒絶することができるから、共同相続人の一人が登記義務の履行を拒絶しているときは、買主は、登記義務の履行を提供して自己の相続した代金債権の弁済を求める他の相続人らに対しても、代金支払を拒絶することができる。そして、この場合に相続人らは、買主の同時履行の抗弁権を失わせて自己の代金債権を保全するため、買主の資力の有無を問わず、買主に代位して、登記に応じない相続人に対する買主の所有権移転登記手続請求権を行使することができる。

解　説　不動産の売主の地位を複数の相続人が相続した場合に、それらの相続人が買主に負う登記義務は、全員で履行する必要のある不可分債務であると解されている。このため、一人でも登記に協力しない相続人がいると、他の共同相続人は登記義務を履行することができず、買主から同時履行の抗弁を主張されることになる。

本来であれば、共同相続人間で互いに登記への協力を請求できる相互的な権利義務を観念するのが望ましいが、それが未確立な法状況の下で、便宜的に債権者代位権が用いられたというのが、本件に対する大方の理解である。

判決は、買主の資力の有無を問わずに債権者代位権の行使が認められるとする。従来の判例は、被保全債権が特定債権である場合には、債務者の資力の有無を問わないのに対し、金銭債権である場合には、いわゆる無資力要件を常に要求してきた。本件の場合、素直にみれば、被保全債権は代金債権ということになろうが、買主の同時履行の抗弁権を失わせるために債権者代位権が行使されたという特殊な事案において、特定債権に関する判例理論が踏襲されたものと解することができよう。

名誉毀損による慰謝料請求権の一身専属性

43 最1判昭和58・10・6民集三七巻八号一〇四一頁

関連条文 四二三条一項

名誉侵害を理由とする慰謝料請求権は、行使の意思表示だけで具体的金額が確定していなくても一身専属性を失うか。

事　実　現職の町長であったXは、加重収賄の罪で起訴されたが、結局、無罪判決が確定した。そこで、Xは、検察官の違法な起訴により名誉を侵害され精神的な苦痛を被ったとして、国Yに慰謝料の支払を求める訴えを提起した。この訴訟提起の前に、Xは破産宣告（現在の破産手続開始決定）を受けていた。一審は、Xの請求を一部認容した。原審は、名誉侵害を理由とする慰謝料請求権も一種の金銭債権であり、破産管財人がその管理処分権を有するからXには当事者適格がないとして、訴えを却下した。原審係属中にXが死亡したため、Xの相続人が上告。

裁判所の見解　名誉侵害を理由とする慰謝料請求権は、被害者がこれを行使する意思を表示しただけで未だ具体的な金額が当事者間において客観的に確定しない間は、なお一身専属性を有するから、被害者の債権者は、これを差押えの対象としたり、債権者代位の目的としたりすることはできない。したがって、名誉侵害の被害者は、既に破産宣告を受けていたとしても、訴えの提起により慰謝料請求権を行使する意思を明示したというだけでは、その訴えについての当事者適格を失わない。

解　説　本件の直接の争点は、破産したXが名誉侵害を理由とする慰謝料請求訴訟の当事者適格を有するかどうかであるが、その前提として、慰謝料請求権の行使上の一身専属性が問題となった（行使上の一身専属権であれば、被害者であるXの当事者適格は肯定されることになる。債権者代位権が行使された事案ではないことに注意されたい）。

慰謝料請求権については、最大判昭和42・11・1民集二一巻九号二二四九頁が、交通事故の被害者が慰謝料請求の意思表示をせずに死亡した場合であっても当然に相続の対象となるとして、帰属上の一身専属性を否定していた。これに対し、本件では、行使上の一身専属性が肯定された。判決は、その理由を、名誉毀損を理由とする慰謝料請求権は、人格的価値の毀損による損害の回復方法として精神的苦痛を金銭に見積もって加害者に支払わせるものであり、その行使は専ら被害者自身の意思によって決せられるべきものだからと説いている。

ただ、判決は、一定額の慰謝料を支払う合意ないし債務名義が成立するなど、具体的な金額の慰謝料請求権が当事者間において確定したときや被害者がそれ以前に死亡したときにまで、行使上の一身専属性を認める理由はないとする。なお、本件では、Xの死亡が破産手続の終結後であったために、Xが当事者適格を喪失することはなく、相続人への訴訟承継も認められた。

遺留分減殺請求権の一身専属性

44 最1判平成13・11・22民集五五巻六号一〇三三頁

債務者の遺留分減殺請求権を債権者が代位行使することはできるか。

事　実　Xの父親は、自己所有の土地をXに単独で相続させる旨の遺言をした。ところが、父親の死後、Xの兄であるAに貸金債権を有するYが、この土地につき共同相続登記（代位登記）をした上で、Aの持分に対する強制執行を申し立て、差押えを行った。Xが第三者異議訴訟を提起したところ、Yは、Aに対する貸金債権を保全するため、Aに代位して遺留分減殺請求権を行使する旨の意思表示を行い、その限度で強制執行はなお効力を有すると主張した。一審も原審もYの主張を斥け、Xの異議を認容した。Y上告。

裁判所の見解　「遺留分減殺請求権は、遺留分権利者が、これを第三者に譲渡するなど、権利行使の確定的意思を有することを外部に表明したと認められる特段の事情がある場合を除き、債権者代位の目的とすることができない」。

解　説　民法は、債務者の一身に専属する権利は債権者代位権の対象とはならないと定めている。この権利は、行使するか否かが専ら債務者の意思に委ねられる行使上の一身専属権を意味し、譲渡性や相続性を持たない帰属上の一身専属権とは必ずしも一致しない。

本件で問題となった遺留分減殺請求権は、一定の範囲の相続人という身分に結び付けられた身分法の領域に属する権利ではあるが、財産権的な側面もあり、譲渡性も認められている（帰属上の一身専属権ではない）。このため、行使上の一身専属権に当たるかどうかが、改めて問題となる。

遺留分制度は、被相続人の財産処分の自由と相続人の諸利益との調整を図るものであり、民法も、被相続人の財産処分の自由を尊重して、遺留分を侵害する遺言については、一旦その意思通りの効果を生じさせた上で、遺留分を回復するかどうかを専ら遺留分権利者の自律的決定に委ねている。判決は、このように説明した上で、遺留分減殺請求権は行使上の一身専属権に当たり、第三者が遺留分権利者の減殺請求権行使の意思決定に介入することは許されないとした。

ただ、判決は、遺留分権利者が減殺請求権行使の確定的意思を外部に表明したと認められる特段の事情があるときは別だとする。そして、その例として、遺留分権利者が減殺請求権を第三者に譲渡した場合を挙げている。

本件は、遺留分権利者の債権者が減殺請求権を代位行使したという事案であった。これとは別に、被相続人の債権者が代位権を行使する可能性もあるが、代位行使を否定した理由が、専ら遺留分減殺請求権の行使上の一身専属性にあるとすれば、本判決の射程は、この場合にも及ぶと考えられる。

関連条文　四二三条一項

代位権の行使と消滅時効の完成猶予・更新

45 大判昭和15・3・15民集一九巻五八六頁

関連条文 四二三条一項・四二三条の六（旧四二三条）

債権者代位権の行使は、代位の対象となった権利の消滅時効を中断するか（完成猶予・更新事由となるか）。

事実　Xは、Aに対する約束手形金等の債権の強制執行として、AがYに対して有する請負報酬債権を差し押え、転付命令を得た。ところが、Yが請負残代金を支払わないため、Xが訴えを提起したところ、Yは、抗弁として、報酬債権の時効消滅を主張した。これに対し、Xは、再抗弁として、当該報酬債権については、Yに支払を求める代位訴訟がAの債権者であるBによって提起され、B勝訴の判決が確定するまでの間、時効が中断していたのであるから、残代金を支払うYの債務は、なお存続すると主張した。原審は、Bの提起した代位訴訟の判決効はAには及ばず、Aは時効中断の当事者でもないから、Aの承継人の地位にあるXが時効中断を主張することはできないとして、Xの再抗弁を排斥した。X上告。

裁判所の見解　債権者が四二三条の規定により債務者に属する権利の行使として第三債務者に対し訴訟を提起して判決を受けた場合には、同判決は、債務者が当該訴訟に参加したか否かにかかわりなく、常に債務者に対しても効力を有する。ゆえに、Aには代位訴訟の判決の効力は及ばず、Aの承継人の地位にあるXが訴訟による時効の中断を主張することはできないとした原審の判決は、法律の解釈を誤ったものであり、破毀されるべきである。

解説　債権者代位権は、債権者が債権保全のために自己の名で行使するものであり、債務者の代理人として行使するわけではない。では、代位訴訟が提起された場合、その判決の効力は債務者にも及ぶか。本件の原審はこの点を否定的に解したが、最高裁は、代位債権者を「債務者のための訴訟当事者」とみなし、判決効が債務者にも及ぶと判断した。そしてこれを前提に、代位訴訟の提起による時効中断を認めている。

ところで、代位訴訟の判決効が債務者にも及ぶと解すると、債権者に訴訟追行上の過失があった場合に、債務者が思わぬ不利益を被るおそれがある。特に問題となるのは、債務者が代位訴訟の係属を知らなかった場合である。しかし、平成29年改正により、債務者に対する訴訟告知が義務づけられ、債務者が代位訴訟に関与する機会が保障されることとなった。このため、右の問題は、適切な形で解消されている。

なお、時効の中断は、右改正の際に、「完成猶予」と「更新」に変更された。裁判上の請求がなされた場合には時効の完成が猶予され、確定判決又はこれと同一の効力を有するものによって権利が確定したとき（これらにより権利が確定することなく裁判が終了したときは、その終了の時から六ヶ月を経過したとき）に、新たな時効の進行が始まることになる。

保険金請求権の代位行使の時期

46　最3判昭和57・9・28民集三六巻八号一六五二頁

関連条文　四二三条一項

交通事故の被害者は、損害賠償額が確定する前に、加害者の保険金請求権を代位行使することができるか。

事　実　Aは、原付を運転中、Bが運転するトラックと接触し、死亡した。そこで、Aの両親であるXらは、トラックの保有者であるY_1に損害賠償を請求すると共に、Y_1と自動車保険契約を結んでいたY_2に対し、主位的には被害者の直接請求権に基づき、予備的に債権者代位権に基づいて、保険金を直接自己に支払うよう請求した。一審は、Y_1に対する請求を認めつつ、Y_2に対する請求は棄却した。原審は、原判決を変更し、Y_2に対する予備的請求を認容した。Y_2上告。

裁判所の見解　保険金請求権は、保険事故の発生と同時に被保険者と損害賠償請求権者との間の損害賠償額の確定を停止条件とする債権として発生し、損害賠償額が確定したときに条件が成就して保険金請求権の内容が確定し、これを行使できるようになる。そして、同一訴訟手続で損害賠償請求と保険金請求権の代位行使による請求とが訴求され、併合審判されている場合には、損害賠償額の確定によって停止条件が成就することになるから、裁判所は、損害賠償請求権者の被保険者に対する損害賠償請求を認容すると共に、保険会社に対する保険金請求は、予めその請求をする必要のある場合として、これを認容することができる。

解　説　任意の自動車保険に適用される約款には、通常、被保険者の保険金請求権は、被保険者（加害者）と損害賠償請求権者（被害者）との間で損害賠償額が確定した時に発生すると定めた規定がある。賠償額と保険金支払額との間に相違ないし矛盾が生じるのを防ぐためである。本件で使用された昭和五一年改訂の統一約款にも、これと同趣旨の規定があった。

かかる規定の下では、被害者が賠償額の確定前に加害者の保険金請求権を代位行使することはできないようにも思われる。代位の対象となるべき保険金請求権が、代位行使の時点では、未だ存在していないと考えられるからである。しかし、判決は、賠償額の確定前であっても、同一訴訟手続で責任訴訟と代位訴訟とが併合審理されている場合には、保険金の代位請求も、将来給付の請求として認められると判断した。保険金請求権は、保険事故の発生と同時に賠償額の確定を停止条件とする債権として発生すると解したわけである。

本件とは異なり、将来給付を求める代位訴訟が単独で提起された場合には、この判決の射程は及ばないものと思われる。ただ、現在では、被害者が保険会社に対して損害賠償額の支払を直接に請求できる範囲が拡大されており、その結果、代位訴訟の必要性は、当時と比べると大幅に低下している。

消滅時効援用権の代位行使

47 最1判昭和43・9・26民集二二巻九号二〇〇二頁

債権者は自己の債務者に代位して他の債権者に対する債務の消滅時効を援用することができるか。

事実　XはAに対してα債権とβ債権を有しており、α債権については、A所有の甲土地に抵当権も設定していた。ただ、甲土地には、これより先順位の抵当権として、YのBに対するγ債権のための抵当権も設定されていた。Xが競売及び強制競売を申し立てたところ、γ債権の支払順位をα債権やβ債権より前にする配当表が作成された。Xは、γ債権の消滅時効を、自ら、又は物上保証人であるAに代位して援用し、配当異議を申し立てた。一審と原審は、XもAも、時効の援用権を有する「当事者」（一四五条）には該当しないとしてXの請求を棄却した。X上告。

裁判所の見解　物上保証人は、被担保債権の消滅によって直接利益を受ける者といえるから、一四五条にいう当事者として他人の債務の消滅時効を援用することができる。また、金銭債権の債権者は、債務者が物上保証人となっている場合にその被担保債権について消滅時効を援用しないときは、債務者の資力が自己の債権の弁済を受けるのに十分でない限り、その債権を保全するのに必要な限度で、債務者に代位して他の債権者に対する債務の消滅時効を援用することができる。

解説　判決は、まず、物上保証人の時効援用権を肯定している。この判断は、自己の所有物件を他人の債務のために譲渡担保に提供した者の時効援用権を認めた判例に従ったものである。その上で、債務者の時効援用権が債権者代位の目的となりうることを明確にした。

判決には、反対意見が付されている。その趣旨は、権利を行使するか否かが専ら債務者の意思に委ねられている権利については債権者代位の目的とすることができないところ、消滅時効の援用は、専ら援用権者の意思にかからしめられているのであるから、債権者が債務者の時効援用権を代位行使することは許されないと説くことにある。

反対意見は、多数意見に従った場合の不都合として、経営上の難局に遭遇した商人が、多額の債務を抱えながらも経営の立直しを図り、将来における債務の弁済を期しているときに、たまたま一人の大口債権者が、その商人に代位して消滅時効を援用し、多くの債務を一挙に消滅させてしまうという事態が起こりうることを指摘する。

この指摘は、時効の利益を強制されないという援用制度の趣旨には適っている。しかし、債務者の資力が十分でないときにまで、その援用権者としての意思を尊重する必要はなく、判決も、そのように判断したものと思われる。

関連条文　四二三条一項

代位債権者への直接の明渡請求の可否

48 最2判昭和29・9・24民集八巻九号一六五八頁

代位債権者は自己への直接の明渡しを請求できるか。

事実　建物所有者AはYにその二階の一部を賃貸していたが、YがAに無断でBに賃借部分の更に一部を転貸したため、契約解除した。その後、XはAから二階の全部を賃借したが、Yがなお一部を占有しているため、Aに代位して自己への明渡しを訴求。なお、Xはその後Aの承諾を得て参加人Cに賃借権を譲渡している。原審は、Cの請求認容、Xの請求棄却。登記のないCはYに対抗できず、そのCが直接明渡請求できるのはおかしいとして、Yが上告。

裁判所の見解　「建物の賃借人が、その賃借権を保全するため賃貸人たる建物所有者に代位して建物の不法占拠者に対しその明渡を請求する場合においては、直接自己に対してその明渡をなすべきことを請求することができる」。

解説　債権者代位権は被代位債権者の権利を代位行使するため、義務履行の受取人は被代位債権者であることを原則とする。もっとも、本判決が引用するように、古くより、実効性の観点から、代位債権者への直接の引渡し又は支払の請求が認められてきた。大判昭和7・6・21民集一一巻一一九八頁は不法占拠者に対する土地明渡請求において、土地賃借人に自己への直接明渡しを認め、大判昭和10・3・12民集一四巻四八二頁は金銭債権の代位行使において、代位債権者に第三債務者から自己への直接の支払を認めた。

この点について、責任財産保全型（以下、保全型）（前掲昭和10年大判）と個別権利救済型（以下、個別型）（前掲昭和7年大判と本判決）では、問題状況が異なる。後者では、直接請求は代位の目的実現に直接資するのに対して、前者では、給付は債務者の責任財産に入らず、代位債権者がその結果を独り占めする結果を導くため、まさに制度趣旨との緊張がある。改正の過程においては、保全型における相殺禁止により、その弊害防止が目指されたが、後に撤回され、直接請求の権限のみが明文化された（新四二三条の三）。したがって、保全型については、改正前の判例法理が生き続けることになる。ただし、代位権行使により、被代位債権者の権利行使も、第三債務者の義務履行も妨げられないとされたため（新四二三条の五）、優先弁済の実現可能性はやや縮小されるものと予想される。個別型については、当初は、一般規定が置かれ、保全型の諸規定を準用する方法が目指されたが、最終的には、登記請求権のみについての明文化（新四二三条の七）に落ち着いた（この場合には登記制度の制約上、直接自己名義への移転は認められていない）。これによって、それ以外の、従来の個別型についての判例法理が否定されたわけではない。

関連条文　四二三条・六〇五条の四第二号

妨害排除請求権の代位行使

49 大判昭和4・12・16民集八巻九四四頁

関連条文 四二三条

土地賃借人は賃借権を保全するため賃貸人である所有者に代位して不法占拠者に対し妨害排除請求権を行使できるか。

事実 Xの先代AがBより建物所有目的で宅地を賃借し、Aは建物を建築しCに賃貸していたが、関東大震災により焼失した。Cは焼跡にバラック建物を建造し、以後建物は転々譲渡され、現在はYが所有者として土地を不法占拠している。Aを家督相続したXがBに代位して妨害排除請求。原審はXの請求を認容。Yは、このような場合に代位を認めるのは制度の趣旨に反するとして上告。

裁判所の見解 債務者が無資力であることは必ずしも必要ではなく、保全される債権は金銭債権のみならず、特定債権でもよい。また、債務者の権利も金銭債権に限定されない。だから、土地の賃借人が賃貸人に対して土地の使用収益をさせる債権を有する場合に第三者が土地を不法に占拠し使用収益を妨げる場合には土地の賃借人は自己の債権を保全するため四二三条により賃貸人の妨害排除請求権を行使できる。

解説 判例は古くより、債務者の責任財産の保全を目的とする代位権行使（保全型）のみならず、個別型の場合を、認めてきた。この場合には、介入の契機は債務者の無資力ではなく、権利実現不全であるため、保全型と異なり、債務者の無資力要件は必要とされない（本判決が引用する明治43年判決が強調する）。その例として、本判決のような不動産賃借人による所有者の妨害排除請求権の代位行使（対抗力ある不動産賃借権に基づく妨害排除請求が判例で認められていたが、改正法〔六〇五条の四第一号〕で明文化された）、売主の登記請求権の代位行使（本判決が引用する二判決、大判明治43・7・6民録一六輯五三七頁、〔大判大正9・11・11民録二六輯一七〇一頁〕）、が挙げられる。やや特殊な場合として、共同相続人の一人が登記手続に協力しない場合の代位行使がある（42判決）。抵当権については、代位行使と抵当権に基づく妨害排除の双方が近時認められた（最1判平成11・11・24民集五三巻八号一八九九頁、最1判平成17・3・10民集五九巻二号三五六頁）。

権利連鎖の存在だけで、代位権行使が認められると、第三者による不当な権利干渉のおそれがある。改正では、債務者による権利の不行使により自己の権利の実現が妨げられていること（必要性）、権利実現のために他に適当な方法がないこと（補充性）、権利の性質に応じて相当なこと（相当性）などの観点から、個別型が認められる一般的要件の明文化が目指されたが、最終的には、登記請求権の代位の場合の明文化にとどまった（新四二三条の七）。

債権譲渡通知の代位行使

50 大判昭和5・10・10民集九巻九四八頁

関連条文 四二三条

債権の譲受人は自ら譲渡人を代位して債務者に対する通知をなすことができるか。

事 実 XはAより、AがYに対して有する貸金債権を譲り受けたが、AがYに譲渡通知をしないので、Xが代位によりYに通知した上で、支払を請求したが、Yが拒絶したため、本訴を提起。原審はXの請求を棄却したため、Xが上告。

裁判所の見解 Xは譲渡人に代位して通知をしたと主張するもので、譲渡人の代理人として通知をしたと主張するものではないから、代理通知の有無を判断する必要はない。

四二三条により代位行使しうるものは債務者に属する権利であり、権利でないものは代位行使できないというべきである。債権譲渡の通知はAがYに対して有する権利ではないから、代位行使の目的とはならない。したがって、Xの代位通知はAの通知としての効力を生じない。

解 説 個別型では、個別的にその可否を判断する必要があることは49解説で述べた。本判決では、債権譲渡の対抗要件としての通知が譲渡人からなされない場合に、対抗要件具備の目的で、譲受人が譲渡人を代位して、債務者に通知してよいかが問題となった。債権譲渡の対抗要件制度は、譲渡により影響ないし不利益を受ける者の意思に基づく行動、すなわち譲渡人による通知もしくは債務者による承諾を要件とする（四六七条）ように制度設計されている。これ以外の者、とりわけ譲受人は、自己の利益のために譲渡の事実を仮装して請求するおそれがあり、かような濫用の可能性を未然に防止する意味から、代位によっても、通知できないとされてきた。

本判決も、同趣旨を述べるが、譲渡通知が事実の通知であり、権利ではない点をやや形式的に強調しているのに対し、原審は、対抗要件の趣旨にも言及し、また譲渡人が通知しない場合には、四二三条の強制履行の方法でさせることができるともいっている。その後の判例（最1判昭46・3・25判時六二八号四四頁）は、対抗要件制度の趣旨から譲渡人ないしはその代理人からの通知に限定されるという説明を基本にしている。なお、本判決では事実認定で否定されたが、譲渡人の代理人として譲受人が通知することはもちろん可能であるが、ここでも詐称代理人による通知の問題は残る。なお、特例法が認める債権譲渡登記の場合には、登記は譲渡人と譲受人の共同申請であり、債務者との関係での対抗要件具備は、登記事項証明書の交付による通知であるが、登記制度による担保があるため、譲受人単独でも可能である（動産債権譲渡特例法四条二項）。

建物買取請求権の代位行使

51　最3判昭和38・4・23民集一七巻三号五三六頁

関連条文　四二三条

建物賃借人が建物賃貸人の有する買取請求権を代位行使できるか。

事実　Xは自己所有の土地をAに賃貸し、Aはその土地上に建物を建て、建物及び土地賃借権を、Xの承諾を得ずにBに譲渡した。Y_1Y_2は、Bからそれぞれ半分ずつ賃借して占有。Xは、Bに対して収去明渡し、Y_1Y_2に対して建物からの退去を求めた。Bは請求を認諾。Y_1Y_2のみが控訴、上告。

裁判所の見解　債権者が四二三条により債務者の権利を代位行使するには、その権利の行使により債務者が利益を享受し、その利益によって債権者の権利が保全されるという関係が存在することが必要である。しかし、本件において、Y_1Y_2が債務者である訴外Bの有する本件建物の買取請求権を代位行使することにより保全しようとする債権は、右建物に関する賃借権であるが、右代位行使により訴外Bが受けるべき利益は建物の代金債権、すなわち金銭債権にすぎないのであり（買取請求権行使の結果、建物の所有権を失うことは、訴外Bにとって不利益であって、利益ではない）、右金銭債権によりY_1Y_2の賃借権が保全されるものではない。したがって、Y_1Y_2は本件建物の買取請求権を代位行使することができないものとした原審の判断は、正当である。

解説　個別型で旧法下判例上代位が認められている、登記請求権や妨害排除請求権は、代位債権者も、被代位債権者もそれぞれの債務者に対して、同様な権利内容を有しているが、中間者を飛び越えて直接請求はできない場合であった。これに対して、権利内容がかなり異なる場合に、権利の連鎖のみで代位を認めることができるか。もしそうでないとすれば、その限界づけはどのように定式化されるか。そのような問題を突きつけたのが、本判決である。本判決の建物賃貸人は、土地賃借権の無断譲渡により土地賃借権を土地所有者に対抗できず、建物収去土地明渡しを迫られた。建物賃借人も同様に建物退去の運命である。建物賃借人は、窮余の一策として、買取請求権（現借地借家一四条）を代位行使し、土地所有者に賃貸人の地位を移し、自己はその下で賃借権を対抗する（現借地借家三一条一項）作戦に出た。本判決は、上記の通り、権利行使の結果の同質性を限界づけの基準とするようである。買取請求権の代位行使で被代位債権者に生ずる効果は代金債権発生と建物所有権の土地所有者への移転、代位債権者に生ずる効果は建物賃借権の対抗である。有力説は、判例と異なり、代位を建物賃借人保護の趣旨で肯定すべきとしていた。改正法下では、新四二三条の七の類推適用の可否という形で議論が続けられるものと考えられる。

代位債権者独自の事情に基づく再抗弁

52 最2判昭和54・3・16民集三三巻二号二七〇頁

代位債権者は被告である第三債務者の抗弁に対し、自己独自の事情に基づく再抗弁を提出できるか。

事　実　Xは貿易商Aに対して、楽器類を売却した。それに先立ち、AはY銀行に対して、輸出荷為替の取立金をB銀行のX名義の口座に振り込むよう依頼した。Aは、Yの取立て完了前に倒産したため、YはXの口座に振込をしないのみならず、Yの取立金返還債務とAに対する債権を相殺する意思表示をした。そこで、Xは、主位的に、振込依頼が第三者のためにする契約であることに基づく支払請求、予備的に、代位による請求をYに対して訴求した。原審は、主位的請求を棄却し、予備的請求については、Yの相殺の抗弁に対し、それが少なくともXとの関係で権利濫用となるとのXの再抗弁を容れ、認容。Y上告。

裁判所の見解　債権者代位訴訟における原告は、債務者に対する自己の債権を保全するため債務者の第三債務者に対する権利について管理権を取得し、その管理権の行使として債務者に代わり自己の名において債務者に属する権利を行使するものであり、その地位はあたかも債務者になり代わるものであり、債務者自身が原告になった場合と同様の地位を有するに至る。したがって、被告となった第三債務者は、債務者が自ら原告になった場合に比べて、より不利益な地位に立たされることがないと共に、原告となった債権者もまた、その債務者が現に有する法律上の地位に比べて、より有利な地位を享受しうるものではない。そうであるならば、第三債務者である被告の提出した債務者に対する債権を自働債権とする相殺の抗弁に対し、代位債権者たる原告の提出することのできる再抗弁は、債務者自身が主張することのできる再抗弁事由に限定されるべきであって、債務者と関係のない、原告の独自の事情に基づく抗弁を提出することはできない。

解　説　債権者代位訴訟は、本判決も述べる通り、代位債権者が追行するものの、債務者が原告となった場合と同様の地位においてであり、そこで交わされる抗弁、再抗弁もそういう場面の限定を受けることになる。第三債務者は債務者に対して有する抗弁のみを対抗でき、代位債権者は債務者自身が主張できる事情に基づく再抗弁のみを提出できる。抗弁については、判例（大判昭和11・3・23民集一五巻五五一頁）があったが、平成29年改正で明文化された（新四二三条の四）。

なお、登記請求権の代位において、第三債務者の通謀虚偽表示の抗弁に対して代位債権者の善意の再抗弁を認めた判決（大判昭和18・12・22民集二二巻一二六三頁、最1判昭和33・6・14民集一二巻九号一四四九頁）があり、このような例外を認めるべきか否かについて、議論がある。

関連条文　四二三条

詐害行為取消権の法的性質及び取消しの効力

53 大判明治44・3・24民録一七輯一一七頁

関連条文 四二四条

詐害行為取消権の法的性質及び取消しの効力如何。債権者は誰を相手に詐害行為取消訴訟を提起すべきか（被告適格）。

事実 債権者Xは、債務者Y_1がY_2との間でなした甲地（山林）の売買が詐害行為に当たることを理由に、Y_1及び受益者Y_2を被告として、売買契約の取消し及び所有権移転登記の抹消登記手続を求めて訴えを提起した。なお甲地は当時既に転得者Aに転売されていたが、XはAを被告に加えず、またY_2に対して財産の返還に代わる価額の償還も請求していなかった。原審は訴えを却下。X上告。

裁判所の見解 取消権について、「債務者ノ法律行為ヲ取消シ、債務者ノ財産上ノ地位ヲ其法律行為ヲ為シタル以前ノ原状ニ復シ、……担保権ヲ確保スルヲ目的トスル」と判示し（判旨①）、取消しの効力につき、「其効力ハ相対的ニシテ何人ニモ対抗スヘキ絶対的ノモノニアラス」と判示して（判旨②）、債務者の被告適格を否定すると共に（判旨③）、被告として受益者又は転得者を選択できるとした（判旨④）。

解説 本判決は、詐害行為取消権（四二四条一項）の法的性質について、「折衷説」（詐害行為を取り消し、逸出した財産の取戻しを請求する権利とみる説）に依拠することを確認しつつ（判旨①）、従来の判例を変更し、取消しの効力につきそれが「相対的」であると判示した（判旨②）。この「相対的取消し」理論からは、本判決によって、債務者は被告とならない点（判旨③）、受益者・転得者のいずれを被告としてもよい点（判旨④）が帰結され、その後の判決によって、債務者自身の財産の返還・価額の償還の請求権を認めない点（大判大正8・4・11民録二五輯八〇八頁、最2判平成13・11・16判時一八一〇号五七頁）、詐害行為の目的が金銭又は価額償還の場合につき取消債権者に自己への直接の引渡請求を認める点（大判大正10・6・18民録二七輯一一六八頁）などが付加されている。

右判例法理（折衷説＋「相対的取消し」構成）は、詐害行為取消制度の真の目的（共同担保の回復）を直視し、条文を無視することなく取消しの効力を必要な範囲内に局限しようとする合目的的・合理的な解釈運用であるとして、概ね学説によっても支持されてきたが、他方、「相対的取消し」構成については、理論的な難点（相対効による限り債務者に効力は及ばず債務者の責任財産として強制執行ができない点）及び実務上の問題点（取消債権者に事実上の優先弁済権を認めることにつながり、四二五条の趣旨に反する点）が指摘されてきた。平成29年改正により、いわゆる「相対的取消し」に関する判例法理が全面的に見直されて、債権者は債務者に対して訴訟告知しなければならず（新四二四条の七第二項）、取消判決の効力が債務者にも及ぶことが明記されることになった（新四二五条）。

詐害行為取消訴訟の訴訟物の個数

54 最3判平成22・10・19金判一三五五号一六頁

関連条文 四二四条一項・四二四条の六第一項前段・四二六条

詐害行為取消権の被保全権利を変更することは訴えの交換的変更に当たるか。

事実　Xは、Bからの事業譲渡により、BのAに対する、Cを主債務者とする連帯保証債務履行請求権（甲債権）及びDを主債務者とする連帯保証債務履行請求権（乙債権）を取得した。債務超過であるAは、本件不動産の持分をYに売却して移転登記手続をした。Xは、Aに対し、甲債権の履行請求訴訟を提起し（別訴。平成16年9月14日）、次いでYに対し、甲債権を被保全債権とする詐害行為取消権に基づき、AY売買契約の取消し及び抹消登記手続を求めて提訴した（本訴。平成18年9月6日）。別訴が和解で終了し甲債権が消滅したため、Xは被保全債権を乙債権に変更した（平成19年5月16日）。Yは、別訴提起時にXが取消原因を知っていたとして乙債権を被保全債権とする詐害行為取消権の時効消滅（四二六条）を主張した。一審は本訴提起による時効中断を認めてXの請求を認容したため、Y控訴。原審は控訴棄却。Yは、被保全債権の主張の変更は訴えの交換的変更であり、本訴の時効中断効は及ばないとして上告。

裁判所の見解　債務者の一般財産を保全するために債権者が詐害行為を取り消して逸出した財産を取り戻し、総債権者に平等に弁済する詐害行為取消権の制度趣旨に鑑みると、訴訟物である詐害行為取消権は、個々の被保全債権に対応して複数発生するものではない。よって、取消債権者による被保全債権の主張の交換的変更は、攻撃防御方法の変更であって訴えの交換的変更にならないから、本訴提起に基づく時効中断効には影響しない。

解説　詐害行為取消訴訟の出訴期間（新四二六条）のうち短期のそれは、旧法の消滅時効の改正である。本判決は、詐害行為取消制度の趣旨から、取消訴訟の訴訟物たる詐害行為取消権は被保全債権ごとに発生しないため、被保全債権は取消訴訟の攻撃防御方法であるとした。被保全債権ごとに詐害行為取消権が発生し、取消訴訟の訴訟物を構成すると解する場合、乙債権の交換的主張は、甲債権の履行請求に係る別訴提起時から二年後であるため、甲債権の時効中断効が乙債権に及ぶかどうかが争点となる。しかし本判決は、訴訟物の観点から、被保全債権の交換的変更が訴えの交換的変更になる余地を否定した。もっとも判例は、一部請求の訴訟物の範囲（数量的に可分な債権の訴求された一部）と時効完成猶予（旧中断効）の範囲とを連動させる権利確定説を採用する一方で、価額償還請求において取消範囲を被保全債権額に限定して事実上の優先弁済を認めるため、価額償還の事案にも本判決の射程（出訴期間遵守の範囲を画する訴訟物の構成）が及ぶかは定かでない。

準消費貸借前の債権譲渡と詐害行為

55 最1判昭和50・7・17民集二九巻六号一一一九頁

関連条文 四二四条・五八八条

準消費貸借前に債務者によりされた詐害行為について、債権者はその取消しを請求することができるか。

事実　A社に対し貸金債権と売買代金債権を有するZ社が、これらの債権の合計金額を消費貸借の目的とする準消費貸借契約を、A社との間で締結した。この契約の締結の前に、A社は、自己の債権者の一人であるX社に対し、他の債権者を害する意思をもって、Y社に対する請負代金債権を譲渡していた。X社がY社に対し、請負代金債権の弁済を求めて訴訟を提起したところ、この訴訟の中でZ社が参加人として、A社X社間の債権譲渡について、詐害行為取消しを主張した。

裁判所の見解　「準消費貸借契約に基づく債務は、当事者の反対の意思が明らかでないかぎり、既存債務と同一性を維持しつつ、単に消費貸借の規定に従うこととされるにすぎないものと推定される」ため、既存債務成立後に特定債権者のためになされた債務者の行為は、詐害行為の要件を具備する限り、準消費貸借契約成立前のものであっても、詐害行為としてこれを取り消すことができる。

解説　平成29年改正により、詐害行為取消しの被保全債権は、詐害行為よりも前の原因に基づくものとされるようになった（新四二四条三項）。改正前の判例・通説は、詐害行為前の債権発生を要求していた。詐害行為後に生じた債権については、当初から詐害行為により減少した債務者の責任財産からの債権回収しか期待できないと考えられたためである。こうした見解の下、詐害行為時に被保全債権を有していた債権者が、この債権を消費貸借の目的とする準消費貸借契約を債務者と締結した後に、新債権を被保全債権として、先の詐害行為の取消しを請求することができるかが、議論されていた。

大審院は、かつて、これを否定した（大判大正9・12・27民録二六輯二〇九六頁）。もっとも、この判断は、準消費貸借により消滅する旧債権と、新たに発生する新債権との間の同一性につき、これを否定する当時の大審院の立場（大判大正5・5・30民録二二輯一〇七四頁）を前提とするものであった。

しかし、その後、判例は、準消費貸借における新旧債権の同一性について、当事者の意思解釈により判断し、これが不明な場合は、同一性を維持する意思を推定するようになり（大判昭和8・2・24民集一二巻二六五頁、最3判昭和33・6・24新聞一〇二＝一〇三号四頁）、学説も大審院の判断に批判的であった。こうした状況の下、本判決は、詐害行為時に債権を有していた債権者に、準消費貸借後の新債権を被保全債権とする詐害行為取消しを認め、判例を変更した。新債権は、詐害行為後の準消費貸借を原因とするものと解する余地もあるため、本判決には、改正法の下でも、判例としての意義が認められよう。

詐害行為後に発生した債権と詐害行為取消権

56 最1判平成8・2・8判時一五六三号一一二頁

関連条文　四二四条・四二四条の八

詐害行為後に生じた遅延損害金は、詐害行為取消権の被保全債権の額に含まれるか。

事　実　Y_1は、AがX信金に対して負っている債務につき、連帯保証人となった。Aが期限の利益を失った後に、Y_1は、所有する複数の農地を、子Y_2に贈与した。X信金が、Y_1Y_2間の贈与について、詐害行為取消しを請求して訴訟を提起したところ、取消しの可否と共に、詐害行為取消請求の範囲が争われた。原審は、X信金の詐害行為取消しを認めた上で、詐害行為前に成立した貸金債権に関して債務者の債務不履行により詐害行為後に生じた遅延損害金などは、元本債権の拡張物であり、法定果実に類する性質を有するものであること、及び、損害金の累増の原因は詐害行為にあることを理由に、遅延損害金が被保全債権額に加算されるべきと判断した。

裁判所の見解　詐害行為取消権の被保全債権の額に、詐害行為後に発生した遅延損害金も含まれる。

解　説　詐害行為の目的となる財産の価額が、被保全債権額を上回り、その財産が過分である場合、詐害行為取消しの範囲は、被保全債権額により限定される（新四二四条の八第一項）。このとき、遅延損害金も被保全債権に含まれるとするならば、取り消しうる範囲も広がるが、これは認められるか。

かつての判例は、詐害行為取消権の被保全債権たりうるのは詐害行為前に発生した債権であるとの理解から、遅延損害金は債務不履行により新たに成立する債務であり、詐害行為後に発生した遅延損害金は被保全債権額に加算されないとの立場をとっていた（大判大正7・4・17民録二四輯七〇三頁）。学説では、これを支持する見解もあったが、批判説も有力であった。

その後、最高裁（最3判昭和35・4・26民集一四巻六号一〇四六頁）は、詐害行為後の遅延損害金を被保全債権に含めた原審の判断を是認した判決を下した。ただし、この点は上告審で争われていなかったため、判例変更がされたとの確証はなかった。他方で、租税債権をめぐる事案において、詐害行為後に発生した延滞税も被保全債権に当たるとする判断を是認してもいた（最1判平成元・4・13金法一二二八号三四頁）。

本判決は、原審の理由づけには触れず、昭和35年判決を引用して、肯定説に立つことを明示した。債権者は、元本債権の取得時に、将来生じうる遅延損害金についても、債務者の責任財産が引当てとなることを期待しえたことや、他にも詐害行為後に発生した債権が被保全債権となりうる場合（57判決参照）があることから、本判決の見解は支持され、新設された四二四条三項が、この判例法理を包含する規律を設けている。ただし、いつまでの遅延損害金が保全対象になるのかという問題が残されている（本件では、事実審口頭弁論終結前まで）。

将来の婚姻費用債権と詐害行為取消権

57 最3判昭和46・9・21民集二五巻六号八二三頁

関連条文　四二四条・四二四条の八

詐害行為後の婚姻費用に関する債権を保全するために、債権者は詐害行為取消権を行使することができるか。

事実　Xと夫Aとの間で、AがXと子に対し、生活費や教育費などを支払う旨の調停が成立した。その後、Aは、これらの支払を停止し、他方で、唯一の財産である土地建物を、Y_1に売却して、Y_1が、これらの物件に、Y_2のための抵当権を設定した。Xが、AY_1間の売買につき、詐害行為取消しを請求したところ、Aは、原審の係属中に、この売買時までの婚姻費用滞納分を、遅延損害金の一部を付して弁済供託し、Xがこれらを受領した。これにより、本件売買時までのXの債権は消滅したものとされ、原審では、その後に発生する婚姻費用債権を被保全債権としうるかが争われた。原審は、婚姻費用債権が事情の変動により変化しうるものであり、調停で定められた婚姻費用債権も変更・取消しの可能性があることから、本件の詐害行為以後に支払われるべき婚姻費用債権は弁済期ごとに発生するものと解し、詐害行為取消しを認めなかった。

裁判所の見解　将来の婚姻費用債権であっても、家庭裁判所が審判・調停により、その支払を決定した以上、家庭裁判所が事情変動により支払金額を変更しない限り、債務者たる配偶者は、決定された各支払期日に一定金額を支払うべきであり、詐害行為取消権行使の許否にあたっては、この債権も既発生債権といえる。婚姻費用債権は、婚姻関係の存続を前提とし、その終了により消滅すべきものであり、債権者が自己の死亡時まで支払を受けるのは稀であるため、終期が定められていない場合でも、詐害行為の被保全債権額は、債権者の死亡時までの総債権額を基礎とした額とは断定できないが、当事者間の婚姻関係その他の事情から、審判・調停の前提とされた事実関係の存続がかなりの蓋然性で予測される限度で、これを詐害行為取消権の被保全債権とすることが許される。

解説　かつては、詐害行為取消権の被保全債権につき、詐害行為前の発生を要求されていた。この点、婚姻費用や扶養料に関する債権は、当事者双方の事情に応じて変動しうるため、将来の婚姻費用等に関する債権を既発生といえるかが、争われた。本判決は、審判・調停により定められた婚姻費用債権につき、詐害行為取消しの判断に際しては、将来のものも既発生債権として取り扱うものとした。新設の四二四条三項は、本判決の判旨も踏まえたものである。本判決は、審判・調停により内容が確定していることを根拠とするが、この見解においても、いつまでの債権を被保全債権としうるかが、問題として残り、本判決も明確な基準を示していない。そのため、とりわけ、詐害行為の目的物が金銭といった可分なものである場合、取消しの範囲を判断するのは容易ではない。

58 被保全債権成立後の登記移転と詐害行為取消権

最1判昭和55・1・24民集三四巻一号一一〇頁

関連条文 四二四条

債権者の債権成立前に債務者による不動産物権の譲渡行為があり、債権成立後に登記がされた場合、債権者は詐害行為取消権を行使できるか。

事実　Aは、子Yと経営する会社の状況が悪化する中で、個人で所有する複数の土地をYに贈与したが、すぐに登記手続を行うことができなかった。その後、X社が、Aの振り出した手形等について割引をしたが、この手形債権の弁済を受けられなかった。他方で、Aは、先のYへの贈与に関する登記をした。X社が、Yへの土地の贈与について、詐害行為取消しを請求したが、一審と原審は、本件贈与が、X社の債権成立前であることを理由に、これを認めなかった。また、X社の債権発生後に登記をしたYは、贈与をX社に対抗できないとのX社の主張も退けた。

裁判所の見解　債務者の行為が詐害行為取消しの対象となるには、その行為が債権者の債権の発生後にされたことを必要とするから、不動産物権の譲渡行為が債権者の債権成立前にされたものである場合には、その登記が右債権成立後にされたときであっても、債権者は詐害行為取消権を行使できない。物権の譲渡行為とその登記は別個の行為であり、登記は物権移転の対抗力を生じさせるにすぎず、登記の時に物権移転の効果が生じるわけではなく、また、債権者の債権成立前の物権移転行為自体が詐害行為を構成しない以上、その登記のみを詐害行為として取り扱うのは相当ではない。破産法等の規定は、当該手続の特殊性に基づくものであり、民法上の詐害行為取消しの場合に類推できない。

解説　詐害行為取消しの被保全債権につき、かつては、詐害行為前の発生が必要と解されていた。平成29年改正後の新四二四条三項では、詐害行為前の原因に基づくものであることが要求されている。それでは、債務者が不動産を譲渡したが、登記は未了の段階で、当該譲渡後の原因により債権が発生した場合、その債権者は詐害行為取消権を行使できるか。ここで、同条一項の「行為」に対抗要件具備行為も含まれると解するならば、譲渡行為とは別に、登記の詐害行為取消しの可否も問題となる。これについて、本判決の主旨は、改正法に即すると、債権発生原因が生じる前の譲渡行為も、その後の登記も、詐害行為として取り消すことを請求できないとの立場を示している。これに対し、登記前なら、このような債権者も当該不動産の差押えが可能なため、当該不動産は債権発生時に、なお債務者の責任財産にとどまっているとして、譲渡行為の取消しを認める反対説がある。この他、債務者名義の登記を信頼した債権者を害する目的で債務者と譲受人が通謀するなど、害意性が高い場合に限り、登記の取消しを認める見解もある。

被保全債権成立後の債権譲渡通知と詐害行為取消権

59　最2判平成10・6・12民集五二巻四号一一二一頁

関連条文　四二四条

債権譲渡の通知に対し、詐害行為取消権を行使できるか。

事　実　X社がA社に貸付した際、貸金債権の担保のために、A社が、同社のB社に対する現在及び将来の代金債権全部を、本件貸金債務の不履行を停止条件として、X社に譲渡した。この債権譲渡のB社への通知は、貸金債務不履行時に両社の連名で行うこととされた。更に、A社は、Y_1社Y_2社Y_3社からも、金銭を借り受けた。A社がX社への返済を遅滞したため、X社からB社に本件通知書が送達され、その後、A社が本件代金債権をY社らにそれぞれ譲渡した旨の通知が、A社からB社に到達した。B社が本件代金額を供託したため、X社が供託金還付請求権を有することの確認を求め、Y社らが、Xへの債権譲渡に関する譲渡通知の詐害行為取消しを請求した。原審は、不動産譲渡の登記が、公法行為の色彩を有し、第三者対抗要件にすぎないのに対し、債権譲渡の通知は、純然たる私法行為で、債務者に債権者の変更を主張する必須の要件であり、この通知により債権が譲渡人の責任財産から確定的に逸出するという意味で、第三者対抗要件以上の機能を持つとして、詐害行為取消しの請求を認めた。

裁判所の見解　債務者が自己の第三者に対する債権を譲渡した場合、債務者が行った確定日付のある債権譲渡の通知は、詐害行為取消権行使の対象とならない。

解　説　58判決に続き、対抗要件具備行為に対する詐害行為取消しが争われた事案である。58判決で詐害行為取消しを認める立場は当然のこと、これを否定する立場からも、債権譲渡通知の詐害行為取消しを容認する見解が、様々な観点から主張されてきた。主な論拠としては、①公法上の行為である移転登記と違い、譲渡通知は私法上の行為であること、②観念の通知である譲渡通知は、準法律行為として法律行為と同様に取り扱われるべきこと、③債務者対抗要件を具備するまで、譲受人は債権を行使できないため、譲渡債権は譲渡人の責任財産にとどまっているといえること、④譲渡人の一般債権者にとり、債権譲渡が認識可能となり、責任財産を保全する機会が確保されるのは、譲渡通知・承諾の時であること、⑤本件のような債権譲渡担保では、担保実行時（譲渡通知時）に責任財産の減少が生じることなどが挙げられる。しかし、本判決は、債権譲渡通知についても、58判決と同じ理由で、詐害行為取消しを否定した。その際、停止条件付きの債権譲渡担保という事情も顧慮されず、債権譲渡行為時に譲渡債権が譲渡人の責任財産から逸出するとの一般論が貫徹されている。58判決を含めた判例法理の背後には、詐害行為取消権に事実上の優先弁済効（新四二四条の九参照）を認めてきた中で、優先弁済を受けるに値する債権者を限定する意図があるものと推測されている。

特定物債権と詐害行為取消権

60 最大判昭和36・7・19民集一五巻七号一八七五頁

①特定物債権を被保全債権として詐害行為取消権を行使できるか。②抵当権付不動産の処分行為を取り消す場合の取消可能範囲と原状回復の方法はいかに解すべきか。

事実　Xは、Aに対する債権を担保するため、A所有の本件建物（時価十万円以上）の譲渡を受ける契約を締結し、Aの不履行の後、清算金支払と引換えに所有権移転登記を受ける旨の確定判決を得た。他方、Aは、右契約後に、契約前より本件建物に抵当権（被担保債権額八万円）を有するBに対し、他にみるべき財産がないのに代物弁済として本件建物の所有権を移転した。その後、本件建物はYに譲渡され、Bの抵当権登記の抹消とAからYへの所有権移転登記がなされた。原審で、Xは、AB間の代物弁済契約を詐害行為として取り消し、Yに対してAへの移転登記を求め、認容された。Y上告。

裁判所の見解　①詐害行為取消権は総債権者の共同担保保全の制度だが、特定物債権も、「窮極において損害賠償債権に変じうるのであるから」、金銭債権の場合と同様に、特定物債権の債権者は、債務者による目的物の処分行為を詐害行為として取り消すことができる。

②詐害行為取消権は、共同担保の保全のため、債務者の一般財産減少行為を取り消し、これを返還させることを目的とするものゆえ、取消しは詐害行為により減少した一般財産の範囲でだけ認められる。したがって、本件における取消しは、本件建物の価格から抵当債権額を控除した残額の部分に限って許される。そして、詐害行為の一部取消しの場合に、その目的物が不可分のものであるときには、債権者は、一部取消しの限度において、その「価格の賠償」を請求することしか認められない。

解説　本判決は、争点①について、大審院（大判大正7・10・26民録二四輯二〇三六頁）とは異なり、これを肯定した。ただ、特定物債権から損害賠償債権になる前の取消権行使が可能かは明らかでない。なお、取消債権者はその特定物自体を自己の債権の弁済に充てることはできない（77判決）。争点②については、目的物不可分の場合は価額償還になると判示したが、その後の最3判昭和63・7・19判時一二九九号七〇頁にて、目的物不可分に加え、当該不動産について抵当権設定登記が抹消されている等、現物返還が不可能なときに価額償還になることが明確になった。改正法の下では、争点①について、改正法が填補賠償請求権につき当初の履行請求権からの転形との考え方を否定したことに注意すべきである。争点②に関しては、新四二五条で取消認容判決の効力が債務者にも及ぶことになった結果、消滅した抵当権も取消しにより復活すると考えられるので、設定登記抹消の事案は、理論的には現物返還が可能になった。今後の判例を待ちたい。

関連条文　四二四条・四二四条の六

離婚による財産分与と詐害行為

61 最2判昭和58・12・19民集三七巻一〇号一五三二頁

関連条文 四二四条二項・七六八条三項

債務者が離婚に伴ってした財産分与は、詐害行為取消しの対象となりうるか。

事実 Aは、昭和22年にYと婚姻し、昭和31年からクリーニング業を始め、その後の収益でその基盤となる本件土地を購入した。しかし、Aは、他の女性と情交関係を結び子供までもうけ、昭和49年頃からはクリーニング業をYに任せて、自らは不動産業、金融業を営むようになったが、事業は不振に陥り、昭和51年に多額の負債を抱えて倒産した。AとYは離婚することとなり、Yがクリーニング業を継続し子供を養育するなどできるよう、慰謝料を含めた財産分与として本件土地がAからYへ譲渡された（本件土地に付いた根抵当権の抹消のため、Yが五百万円以上の支出をしている）。そこで、Aの債権者であるXが、右譲渡行為を詐害行為であるとして、その取消しとYの所有権移転登記の抹消を求めた。

裁判所の見解 離婚の際の財産分与は、夫婦の共同財産の清算分配と相手方の離婚後の生活維持のためのものであるが、分与者の有責行為を原因とする精神的損害の賠償の要素も含めることができる。財産分与の額・方法の決定については、当事者双方がその協力によって得た財産の額その他一切の事情を考慮すべきことは七六八条三項から明らかであり、これは協議上の財産分与にも妥当する。よって、分与者が無資力であることも考慮すべき右事情の一つに他ならず、分与者の債務額及びそれが共同財産の形成にどの程度寄与しているかも含めて財産分与の額・方法を決定できるものと解すべきであるから、分与者が債務超過である場合でも、相手方はなお相当な財産分与を受けることを妨げられない。したがって、財産分与は、それによって共同担保を減少させる結果になるとしても、「七六八条三項の規定の趣旨に反して不相当に過大であり、財産分与に仮託してされた財産処分であると認めるに足りるような特段の事情のない限り」、詐害行為には該当しない。

解説 財産分与は新四二四条二項の「財産権を目的としない法律行為」に該当しないとの理解を前提として（本判決は明示していないがこの前提に立つと解される）、財産分与がどのような場合に詐害行為に当たるかが問題となる。本判決は、七六八条三項を持ち出して、債務者が無資力であることは考慮すべき事情の一つにすぎないとしている。夫婦の共同財産の清算の観点からは、資力の評価にあたり共同財産の形成に寄与した債務以外は控除すべきでないし、離婚後の扶養や慰謝料という要素を勘案する場合には、債務超過であっても財産分与すべきことになる。したがって、債務者が無資力であっても、財産分与は当然には否定的評価を受けない。本件事実関係の下では、判旨のいう「特段の事情」のないことは明らかである。

遺産分割と詐害行為

62 最2判平成11・6・11民集五三巻五号八九八頁

関連条文 四二四条二項

相続人が行った遺産分割協議は、詐害行為取消しの対象となりうるか。

事実 借地上に本件建物を所有していたAが昭和54年に死亡し、その妻B及び子$Y_1$$Y_2$がAを相続した。Bは、$Y_1$$Y_2$が嫁いだ後も、本件建物に一人で居住し続けていた。平成5年、Bは、Xに対して、三百万円の貸金債務を主債務とする連帯保証債務を負うに至り、平成7年、連帯保証債務の履行と(A名義のままであった)本件建物について相続を原因とする所有権移転登記手続をすることを求められた。そこで翌年、Bは、$Y_1$$Y_2$と共に、本件建物につき$Y_1$$Y_2$に持分二分の一ずつの割合で帰属させる旨の遺産分割協議を成立させ、その旨の所有権移転登記を行った。そこで、Xは、$Y_1$$Y_2$を被告として右遺産分割協議を詐害行為として取り消し、Bに対する法定相続分の移転登記を求めた。

裁判所の見解 共同相続人の間で成立した遺産分割協議は、詐害行為取消権行使の対象となりうるものと解するのが相当である。なぜなら、遺産分割協議は、相続の開始によって共同相続人の共有となった相続財産について、その全部又は一部を、各相続人の単独所有とし、又は新たな共有関係に移行させることによって、相続財産の帰属を確定させるものであり、その性質上、財産権を目的とする法律行為であるということができるからである。そうすると、前記の事実関係の下で、被上告人は本件遺産分割協議を詐害行為として取り消すことができるとした原審の判断は、正当として是認することができる。

解説 本判決は、遺産分割が詐害行為取消権行使の対象となりうるかについて、これを肯定した。これ以前には、相続放棄に関する同じ問題について72判決が否定している。相続放棄と遺産分割協議は、前者が相続人の一般財産への遺産の組入れをそもそも否定するものであるのに対し、後者は遺産が相続人の財産に組み入れられたことを前提としてその財産を譲渡するという実質をもつという意味で、性質が異なる。その結果、相続放棄は一般財産を減少させる行為となりえないのに対し、遺産分割協議は、相続によって各相続人の持分に応じた遺産共有の状態になった時点での財産状態に変動を来し、一般財産を減少させる可能性を有していることになる。この違いが、本判決と72判決の相違を生んでいると解される。もっとも、具体的にどのような要件の下遺産分割協議に詐害性が認められるかについて、本判決は明らかにしていない。相続財産や相続人に関する一切の事情が考慮される遺産分割協議では、法定相続分を下回る結果になる場合でも、直ちに詐害性は肯定されないものと解される。

相当価格による不動産売却と詐害行為(1)

63 大判明治39・2・5民録一二輯一三六頁

関連条文 四二四条・四二四条の二・四二四条の七第一項一号・四二五条

不動産の相当価格での売買は詐害行為に当たるか。

事　実　古い事件でありXとY_1の間の詳細は不明である。債権者Xが、債務者Y_1、受益者Y_2を被告として提起した詐害行為取消訴訟において、夫婦であるY_1Y_2の居住していた本件建物の所有権は、Y_1Y_2が同建物から退去する際に、Y_1からY_2へと売買により譲渡された。しかし、同建物が未登記だったため、Y_2が保存登記をした。本訴において、Xは、本件売買契約を詐害行為として取り消す旨主張した。これに対し、Yらは本件建物がもとY_1の所有に属していたこと、Y_1からY_2に譲渡されたことを争った。一審の結果は不明であるが、原審がXの主張を認めたため、Yらが上告。Yらは、上告理由として、一審及び原審と同様の主張のほか、Y_1からY_2への本件建物の売買が認められたとしても、売却価格が不相当に少ない場合でなければ詐害行為に当たらないと主張した。

裁判所の見解　四二四条による売買の取消しは、相当な価格である場合も可能である。なぜなら、売買の対価が消費しやすい金銭である場合、「債務者がすぐにこれを消費するときは債権者の担保は減少することになるが、これは譲渡行為の結果に他ならない」からである。

解　説　詐害行為取消権は、一般債権者の共同担保を保全する制度であるが、債務者財産から財産が逸失しても、それに見合った相当な対価が債務者財産に加わるときは、共同担保は減少しない。しかし、本判決は、不動産の相当価格売買は、たとえ債権者の共同担保を減少させないときでも、詐害行為に当たると判示した。その後、大判明治44・10・3民録一七輯五三八頁が、債務者がその唯一の財産である不動産を売却して金銭に代えることは債権担保の効力を削減するため、「その代価が相当かどうかを問わず」詐害行為になると判示し、判例は固まったとされる。その一方で、判例は、「有用の資」に充てるための相当価格売買は詐害行為に当たらないとする(大判大正6・6・7民録二三輯九三二頁)。これら一連の判例は、詐害行為性の判断基準に関する相関関係説に即したものとみられる。もっとも、新四二四条の二は、破産法一六一条に倣い、相当価格売買を含む相当の対価を得てした財産の処分行為の詐害行為性を原則として否定し、隠匿等の処分に関する一定の要件を具備する限り、取り消しうると規定する。本件売買を改正法下で取り消しうるかは疑問である。なお、本件では債務者が被告とされている。取消権の法的性質に関する折衷説の立場から、債務者の被告適格が否定される(新四二四条の七第一項一号参照)のは旧法下と同様であるが、確定した取消判決の効力は債務者に及ぶものとされた(新四二五条)。

相当価格による不動産売却と詐害行為(2)

64 最2判昭41・5・27民集二〇巻五号一〇〇四頁

抵当不動産の被担保債権額を下回る額（相当価格）による売却と詐害行為。

事実　XはAからの負債整理委託に基づき必要費三三万三八七二円の償還請求権を取得した。しかし、Aの唯一の財産である本件土地（時価約五五万円）にはDのために抵当権（被担保債権額四三万七二〇〇円）が設定され、更にBから三五万円を借りる際、Bのために抵当権が設定された。その後Aは、本件土地を二〇万円でYに売却する一方で、Yから受領した土地代金の内金一五万円（残金五万円は半年後に受領）と別途Cからの借入金八万円との合計二三万円をBに弁済することによりBの抵当権全部を消滅させることを了承され、抵当権抹消登記手続をした。そこでXは、Yに対してAY間の本件土地の売買は詐害行為に当たると主張し、その取消し及び所有権移転登記の抹消登記手続を求めて提訴した。一審はXの請求を棄却したため、X控訴。原審は、本件土地の売却代金をもって抵当権付債務の弁済に充てられた場合、詐害意思を欠くとして控訴を棄却したため、Y上告。

裁判所の見解　債務者が既存の抵当権付債務の弁済のため、「被担保債権額以下の実価を有する抵当物件たる所有不動産を相当な価格で売却し、その代金を右債務の支払に充てて当該抵当権の消滅をはかる場合」、その結果、債務者の無資力を招くことになっても、一般債権者の共同担保を減少することにはならないから、詐害行為に当たらない。

関連条文　四二四条の二（旧四二四条）

解説　判例は、債務者財産である不動産の売却は相当価格であっても原則として詐害行為に当たるとする（63判決等）。しかし、相関関係説を採用するとみられる判例は、売買の対価が「有用の資」に費消される場合（生活費に関して71判決）等、その使途に着眼して詐害行為性を例外的に否定している。本判決は、売買の対価が、抵当権付債務の弁済に充てられることに着眼して詐害行為性を否定した点で、同じ方向である。ところが、優先権のない一般債権者への弁済につき詐害行為性を否定した判例もある（65判決）。ここで本判決の実質的根拠を、抵当権付きの不動産が一般債権者の共同担保を構成しない点に求めた場合、先の判例（65判決）と整合しにくい。換言すれば、売買等の財産処分が詐害行為になることを前提として財産処分行為の対価の使途（「有用の資」に充てられるか否か）に着眼する旧法下の説明には限界があった。これに対し、新四二四条の二は相当の対価を得た財産処分行為の詐害行為性を原則として否定した。この結果、理由づけの見直しを要するものの、本判決や71判決の結論は改正民法の下でも支持されることになる。

相当価格による不動産売却と詐害行為(3)

65 大判大正13・4・25民集三巻一五七頁

相当価格による不動産の売却は原則として詐害行為か。

事　実　Xは、訴外A（主債務者）に対して立替金・売掛金債権を有し、甲地・乙地を所有する訴外BはAの債務を連帯保証した。Bが甲地をY_1に相当価格で売却し、乙地にY_2のため抵当権を設定し、それぞれ登記した結果、Bは無資産となった。そこでXは、Yらに対し、甲地売買・乙地抵当権設定の詐害行為取消請求訴訟を提起した。受益者であるYらは、XがBに対して有する債権（連帯保証債務）を知らないためXを害する意思はなく、甲地売買・乙地抵当権設定はBの多額の債務の弁済に充てるためであり、本件処分によりBが無資産になった事実も知らず、善意である等と争った。一審同様、原審もYらの主張を認め、甲地売買の代金は当時の時価として不当ではないと認定し、Xの請求を棄却したため、X上告。

裁判所の見解　四二四条の詐害行為取消請求は、債務者が行為時に債権者を害する意思を有したことを要件とする。債務者が債務の履行に必要な資金に充てるため相当価格で所有不動産を売却したときは、自己の財産処分権を正当に行使したと認めるのが当然である。売得金で一部債権者にのみ弁済すれば他の債権者は害されるが、支配的権能のない債権の性質上やむをえない。売却行為が当初から他の債権者を害する意思に出たと認めるべき特別の事情がない限り、その行為を詐害行為と解すべきではない。

関連条文　四二四条の二（旧四二四条）

解　説　本件の事案に登場する甲地売買は「相当価格処分行為」、乙地抵当権設定は「同時交換的行為」に該当する。新四二四条の二の特則は両者に共通する規定であるが、本判決は前者のみに関して詐害行為該当性を否定したものである。不動産の相当価格売買では一般債権者の共同担保が減少しない（離脱する不動産に見合った対価が入る）のであるから、債権者は害されない。この点は、対価たる金銭を保持せず、また弁済その他の有用の資に充てていても同様である。その他の有用の資に充てても事情は異ならないからである。本判決は、旧法下の判例であるにもかかわらず、奇しくも改正法（新四二四条の二）と同様、相当価格処分行為は原則として詐害行為に該当しないとの立場を採用している点は注目に値する。実際、旧法下では、不動産の換価は相当価格であっても原則として詐害行為に当たるとの立場が主流とされており（63判決等）、この前提から受益者側に対価の保持や有用の資に充てたことの証明責任を負わせてきた。これに対して、新四二四条の二は、相当価格処分行為の否認該当性を原則として否定する破産法上の否認権（破一六一条）に倣った結果、隠匿等の処分に関する要件の証明責任も債権者側が負うことを明らかにしている。

相当価格による動産売却と詐害行為

66 最3判昭和39・11・17民集一八巻九号一八五一頁

特定債権者に財産を売却して代金と債務を相殺する約定は代金額が適正でも詐害行為か。

事　実　S（有限会社）の代表者Aは、Sの財政的窮状を取引先であるY（株式会社）の専務Bに相談し、Sの商品をYに引き渡すならば後日相当額の援助をする旨の確約をBから取り付けた。その後、BはSの元に赴き、換価しやすい商品を選び、後日に定める金額でYが買い取り、その代金でYのSに対する債権と相殺する旨を約し、YはBが予め選別した商品（本件物件）の引渡しを受けた。その後、S振出の手形が不渡りとなり、Sは営業を停止したが、その当時Sは約三六〇万円の債務超過（資産一〇四〇万円、負債一四〇〇万円）であった。Sの債権者Xは、SとYの前記売買を詐害行為として取り消す旨の訴訟を提起し、本件物件の売買契約の取消し、本件物件のXへの引渡し等を請求した。一審はXの請求を棄却したため、X控訴。原審は一審判決を取り消してXの請求を認容したため、Y上告。

裁判所の見解　「債務超過の債務者が、特に或る債権者と通謀して、右債権者のみをして優先的に債権の満足を得しめる意図のもとに、自己の有する重要な財産を右債権者に売却して、右売買代金債権と同債権者の有する債権とを相殺する旨の約定をした場合には、たとえ右売買価格が適正価格であるとしても、右売却行為は民法四二四条所定の詐害行為にあたる」〔引用判例：67判決、大判昭和8・5・2民集一二巻一〇五〇頁〕

解　説　債務者が無資力で現金決済等が困難なときでも、本件Sのように自己の商品を債権者に売却した代金債権と従前の債務を相殺すれば、Sは弁済と同様（代物弁済）の利益を享受できる。つまり、本件売買は、SとYが通謀して相当価格売買を偽装したものにすぎず、Sの代物弁済の詐害行為該当性を避ける意図が明白である。代物弁済は、それが債務者の義務に属さず、債務者と受益者（＝満足を得た債権者）の通謀によって他の債権者を害する意図をもって行われた場合には、詐害行為として取り消すことができる（新四二四条の三第二項二号）。これは本件事案のように代物弁済を回避するため、相当価格売買を偽装して代金と相殺しても同じことである。したがって、相当価格売買が例外的に詐害行為に該当する新四二四条の二所定の要件を具備しないときでも、その売買が債務者と受益者の通謀により偽装されたものであり、この偽装によって特定の債権者（＝受益者）を利する目的で他の債権者を害する意図をもって代物弁済を行ったものと評価されるときは、代物弁済がSの義務に属しない限り、新四二四条の三第二項二号によって当該行為を詐害行為として取り消すことができる。

関連条文　四二四条一項・四二四条の三第二項二号

本旨弁済の詐害性

67 最2判昭和33・9・26民集一二巻一三号三〇二二頁

関連条文　四二四条の三（旧四二四条）

一部の債権者への弁済が詐害行為となるか。その要件如何。

事実　A会社が債務超過に陥っていたところ、Aの債権者Y会社は、自己の所持するA振出の約束手形が不渡りになることを知り、満期日の前日にAの社員に支払を強く要求し、その結果、Aの社員は売掛代金債権を取り立てて、取立金三三万円をYへの手形金債務の一部弁済に充てた。Aの債権者Xは、右弁済行為が詐害行為に当たるとして、Yを被告として、詐害行為取消訴訟を提起し、弁済行為の取消しと三三万円の支払を求めた。原審は請求を認容。Yが上告。

裁判所の見解　「債権者が、弁済期の到来した債務の弁済を求めることは、債権者の当然の権利行使であって、他に債権者あるの故でその権利行使を阻害されるいわれはない。また債務者も債務の本旨に従い履行を為すべき義務を負うものであるから、他に債権者あるの故で、弁済を拒絶することのできないのも、いうをまたないところである。そして債権者平等分配の原則は、破産宣告をまって始めて生ずるものであるから、債務超過の状況にあって一債権者に弁済することが他の債権者の共同担保を減少する場合においても、右弁済は、原則として詐害行為とならず、唯、債務者が一債権者と通謀し、他の債権者を害する意思をもつて弁済したような場合にのみ詐害行為となるにすぎないと解するを相当とする。」

解説　本旨弁済（履行期が到来した債務の弁済）は、原則として詐害行為とならないが（大判大正5・11・12民録二二輯二二八一頁など）、債務者が一部の債権者と通謀して、他の債権者を害する意思を持って弁済した場合にのみ詐害行為となる（大判大正6・6・7民録二三輯九三二頁等）。

本件では、債権者が弁済を強く要求し、債務者がそれに応じて弁済したという事案であるが、原判決が、受益者である債権者について「他の債権者を害する意思」を認定し、併せて債務者の「認識」を認定するという構成により、弁済の詐害性を肯定したのに対して、大審院は、あくまでも債務者に着目し、債権者から強く弁済を要求されたもので、債務者が他の債権者を害する意思を持って、債権者と通謀の上なしたものであるとは認定できないと判断した。しかしこの判例の債務者の意思を中心とする「通謀」要件に対しては、弁済や担保供与など債権者間の債権回収をめぐる争いの類型には適合的でないとの批判があった。平成29年改正法は、特定の債権者に対する担保の供与等について特則を設けて、「支払不能」を要件とすると共に（四二四条の三第一項一号）、「通謀」要件につき、「その行為が、債務者と受益者とが通謀して他の債権者を害する意図をもって行われたものであること」（同項二号）と明記したので、今後は二号の解釈問題となる。

代物弁済としての債権譲渡の詐害性

68 最2判昭和48・11・30民集二七巻一〇号一四九一頁

代物弁済として債権譲渡がされた場合、譲渡債権額が代物弁済によって消滅する債務の額を超えなくても、債権譲渡を取り消すことができるか。その要件如何。

事実　債務超過であるA社に対して売掛債権（百五万余円）を有するY社が、同債権の代物弁済として、Aから取引先であるBらに対する債権（百七万余円）の譲渡を受けて、Bらから五二万余円の弁済を受けた。A社の債権者であるX_1～X_4は、右債権譲渡が詐害行為に当たるとして、取消し及び按分額の支払を求めた。原審は請求棄却。Xら上告。

裁判所の見解　「債務超過の状態にある債務者が、他の債権者を害することを知りながら特定の債権者と通謀し、右債権者だけに優先的に債権の満足を得させる意図のもとに、債務の弁済に代えて第三者に対する自己の債権を譲渡したときは、たとえ譲渡された債権の額が右債権者に対する債務の額を超えない場合であっても、詐害行為として取消の対象になるものと解するのが相当だからである。」

解説　相当価格の財産売却行為の詐害性については、判例は、大審院以来、弁済その他有用の資に弁ずるために財産を売却しかつ現実に弁済するなど「正当なる処分権行使」にあるとされる場合には詐害行為とならないが、債務者が特にある債権者と共謀して他の債権者を害してある債権者のみに対する弁済の資金を供する目的を持って自己の財産を売却したなどの特別の事情がある場合には詐害行為に当たるとし（65判決）、その延長線上で、実質的な代物弁済事例（債権者に動産を売却し相殺した事例）に関して、債権者との通謀を要件として詐害性を認定したものが存した（66判決）。本判決は、判例法理を踏襲し、譲渡された債権の額が右債権者に対する債務の額を超過するときに限り、その超過する額についてのみ詐害行為となるとの原審の判断を破棄し、通謀を要件として、たとえ譲渡された債権の額が右債権者に対する債務の額を超えない場合であっても、詐害行為となる余地があるとした。

しかし、平成29年改正法は、平成16年破産法改正によって生じた「逆転現象」を解消するべく、相当の対価を得てした財産処分行為は「隠匿等の処分」のおそれと意思がない限り取消しの対象とならないとし（新四二四条の二）、代物弁済に関しては、本旨弁済行為と同様に「特定の債権者に対する担保の供与等の特則」を適用して、厳格な要件（支払不能と通謀）の下、取り消すことができるとしつつ（新四二四条の三）、過大な代物弁済の場合、過大な部分（「消滅した債務の額に相当する部分」以外の部分）についてのみ、詐害行為取消しの一般規定（四二四条一項）の要件で取り消せるとした（新四二四条の四）。

関連条文　四二四条の三～四（旧四二四条）

既存債権者に対する担保供与と詐害行為

69 大判明治40・9・21民録一三輯八七七頁

関連条文　四二四条の三（旧四二四条）・四二五条

一部の債権者のために債務者が担保権を設定することが、詐害行為になりうるか。

事実　XとY1は、いずれもY2の債権者である。ところがY2は、Y1に負っている千二百余円の債務についてのみ、これを担保するため抵当権を設定した。このことにより、千七百円程度あったY2の一般財産は、六百円以下に減少した。そこでXが、この抵当権設定行為は詐害行為に当たるとしてY1とY2を訴えた。

裁判所の見解　債務者の行った財産上の法律行為が債権者を害するものであり、かつ、債務者及びその行為の相手方が債権者を害することを知っていた場合には、その法律行為の種類が何であるかを問わず、四二四条の詐害行為を構成する。

一部の債権者のために抵当権を設定することは、他の債権者にとっての共同の担保である一般財産を減少させる結果となる。法律は、総債権者に対して害を及ぼすことを、詐害行為の要素としているわけではない。だから、もし抵当権の設定によって一般財産が減少した結果、害を被ることになる債権者があるのならば、抵当権の設定行為は、この債権者に対して詐害行為を構成する。

解説　債務者に複数の債権者がいる場合において、債務者がそのうちの一部の者に対して担保権を設定する行為は、詐害行為となりうるか。この行為は、確かに債務者の財産の総量を減少させてしまうわけではない。しかし、債権者間の平等の観点からみた場合、担保権を設定された一部の債権者だけを優遇し、他方で総債権者のための共同担保である一般財産を減少させることになる。以上の理由から、本判決は、債務者による一部の債権者のための抵当権設定行為が詐害行為に当たりうると判示した。もっとも、相当価格による財産処分の場合と同様に（64～67判決を参照）、担保権の設定が常に詐害行為になるというわけではない（71・72解説を参照）。

このように特定の債権者に担保を供与して優遇する行為は、破産法において否認の対象とされる偏頗行為にも該当しうる（破一六二条一項一号・二号）。改正法では、破産法と同様に、責任財産を減少させる行為・相当の対価を得た処分行為・偏頗行為の区別を取り入れ、それぞれに詐害行為となる要件が定められている。特定の債権者への担保設定は、それが義務であるか否かに応じて定められた所定の時期に、害意をもって行われた場合には、詐害行為になる（新四二四条の三）。

債務負担と同時の担保権設定と詐害行為

70 最2判昭和44・12・19民集二三巻一二号二五一八頁

関連条文 四二四条の二（旧四二四条）・四二五条

取引の継続を目的として、新たな債務負担と同時に行われた担保権設定が、詐害行為になりうるか。

事実 A社（代表取締役B）は、Yから継続的に牛乳の卸売を受けてきた小売業者である。AとBは、信用強化のため、それぞれの所有する建物を、担保としてYに提供していた（根抵当権及び代物弁済予約）。Aが支払を遅滞したため、Yはこの担保権の実行及び契約解除を通告したが、ABは取引の継続を求めて示談を申し入れた。これによりAは支払の猶予を得た一方、残債務と将来の牛乳買受代金債務の担保として、右記建物その他の資産を譲渡担保に供する和解が成立した。Aの債権者Xは、この譲渡担保の設定がAの一般財産を減少させる詐害行為に当たるとしてYを訴えた。

裁判所の見解 Aが、その資産を譲渡担保に供した目的は、Yからの取引の打切りや、根抵当権の実行ないし代物弁済予約の完結を免れて、従前通り小売営業を継続して、更生の道を見出すことにあった。つまり、この行為は、示談の結果として、支払を猶予された既存債務及び将来の取引から生じる債務の担保手段として、やむをえずしたものである。Aの行為は、更生目的の担保提供行為として合理的な限度を超えたものではなく、かつ、このような行為をしてでもYとの取引の打切りを避けて営業の継続を図る以外には、A社の更生策として適切な方策はなかった。債務者のこのような行為は、それによって債権者の一般担保を減少させる結果を生じるとしても、詐害行為には当たらない。

解説 債務者が一部の債権者に対して担保権を設定する行為は、詐害行為となりうる（69判決参照）。しかし、本判決は、次のような事実から、Aの行為は詐害行為に当たらないとした。すなわち、①担保提供行為が営業の継続を目的としていたこと、②その行為が、更生目的に照らして合理的な限度を超えないこと、③Yとの営業継続を図る以外に、適切な更生方法がなかったことである。

このように主観的事情が重視されたのは、既存の債務への担保設定と、新たな債務負担（例えば借入れ）と同時の担保設定とでは状況が異なるためである。後者では、責任財産から担保目的物の価値が失われると同時に借入金が加わるので、担保が適正であれば責任財産全体への影響は小さく、詐害性は弱い。そのため、主観面での態様の悪性が高くなければ詐害行為とは判断されない。

新設された四二四条の二は、「相当の対価を得てした財産の処分行為」について、財産隠匿等のおそれと、債務者・受益者に隠匿等の意思のあることを詐害行為取消しの要件とする。新たな債務負担と同時の担保設定もこれに服する。

生活費のための譲渡担保設定と詐害行為

71 最1判昭和42・11・9民集二一巻九号二三二三頁

生計費及び子女の教育費の借用のための担保権設定が、詐害行為になりうるか。

事実　昭和33年、A_1の営むラジオ商が倒産した。A_1の妻A_2の遠縁であるYが債務整理にあたったが、債権者の一人であるXの売掛代金債権は、未整理のままとなっていた。A_1A_2夫妻は、四人の子女を抱えていたが、収入を失ったため、A_2の内職と身の回りの物の処分によって生活していた。昭和36年、A_2はYに生活の不安を告げてYから十万円を借り受け、その担保としてAらの所有するタンス、着物、テレビ、水屋などを譲渡担保に供した。更に翌年、長女の大学進学にあたり、AらはYから六万円を借り受け、追加の担保として扇風機や柱時計などの家財を譲渡担保に供した。Xは、この行為が詐害行為に当たるとしてYを訴えた。

裁判所の見解　本件における二度の譲渡担保による所有権移転行為は、確かに、債権者にとっての共通の担保である一般財産を減少させる行為である。しかし、他に資力のない債務者が、生計費及び子女の教育費に充てるために、家財衣料等を売却処分し、あるいは新たに金借のためこれを担保に供する等といった、生活を営むための財産処分行為は、たとえそのことによって一般財産が減少したとしても、その売却価格が不当に廉価であったり、供与した担保物の価格が借入額を超過したり、又は担保供与による借財が生活を営む以外の不必要な目的のためにする等の特別の事情がない限り、詐害行為にはならない。

解説　本判決は、Aらの行為が、客観的には責任財産を減少させる行為として詐害性を帯びることを認めつつ、一方で、その行為が生活費や子女の教育費の確保のためのものであるなど、生活を営むために相当と認められる範囲にとどまっている場合には、詐害行為には当たらないと判断した。

70解説でも述べられている通り、債務者が一部の債権者に対して担保権を設定する行為は、詐害行為となりうる（69判決を参照）。しかし、既存の債務に対して担保権を設定する場合と、本事案のように新たな借入れと同時に担保権を設定する場合とでは、状況が異なる。つまり、後者では、責任財産において担保目的物が失われると同時に借入金が加わることになり、その内容が相当である限り、責任財産全体への影響は限定的だからである。

このように、旧法下の判例は、債務者の財産状態に関する客観的状況と、行為者の主観面態様を相関的に判断して詐害行為に当たるかどうかを判断する傾向にある。改正法の下では、行為の類型に応じて定められた要件に従って判断されることになる（69・70解説を参照）。

関連条文　四二四条の二（旧四二四条）・四二五条

相続放棄と詐害行為

72　最2判昭和49・9・20民集二八巻六号一二〇二頁

関連条文　四二四条二項

相続の放棄が、詐害行為になりうるか。

事実

破産したA会社は、その株主であったBに対して、株式払込金に関する債権を有していた。Bは、これを支払わないまま死亡した。Bの相続人であるY_1～Y_3は、その支払の負担を免れるため、相続を放棄する旨を家庭裁判所において申述した。Aの破産管財人であるXは、次のように主張してYらを訴えた。それによれば、Yらは債務を支払えるだけの十分な資力を有し、かつ、BのAに対する債務の存在を知っていたのだから、相続放棄はAを害する詐害行為に当たる。

裁判所の見解

相続の放棄のような身分行為は、詐害行為取消権の対象とならない。その理由は次の通りである。第一に、詐害行為取消権の行使の対象となる行為は、積極的に債務者の財産を減少させる行為でなければならず、消極的にその増加を妨げるだけの行為は含まれない。相続の放棄は、相続人の意思からいっても、法律上の効果からいっても、既に有している財産を積極的に減少させる行為ではなく、消極的にその増加を妨げる行為にすぎない。第二に、相続の放棄のような身分行為は、他人の意思によって強制されるべきものではない。もし、相続の放棄を詐害行為として取り消すことができるとすれば、相続人に対して相続の承認を強制するのと同じ結果となる。それが不当なことは明らかである。

解説

新四二四条二項は、「財産権を目的としない行為」は、詐害行為取消しの対象にならない旨を規定する。例えば婚姻や認知は、それによって扶養義務の負担を増加させるなど財産の減少を生じさせうるが、このような身分に関わる行為は、取消しの対象とはならない。

しかし、直接的には身分上の行為であっても、結果として財産を減少させるものは少なくなく、取消しの可否について争いが生じることも多い（61・62・73判決も参照）。これに対して本判決は、相続放棄が、①財産を積極的に減少させる行為ではないこと、②他人から強制されるべき性質のものでないことから、詐害行為取消しの対象にならないと判断した。

もっとも、本判決の事案における原告が、被相続人の債権者であった点を指摘する声も強い。すなわち、この立場にある者は、相続人の財産を当てにすべきではないといえるのに対して、詐害行為取消しを主張する者が相続人の債権者であった場合は、異なる評価をする余地がある。後者の場合は、債務者が相続によって財産を取得することについて、相続人の債権者が一定の期待を持つことは認められてもよい。

なお、改正法でも、四二四条二項の内容は維持されている（ただし、「法律行為」の文言が単に「行為」に改められた）。

扶養的財産分与及び慰謝料に関する合意と詐害行為

73 最1判平成12・3・9民集五四巻三号一〇一三頁

関連条文 四二四条

財産分与において離婚後の扶養と慰謝料とが個別に合意された場合における、詐害行為性の判断方法及び取消しの範囲。

事実

XはAに対する貸金債権につき確定判決を得ていた。AはB会社の取締役を退任し、収入が途絶えて無資力となった。それと前後してAはYと同居を始め、その後婚姻したが、Aが働かずに飲酒してはYに暴力を振るうようになったため、AとYは協議離婚した（婚姻期間は三年足らずであり、同居期間を含めても四年足らずであった）。その際、AとYは、Aの他の債権者を害することを知りながら、AがYに対して生活補助費として毎月一〇万円、離婚に伴う慰謝料として二〇〇〇万円を支払うことに合意し、その旨の執行認諾文言付きの公正証書を作成した。AのBに対する報酬債権について、XY共に差押えを申し立て、Bは二六一万円を供託した。裁判所がXとYの請求金額に応じて案分する配当表を作成したので、XはAY間の本件合意が通謀虚偽表示又は詐害行為に当たるとして、その無効又は取消し及びそれに基づく配当額の変更を求めた。原審は、本件合意が「全体としてその額が不相当に過大であ」るとしてその詐害行為性を認め、合意全体を通謀虚偽表示ゆえ無効とした一審の判断を結論において維持した。Y上告。

裁判所の見解

最高裁は、本件合意の詐害行為性につき、生活補助費に関する合意と慰謝料の合意とを分けて検討する。前者については、61判決に倣い、七六八条三項の規定の趣旨に反して不相当に過大な部分につきその限度での取消しを認めた。後者については、離婚の原因となった有責行為及び離婚によって既に発生している損害賠償債務の存在を確認するものにすぎないとして、本来負担すべき損害賠償額を超える部分についてのみ取消しを認めた。

解説

財産分与には、①夫婦の共通財産の清算、②離婚後の扶養、③離婚に伴う慰謝料の要素があると解するのが判例・通説であるが、61判決が当該財産分与を前記三要素を併有するものとして、その相当性を総合的に判断したのに対し、本判決では、AとYが②及び③について個別の合意をしていたので、前記の通り個別に詐害行為性が判断された。また、61判決では取消しが認められなかったため、取消しの範囲及び方法は問題とならなかったが、本判決により、財産分与の目的物が金銭である場合について、不相当に過大な範囲でのみ一部取消しが認められることが初めて示された。なお、目的物が不動産の場合には、被分与者の居住の確保を考慮して価額償還か持分の一部現物返還かを決すべきとの指摘がある。

新設会社分割と詐害行為

74 最2判平成24・10・12民集六六巻一〇号三三一一頁

関連条文　四二四条二項

株式会社の新設分割が、民法上の詐害行為となりうるか。

事　実　Xはある債権の管理・回収を委託された債権回収会社であり、A社はその債権の連帯保証人である。Aは、そのほぼ唯一の資産である不動産を承継するY会社の設立、Yの発行する株式全部のAへの割当てを内容とする新設分割計画を作成し、登記によりその効力が生じた。他方、Aの保証債務はYに承継されなかった。Xは、新設分割による不動産の承継が詐害行為に当たるとしてYを訴えた。

裁判所の見解　新設分割は、財産権を目的とする法律行為である。もっとも、会社の組織に関する行為でもあるので、詐害行為取消しの対象になるかは、新設分割に関する諸規定の内容から判断する必要がある。

①会社法その他の法令に、詐害行為取消しの対象となることを否定する規定はない。②分割会社の債権者に異議の申立てを認める会八一〇条は、分割会社への履行請求が可能な債権者を原則的に保護していない。ここで保護されず、新設分割による設立会社への債務承継もない債権者には、詐害行為取消権による保護が必要となる。③会八二八条一項一〇号が新設分割無効の訴えについて原告適格や提訴期間を限定するのは、法律関係の画一的確定のためだが、詐害行為取消権による新設分割の取消しは、株式会社の設立の効力に影響を及ぼさない。新設分割無効の訴えの存在は、新設分割を詐害行為取消しの対象から排除しない。よって、新設分割において、設立会社に債務が承継されず、分割について異議を述べることもできない債権者は、詐害行為取消権を行使し、その債権の保全に必要な限度で新設分割設立会社への権利の承継の効力を否定できる。

解　説　新四二四条二項によれば、「財産権を目的としない行為」は、詐害行為取消権の対象とならない。組織に関する行為は財産権を目的としないとの見解があるが、一概にはいえず、本判決はこの考えを否定する。これは、学説の傾向とも一致する。最高裁は、その上で、詐害行為取消しは会社設立の効力には影響しないとして、会社法等の関連法令が詐害行為取消権の行使を遮断する可能性も退ける（なお、平成26年会社法改正により定められた、詐害的会社分割に対する直接請求権〔七五九条四項・七六四条四項〕による影響もないと考えられている）。

ところで、新設分割によって、分割会社は設立会社の株式を取得している。それなのにこの行為が詐害行為となりうる理由としては、取得した株式の換価の困難さと、設立会社に承継された債務の債権者のみを優遇する点等が考えうるが、本判決はその点を判断してはいない。詐害性の内容を破産法に準じて区別する改正法の下では、この点の評価も問題となりうる。

詐害行為取消権の行使方法

75 最2判昭和40・3・26民集一九巻二号五〇八頁

関連条文　四二四条一項

第三者異議訴訟の異義事由を詐害行為取消請求の反訴を容れて排斥することの可否。

事実　Yは、訴外A（執行債務者）に対する執行証書に基づき、Aの占有する畳・建具類（本件物件）を差し押さえた（昭和28年4月10日）。しかしXは、本件物件はAから贈与されたと主張し、Yに対して所有権に基づき第三者異議の訴えを提起した。これに対し、Yは本件物件の贈与契約を詐害行為として取り消す旨の反訴を提起した。一審（静岡地沼津支判昭和30・8・19民集一九巻二号五一二頁）は、Xの本訴請求を認容し、Yの反訴請求はAに詐害意思がないとして棄却、Y控訴。原審（東京高判昭和33・10・10前掲民集五二〇頁）は、一審判決を取り消してXの本訴請求を棄却し、Yの反訴請求を認容したため、X上告。

裁判所の見解　詐害行為取消しの効果は取消しを命ずる判決の確定によって生じるため、本件物件の贈与契約の取消判決があっても、確定しなければXは所有権を喪失しない。しかし、本件物件の贈与による取得を前提とするXの第三者異議訴訟の係属中に、Yが当該贈与の詐害行為取消しを求める反訴を提起し、同一の裁判所で同時に審理された結果、「口頭弁論終結当時の状態において」Yの詐害行為取消権を認め、「Xの本件動産所有権取得が否定されるべきことが裁判所に明らかな場合」、X主張の所有権は異議事由（旧民訴五四九条・現民執三八条）に該当しない。

解説　判例上、詐害行為取消権は、債権者の共同担保を確保するため、債務者の詐害行為を取り消して逸失した財産を債務者財産に回復させ、債権者に平等弁済を得させる権利であり、取消しの効果は、受益者又は転得者と債務者との間で物権的・相対的に生じるものと解されてきた（53判決等）。本判決が、詐害行為の取消しの効果は、確定しなければ効力を生じないと述べた点は、従前の解釈を踏襲したものである。しかし、これを前提としても、取消しの効果の発生時を前倒しすることが完全に否定されるわけではない。本件の事案のように、第三者異議請求の異義事由である贈与による所有権取得が、詐害行為取消請求の反訴と併合審理され、反訴請求を認容する裁判所の心証が形成された場合には、取消判決の未確定を理由に第三者異義に係る本訴請求を認容してしまうと、詐害行為取消権の実効性が否定される。これを回避するには、原則として確定後に生じる取消しの効果を併合訴訟の口頭弁論終結時に前倒しして、詐害行為の取消しと同時に、異議事由である贈与による所有権取得も否定する判決を許容すべきであり、かかる併合審判を可能にする反訴は、詐害行為取消権の行使方法の一つである。

被保全債権額を超える贈与の取消し

76 最3判昭和30・10・11民集九巻一一号一六二六頁

逸出財産が不可分であり、かつ、その価額が被保全債権額を超える場合における、取消しの方法。

事実　XはAに対して数次の貸付に係る計四五万円の債権を有していた。Aとその妻Yは、Aが他の債権者に対しても多額の債務を負っていたことを知りながら、Yに本件家屋を贈与することにし、その旨の登記をした。Xは本件贈与が詐害行為に当たるとしてその取消しを請求した。一審は、Xの取消権を認めた上で本件家屋の価額を五四万円と認定し、本件家屋をAの資産に加えたとしてもAの債務を完済できないから前記贈与を全部取り消す必要があるとして本件贈与の抹消登記を認めた。原審もYの控訴を棄却したため、Y上告。

裁判所の見解　「民法四二四条に依る債権者の取消権は、債権者の債権を保全するためその債権を害すべき債務者の法律行為を取消す権利であるから、債権者は故なく自己の債権の数額を超過して取消権を行使することを得ないことは論を待たないが、債務者のなした行為の目的物が不可分のものであるときは、たとえその価額が債権額を超過する場合であっても行為の全部について取消し得」る。

解説　判例は、相手方から逸出財産それ自体の返還を請求できる場合には、特別の事情がある場合を除き現物返還によるべきとする。この判例法理は、改正法下でも維持されている（新四二四条の六）。しかし、その一方で、取消権は詐害行為により取消債権者の下で生じた損害を救済するものであるとして、債権者は自己の被保全債権の範囲でしか取消権を行使することはできず、逸出財産が可分の場合には、一部取消し及び価額償還しか認められないとする。この判例法理は、旧法下においては旧四二五条を空文化するものと評されていたが、改正法でもこの立場が維持されている（新四二四条の八第一項）。

本判決では、逸出財産が不可分であり、かつ、その価額が被保全債権額を超える場合が問題となった。一部取消しが問題となりうる場面は、①逸出財産の価額が被保全債権額を超える場合、②逸出財産の一部のみが共同担保を形成していた場合（61・78判決）、③行為の詐害性が部分的に認められる場合（73判決）に分けることができるとの指摘がある。本判決は、①について、逸出財産が不可分な場合に、全部取消し及び現物返還が認められることを最高裁が初めて示したものである。もっとも、その後間もなく下された61判決の法廷意見が、逸出財産が不可分な場合において常に価額償還を命じるようにも読めることから、本判決の位置づけが問題となった（78判決参照）。

関連条文　四二四条の六・四二四条の八第一項（旧四二四条）

取消債権者に対する不動産移転登記

77 最1判昭和53・10・5民集三二巻七号一三三二頁

関連条文 四二四条の九（旧四二四条）

逸出財産が不動産の場合における、取消債権者の自己への移転登記請求。

事実 Y_1はAから本件物件を買い受けるにあたり、Xから資金提供を受けることにした。その際、XY_1間では、後日Y_1はXに対して本件物件を譲渡し、その旨の所有権移転登記はXY_1間の協議又はY_1の死亡により行うことが合意された。Y_1はAに代金を支払い、AからY_1へ本件物件の所有権移転登記が行われた。その後、Y_1は養子Y_2に本件物件を贈与し、その旨の登記をした。Xは本件贈与が詐害行為に当たるとして、その取消し及び登記の抹消を請求した。一審がXの請求を認容したため、Y_1とY_2が控訴。原審継続中にY_1が死亡したため、Xが付帯控訴し、Y_2に対して自己への登記の移転を求めた。原審は、「債権者取消権行使の結果、Y_2から取戻された本件物件は債務者Y_1の一般財産として回復され、総債権者の（……）共同担保となるのであるから、原告が自己の債務名義に基づいて本件物件に強制執行の手続をとるのは格別、特定物の引渡請求権に基づいて直接自己に所有権移転登記を求めることは許されない」と判断した。X上告。

裁判所の見解 特定物債権者も詐害行為取消権を行使できるとする61判決を引用しつつ、「債権者取消権は、窮極的には債務者の一般財産による価値的満足を受けるため、総債権者の共同担保の保全を目的とするものであるから……特定物債権者は目的物自体を自己の債権の弁済に充てることはできない」として、原審の判断を是認した。

解説 61判決では判断されなかった、現物返還が可能な場合におけるその具体的方法については、次の三つの問題に分けて論じられている。すなわち、取消債権者は、①受益者（転得者）に対して直接自己への登記の移転を請求できるか、②取消訴訟において受益者（転得者）に対して債務者への登記の回復を求めると共に、又は③取消訴訟により債務者に登記が回復した後に、債務者に対して自己への登記の移転を請求できるか、である。

①について、理論構成に問題はあるものの（改正法では債務者にも取消しの効力が及ぶため、理論上、損害賠償請求権は特定物債権に復元するはずである）、金銭や動産の場合のように直接の引渡し（新四二四条の九）を認める必要がないこと、二重譲渡の場合に登記の先後で優劣を決しようとする一七七条と抵触することなどを理由にこれを否定するのが多数説である。この立場からは、②及び③も同様に否定的に解することになる。本判決において、最高裁は、②について初めて判断を下し、これを否定した。

抵当権付不動産の譲渡担保の取消し

78 最1判昭和54・1・25民集三三巻一号一二頁

関連条文　四二四条の六・四二四条の八第一項（旧四二四条）

債務者が抵当権付不動産を抵当権者以外の第三者に譲渡担保に供したことが詐害行為に当たる場合における、取消しの範囲及び回復の方法。

事実　有限会社Aは、B銀行のために、A所有の本件土地について極度額一六〇〇万円の本件根抵当権を設定した。Aは経営悪化後、その代表者の叔父Yに対する二八〇〇万円の貸金債務を担保するため、本件土地を本件譲渡担保に供し、所有権移転登記をした。X信用保証協会は、Aとの信用保証委託契約に基づく代位弁済により、Aに対して四八四万余円の求償債権を取得した。本件譲渡担保契約締結時、本件根抵当権の被担保債権額は一三九〇万円、本件土地の価額は一五〇〇万円を下らなかった。Xは、本件譲渡担保契約が詐害行為に当たるとして、その取消し及び登記の抹消を求めた。原審は、①本件根抵当権の被担保債権額を超過する本件土地の価額についてのみ詐害行為が成立するが、②本件土地は不可分であること、③本件譲渡担保は本件根抵当権者以外の第三者に対するものであって本件土地全体の譲渡担保契約を取り消しても混同により一旦消滅した本件根抵当権が復活するというような複雑な事態は生じないことなどを理由に、全部取消し及び現物返還（登記の抹消）を認めた。Y上告。

裁判所の見解　「詐害行為取消権の制度は、詐害行為により逸出した財産を取り戻して債務者の一般財産を原状に回復させようとするものであるから、逸出した財産自体の回復が可能である場合には、できるだけこれを認めるべきである」とした上で、原審の判断を是認した。

解説　76判決は、逸出財産が不可分であり、かつ、その価額が被保全債権額を超える場合に、全部取消し及び現物返還を認めたが、その後の61判決の法廷意見は、逸出財産が不可分な場合一般に妥当するような表現により、一部取消し及び価額償還のみを認めた。本判決において、最高裁は、61判決と同じく逸出財産の一部のみが共同担保を形成していた場合についても現物返還が原則であることを明示したことから、逸出財産不可分の場合一般において現物返還の原則を採用したと解されている。また、原審を是認した点（理由づけ③）で、61判決の射程を抵当権が消滅した場合に限定したと考えることができる。抵当権が消滅した場合でも現物返還を認めてしまうと、抵当権の負担のない逸出財産が債務者の責任財産に復帰することにより、責任財産が詐害行為前よりも大きくなってしまい、債務者及び一般債権者に不当な利益を与えることになるからである。改正法でもこれを維持するなら、新四二四条の六は、「原状のまま」返還をすることが困難であるときと読み込むことになる（79判決参照）。

共同抵当と価額償還

79 最1判平成4・2・27民集四六巻二号一一二頁

逸出財産に設定された共同抵当が詐害行為後に消滅した場合における、①取消しの範囲及び回復の方法並びに②価額償還額。

事　実　XはAに対して約二〇〇〇万円の債権を有していた。Aは多額の債務を有していたところ、株式会社Y_1に不動産(1)(2)を三五〇〇万円で、Y_1の代表者Y_2に不動産(3)ないし(9)を一〇〇〇万円で売却し、それぞれ所有権移転登記が行われた。各売買当時、不動産(1)(2)(5)(6)(8)には、B信用金庫のために、極度額三〇〇〇万円の共同根抵当権が設定されていた。AはBの被担保債権三〇〇〇万円を弁済し、全ての根抵当権が抹消された。そこで、Xは、各売買が詐害行為に当たるとして、その取消し及び登記の抹消を求めた。原審は、各売買の詐害行為性を認めたが、各不動産の時価ではなく代金額をその価額とした上で、Bの被担保債権額を下回るY_2との売買を取消しの対象とせず、それを上回るY_1との売買のみを取消しの対象とし、その全部取消し及び現物返還（登記の抹消）を認めた。Y_1及びY_2上告。

裁判所の見解　最高裁は、①について、詐害行為後の弁済により「抵当権が消滅したとき」は共同抵当の場合でも一部取消し及び「価格による賠償」のみが認められるとした上で、②について、「三九二条の趣旨に照らし、共同抵当の目的とされた各不動産の価額に応じて抵当権の被担保債権額を案分した額」によって算出すべきとして、物件の価額の審理を含めて原審に差し戻した。

関連条文　四二四条の六（旧四二四条）

解　説　共同抵当の場合、抵当権者は、同時配当のときは各不動産の価額に応じて各不動産の代価から優先弁済を受ける（負担割付主義、三九二条一項）一方で、異時配当のときは競落された不動産の代価から全額の優先弁済を受けることができる（優先主義、同条二項）。本件では、抵当不動産の売却代金により抵当権が消滅した場合において、これらの準則が①及び②の問題にどのように影響するのかが問題となった。

原審は優先主義に立ち、①について、抵当権が消滅していても現物返還の原則が妥当する場合があることを認めた。これに対して、最高裁は、①について、単独抵当における判例法理（61・78判決参照）が共同抵当の場合にも妥当すると判示した上で、②について、割付主義によることを明示した。抵当権が既に消滅している以上、優先主義に基づく抵当権者の回収の期待を考慮する必要はなく、最高裁の判断は学説の支持を集めている。しかし、割付主義による必要もない。改正法の文言からは、共同担保の場合には、共同担保の価値を一部の抵当不動産に集中させることで、債務者等に不当な利益を与えることなく現物返還を認めることもなお可能である（78判決参照）。

価額償還の算定基準時

80 最2判昭和50・12・1民集二九巻一一号一八四七頁

関連条文 四二四条

逸出財産が取消訴訟前に処分された場合における、価額償還の算定基準時。

事実 AはXほか多数の者に対して債務を負っていた。YもAに対して債権を有していたが、Aの資力が悪化した状況下で、AY間でA所有の本件建物所有権及び敷地賃借権の本件代物弁済予約が締結された。結局AはYに対する債務を弁済できなかったので、Yは本件代物弁済予約を完結し、その旨の所有権移転登記が行われた。その後、Yは、B及びCのために本件建物に抵当権を設定した。そこで、Xは、AY間の本件代物弁済予約が詐害行為に当たるとして、その取消し及び「価格賠償」を求めた。原審は、特に理由を付すことなく、Xの主張通り口頭弁論終結時の本件建物及び敷地賃借権の価格を基礎に請求を認容した。Y上告。

裁判所の見解 最高裁は、①詐害行為取消権の効力発生時は認容判決確定時であること、②債権者と受益者の利害の公平を期すことができることを理由に、「処分後に予期しえない価格の高騰があり、詐害行為がなくても債権者としては右高騰による弁済の利益を受けえなかったものと認められる等特別の事情がないかぎり……詐害行為取消訴訟の認容判決確定時に最も接着した時点である事実審口頭弁論終結時を基準とする」と判断した。

解説 本判決において、最高裁は、価額償還の算定基準時が当該取消訴訟の事実審口頭弁論終結時となることを初めて判示した。

まず、理由づけ①は、四二五条が「詐害行為取消請求を認容する確定判決は……その効力を有する。」と改正されたことから、改正法下においては一層妥当すると考えられる。また、この理由づけは、破産法上の否認権行使の場合との区別の根拠にもなる。すなわち、否認の場合、その効果は否認権行使によって発生すると解し（破旧七七条（現一六七条））、否認権行使時の価格を基準とすべきとするのが旧破産法下の判例法理である。学説では争いがあるものの、平成29年改正前法下でもこの法理は多くの下級審で採用されている。

次に、理由づけ②は、価額償還の算定基準時を繰り下げると、逸出財産の価格が上昇している場合、取消訴訟前に逸出財産を処分していた受益者（転得者）が価格上昇のリスクを負担することになるが、現物返還が原則であることと、受益者（転得者）が詐害行為時に悪意であることを考慮すれば、現物返還と等しい状態を回復させることが公平である、と具体化することができる。

なお、履行不能に基づく損害賠償請求については、21・30判決参照。

取消債権者の分配義務

81 最3判昭和37・10・9民集一六巻一〇号二〇七〇頁

取消債権者は詐害行為取消訴訟によって取得した価額償還金を債権者の一人である受益者に分配する義務を負うか。

事実　XYは共にAに対して金銭債権を有していたが、Xは、Aの経理状態不良が発覚したため、A所有のりんごボイル缶その他在庫品を譲渡担保として譲り受けた。そこでYは、XA間の譲渡担保契約を詐害行為として取り消し、価格賠償としてXから八六万円余の支払を受けた。しかし、その後、Xは、右八六万円余のうち、債務者に対する総債権額に対してのXの債権額の割合により按分算出した七九万円余につき分配を受けることができるとして、Yに支払を求めた。

裁判所の見解　詐害行為取消しは総債権者の利益のために効力を生ずる（四二五条）ので、取り戻された財産又はこれに代わる「価格賠償」は、債務者の一般財産に回復されたものとして、総債権者において平等の割合で弁済を受けうるものとなり、取消債権者が優先弁済を受ける権利を取得するものではない。このことは取消債権者が直接自己への引渡しを受けた場合でも同じである。しかし、債権者が債務者の一般財産から平等の割合で弁済を受けうるというのは、そのための法律上の手続がとられた場合においてであるというにすぎず、取消債権者が直接自己に「価格賠償」の引渡しを受けた場合、他の債権者は取消債権者が取得した右取戻物の上に当然に総債権者と平等の割合による現実の権利を取得するものではない。また、取消債権者は自己に引渡しを受けた右取戻物を債務者の一般財産に回復されたものとして取り扱うべきであることは当然であるが、それ以上に、自己が分配者となって他の債権者の請求に応じ平等の割合による分配をすべき義務を負うものと解することはできない。

解説　判例（大判大正10・6・18民録二七輯一一六八頁等）によると、取消債権者は取消しにより回復されるべき目的物（金銭）を直接自己に引き渡すよう求めることができ、本件のYも、これに従いXから価額償還金の支払を受けた。しかし、詐害行為取消しは総債権者の利益のために効力を生じる（四二五条）のだから、回復された財産は総債権者が平等にその価値を獲得できるはずである。そこで、債務者に対する債権者の一人であった受益者Xが、価額償還金全額の支払を受けたYに対し、平等の割合で自己が受けるべき額の金銭支払を求めたのが本件である。本判決は、債権者が平等の割合で弁済を受けるための法律上の手続が存在しないことを理由に、取消債権者の手中に収まった価額償還金に対する各債権者の平等割合での権利を否定し、また、自分の受領した金銭を他の債権者の請求に応じて分配すべき取消債権者の義務も否定した。改正法の下でも本判決は従前と同様の意義を有する。

関連条文　四二五条

受益者である債権者の分配請求権

82 最2判昭46・11・19民集二五巻八号一三二一頁

関連条文　四二五条

受益者たる債権者は、詐害行為取消訴訟において金銭支払を求められたとき、自己の債権額に応じた按分額の支払を拒むことができるか。

事実　XはAに対して金銭債権を有していた。他方、YもAに対して金銭債権を有していたが、Yは、Aの資力悪化に際して、Aから一部弁済を受けた。そこで、Xは、詐害行為取消訴訟を提起し、自己の債権額の範囲でAの右弁済行為を取り消し、Yに対して同額の支払を求めた。Yは、これに対して、自己のAに対する債権につき口頭弁論期日に配当要求（受益）の意思表示をしたから、Xは取り消された弁済金額のうちXとYの債権額に応じた按分額に限り支払を請求できると主張した。

裁判所の見解　Yの主張する「配当要求（受益）の意思表示」には、その効力を認める実定法上の根拠が存在しない。詐害行為取消権は債務者の一般財産の保全を目的とした総債権者のための制度であるところ、詐害行為取消訴訟において、自らも債権者である受益者が「配当要求の意思表示」をなし、取り消された弁済額のうち、自己の債権に対する按分額の支払を拒むことができるとすれば、いち早く自己の債権につき弁済を受けた受益者を保護し、総債権者の利益を無視することになり、制度の趣旨に反する。他方、取消債権者が取消しにかかる弁済額を自己に引き渡すよう求めることを許すのは、債務者から逸出した財産の取戻しを実効あらしめるためにやむをえないことなのであり、その場合、取消債権者に引き渡された金員が、取消債権者のみならず他の債権者の債権の弁済にも充てられるための手続をいかに定めるか等について、立法上考慮の余地はあるとしても、そのことから直ちに、Yの主張する「配当要求の意思表示」に按分額の支払を拒めるという効力を認めなければならないことにはならない。

解説　取消債権者は、81解説にもあるように、債務者の財産に取り戻されるべき金銭の自己への引渡しを求めることができ、また、金銭の返還義務と自らの被保全債権とを相殺することで事実上優先弁済を受けることが認められる。他方、81判決において、平等弁済を受ける債権者の権利が、法律上の手続の不存在を理由に否定された。本件は、右判決を受けて、債権者たる受益者が、判例のいう「法律上の手続」として「配当要求の意思表示」をしたものであるが、本判決は、実定法上の根拠がないことを理由に右「意思表示」の効力を認めなかった。本判決と81判決によって、（消極的理由からとはいえ）四二五条の趣旨に反して取消債権者の利益のみが実現されるような判例準則が形成されている。改正法の下でも本判決は従前と同様の意義を有する。

詐害行為取消権の期間制限の起算点

83　大判大正4・12・10民録二一輯二〇三九頁

関連条文　四二六条

旧四二六条に規定される詐害行為取消権の消滅時効の起算点は、受益者に対すると転得者に対するとで異なるか。

事実　AはBに対して債権を有していた。他方、債務者Bは自己の採掘権をCに売却し、CはそれをDに転売した。この事実関係の下、BC間の売買契約が、Aの右債権を被保全債権とした詐害行為取消しの対象となった。AはBC間の売買契約当時それによる詐害の事実を知っていたが、取消しの相手方である転得者Dの相続人Eは、それが旧四二六条の「債権者が取消しの原因を知った時」に当たるとして、Aの詐害行為取消権の時効消滅を主張した。原審は、詐害行為についてのAの認識はD及びYとの関係では「取消しの原因」に当たらないとした。そこで、Yが上告した。

裁判所の見解　旧四二六条の「取消しの原因」とは債務者が債権者を害することを知って法律行為をした事実をいうものと解すべきである。受益者・転得者の悪意も詐害行為取消しの実体法上の要件であるが、四二四条一項の規定上、受益者・転得者の悪意は推定されるから、債権者は債務者の詐害行為の事実を知れば受益者又は転得者が悪意であることを知らなくても取消権を行使し自己の権利の保全を図ることができる。よって、旧四二六条の「取消しの原因を知った時」とは、詐害行為の事実を知った時点を指すのであり、受益者に対すると転得者に対するとにより起算点が異なるように考えるべきではない。そうでないと、数次に亘り転得者がいる場合には、転得者の権利は長く不確定の状態となり、民法が短期時効の制度を認め第三者の権利状態を速やかに確定しようとする趣旨に反することになる。

解説　本判決は、詐害行為取消権の消滅時効の起算点がいつか、すなわち旧四二六条前段の「債権者が取消しの原因を知った時」の解釈について示したものであり、それは債務者が債権者を害することを知って法律行為をした事実を債権者が知った時であって、取消しの相手方の悪意を知ることはそこに含まれないことが示された。その理由として挙げられているのは、①受益者・転得者の悪意は推定されるので、債権者は悪意の事実を知らなくても詐害行為取消権を行使して権利を保全できること、②受益者・転得者の悪意も「取消しの原因」に含まれるとすると、取消しの相手方によって時効の起算点が異なる結果、法律関係の速やかな確定という短期消滅時効の趣旨に反すること、の二点である。旧四二六条が短期消滅時効を定めた規定であったことからすると、②の理由が直接的であるが、そのように解しても債権者の権利保全には支障がないという①がそれを裏から支えていることになる。本判決の内容は、新四二六条の内容に反映されている。

債権侵害と不法行為

84 大判大正4・3・10刑録二一輯二七九頁

関連条文 七〇九条

債権の侵害によって第三者は不法行為責任を負うか。

事　実　所有する山林を最低価格二万円で売却することをY_1～Y_3らにXは委任した。本件土地を二万七〇〇〇円で購入しようとY_4の代理人Y_5は考えた。Xに損害を与え、不当に利益を得ることを企てていることをY_1～Y_3から告げられたY_5は、この企てに加担することとなった。すなわち、Y_1～Y_3は、本件土地をY_4に二万七〇〇〇円で売却したにもかかわらず、本件土地を二万一〇〇〇円で売却したとXに告げた。そして、差額六〇〇〇円を着服した。犯罪により生じた損害賠償を請求するためXはYらに対して私訴を提起した。Y_5は故意によりXのY_1～Y_3らに対する債権を侵害したか、Y_5は不法行為責任を負うかが問題となった。

裁判所の見解　「凡そ権利なるものは親権夫権の如き親族権たると物権債権の如き財産権たるとを問はず、其権利の性質内容固より一ならずと雖も、何れも其権利を侵害せしめざるの対世的効力を有し、何人たりとも之を侵害することを得ざるの消極的義務を負担するものにして、而して此対世的権利不可侵の効力は実に権利の通有性にして、独り債権に於てのみ之が除外例を為すものにあらざるなり。」

解　説　債権の侵害によって第三者は不法行為責任を負うかについて、かつて、否定説は、①債権は、債務者に給付行為を請求できる権利であり、第三者にはその効力が及ばない相対権である、②債権は、七〇九条の「権利」（平成16年改正前の七〇九条の文言を前提とする）には該当しない、ことを理由に否定した。その後、一般的となった肯定説は、債権は、権利として法的に承認されたものであり、第三者からの侵害に対して保護を与えられるべきものである、ことを理由に肯定する。

債権者・債務者は、債権の内容を自由に決定しうる。債権の内容は公示されない。よって、債権を侵害したにもかかわらず、第三者はこの債権を知らない場合がある。また、ある債権が存在したとしても、第三者は、債務者との間で同じ内容の別の債権を取得することができる。このことにより、第三者は、既に存在する債権を損なわせるわけではない。更に、自由競争の範囲内であれば、債権の侵害を生じさせたとしても、第三者は責任を負わない。

近時の学説では、紛争類型ごとに、第三者の主観的態様（第三者に「害意」がある場合か、「認識・認容」がある場合か、「過失」がある場合か）や債権の侵害の態様（取引行為か事実行為か）を分析し、債権の侵害により第三者が不法行為責任を負うかが検討されている。

債権侵害と妨害排除

85 最2判昭和28・12・18民集七巻一二号一五一五頁

関連条文 特になし

不動産賃借人は賃借権に基づき妨害排除請求ができるか。

事　実　昭和13年7月1日、所有する土地をXに二〇年の期間を定めてAは賃貸した。その後、本件土地や貸主としての権利義務を養子であるBにAは譲渡した。昭和20年3月、第二次大戦による戦災により、本件土地上に所有した建物をXは失った。昭和22年6月、本件土地をBから賃借したYは本件土地上に建物を建築し所有した。XはYに対し建物収去土地明渡しを請求した。

裁判所の見解　「これらの規定〔六〇五条、建物保護法、罹災都市借地借家臨時処理法一〇条など〕により土地の賃借権をもってその土地につき権利を取得した第三者に対抗できる場合にはその賃借権はいわゆる物権的効力を有し、その土地につき物権を取得した第三者に対抗できるのみならずその土地につき賃借権を取得した者にも対抗できるのである。従って第三者に対抗できる賃借権を有する者は爾後その土地につき賃借権を取得しこれにより地上に建物を建てて土地を使用する第三者に対し直接にその建物の収去、土地の明渡を請求することができるわけである。」

解　説　本判決では、債権自体に基づく妨害排除が問題となった。債権は公示されない。債権侵害の結果を発生させた第三者は、当該債権の存在を知らない場合がある。また、債権は、債務者に対する権利であり、債権者は債務者に対してしか給付行為を請求することができない。このような債権の特殊性により、判例は、債権に基づく妨害排除請求を原則として否定する。

現在の判例によると、対抗力のある不動産賃借権を有する賃借人は、当該不動産を二重に取得した賃借人（本判決）や不法占拠者に対して、妨害排除請求をすることができる（新六〇五条の四第一号）。

対抗力に関する規定には、賃借権の登記（六〇五条）、借地上の建物の登記（借地借家一〇条）、建物の引渡し（借地借家三一条一項）などがある。これらの規定により、対抗力のある不動産賃借権を有する賃借人は、当該不動産について物権を取得した者などに対し、賃借権を対抗することができる。このように、対抗力は、本来、不動産について新たに物権を取得した者に対して賃借人が賃借権を主張できることを意味する。しかし、本判決は、この対抗力を二重賃借人相互の優劣を決める場面で用いている。

判例とは異なり、学説には、対抗力を備えていなくても、不法占拠者に対して当該不動産の賃借人は妨害排除請求をすることができるという見解がある。

可分債権の共同相続

86 最1判昭和29・4・8民集八巻四号八一九頁

共同相続された可分債権は、各債権者に分割されるか。

事実　Aは自己所有の山林地上の立木二五〇本をBに譲渡し、Bはそのうちの一七五本をCに譲渡し、Cはこれを Yに譲渡した。Yの被用者Dが、約定より四五本超過した本数の立木を伐採搬出したため、AはYに対して、不法行為(使用者責任)に基づく損害賠償請求訴訟を提起した。一審継続中に、Aが死亡し、Aの相続人であるXらが訴訟を受継した。

原審は、Yの使用者責任を認め、Xらそれぞれの相続分に応じて分割した額を、Xらそれぞれに支払うよう命じた。これに対し、Yは、被相続人の債権が共同相続された場合、債権の合有的帰属を生じ、数人の債権者がある場合(四二七条)に該当しないなどと主張して、上告した。

裁判所の見解　「相続人数人ある場合において、その相続財産中に金銭その他の可分債権あるときは、その債権は法律上当然分割され各共同相続人がその相続分に応じて権利を承継する」。

解説　相続財産は共同相続の場合、共同相続人間の共有に属し(八九八条)、この共有の性質は、物権編の共有である(最3判昭和30・5・31民集九巻六号七九三頁)。それゆえ、共同相続された金銭債権は共同相続人で準共有され(二六四条)、共同帰属するかにみえるが、通説は、債権の共同的帰属は債権編の多数当事者の債権債務(四二七条以下)が特則をなしているという(二六四条ただし書)。このような理解を前提として、本判決は、共同相続されて債権者が数人となった可分債権が、四二七条適用の結果、法律上当然に分割し、各共同相続人に帰属することを示した。この法理により、預金債権等のあらゆる金銭債権が、共同相続された場合、当然に分割され、遺産分割の対象にはならないと解されてきた。

しかし最近では、金銭債権ないし金銭給付を目的とする債権であっても、当然分割が否定されるという債権の存在が認められている(定額郵便貯金債権につき、最2判平成22・10・8民集六四巻七号一七一九頁、投資信託受益権及び国債につき、最3判平成26・2・25民集六八巻二号一七三頁)。更に、共同相続された普通預金債権、通常貯金債権、定期貯金債権については、最高裁大法廷が判例を変更し、権利の内容及び性質に照らすと当然には分割されず、遺産分割の対象になるとした(最大決平成28・12・19民集七〇巻八号二一二一頁)。本判決自体は維持されており、可分債権の当然分割の法理を否定しないまま、可分債権該当性を見直している。

なお、共同相続財産である賃貸不動産から生じる賃料債権は、遺産とは別個の財産である可分債権として、当然に分割される(最1判平成17・9・8民集五九巻七号一九三一頁)。

関連条文　二六四条・四二七条・八九八条

連帯債務の共同相続

87 最2判昭和34・6・19民集一三巻六号七五七頁

関連条文 二六四条・四二七条・八九八条

連帯債務者の一人が死亡して共同相続された場合、各相続人は全部支払義務を負うのか、相続分に応じて分割された範囲で連帯義務を負うのか。

事実　Aには、子B、Bの妻Y_1、Bらの子Y_2~Y_4・Cがいた。Aは、Y_2~Y_4への仕送りなどを目的として、Dから数回にわたって金銭を借り受け、その金額が一八万円余りに達したため、一口にまとめた借用証書を作成して、Dに交付した。借用証書には、A家全員が連帯責任を負う趣旨の記載があったが、Y_2~Y_4は関知しておらず、契約の効力はABY_1にとどまる。その後、Aが死亡し、連帯債務者はBY_1となり、更にBが死亡して、Y_1~Y_4が相続した。

本件債務の支払がなされないため、Dから債権を譲り受けたXは、Y_1~Y_4に対し、貸金全額の支払を求めて、訴えを提起した。原審は、連帯債務者の相続人は各自、全額の支払義務を負うとした。これに対し、Yらは、共同相続した債務は分割されるなどと主張し、上告した。

裁判所の見解　①債務者が死亡し、相続人が数人ある場合、被相続人の金銭債務その他の可分債務は、法律上当然分割され、各共同相続人がその相続分に応じてこれを承継する。②連帯債務も通常の金銭債務と同様に可分であるから、③連帯債務者の一人が死亡した場合、その相続人らは、被相続人の債務の分割されたものを承継し、④各自その承継した範囲において、本来の債務者と共に連帯債務者となる。

解説　共同相続された可分債務は、可分債権に関する86判決と同様、共有に関する規律の特則（二六四条ただし書）である多数当事者の債権債務の規律（四二七条）を適用した結果、当然に分割される（①）。分割割合は法定又は指定相続分であるが、指定相続分によることを債権者には対抗できない（最3判平成21・3・24民集六三巻三号四二七頁）。

②は、民法が、債権者による連帯債務の一部の履行請求を認めている点からも明らかであり（旧四三二条）、改正法でも、連帯債務の可分性が明示されている（新四三六条）。

本判決は、②を理由に、連帯債務にも①の法理が妥当し、各相続人は、相続分に応じて分割された連帯債務を承継し（③）、承継した範囲内で、他の連帯債務者と共に連帯債務者となるという（④）。③④の結果、一部額についての不等額での連帯関係が複数個出現する。

学説の多くは、相続債権者の負担（相続人全員からの取立ての手間や、回収不能のリスク）が増える、連帯債務の担保的機能が損なわれる、法律関係が複雑になるとして、批判的である。反対説は、共同相続人は全部支払義務を負い、負担部分が各相続人の相続分に応じて分割されるとの見解を示す。

不可分債権：建物明渡請求権

88 最2判昭和42・8・25民集二一巻七号一七四〇頁

共有者のうち一部の者が、共有物たる家屋全部の明渡しを請求することは可能か。

関連条文　四二八条・四三二条

事　実　本件家屋は、Aが所有していたが、Bが買い取り、Cに使用貸借により貸した。Bが死亡し、Bの子であるX_1ほか二名がBの地位を承継し、X_2（X_1の内縁の妻）を含めた四名が、本件家屋を合意により共有とした。

Xらは、貸主四名全員が協議により使用貸借契約を解除したとして、Cに対し、本件家屋の明渡しを請求した。Cが訴訟係属中に死亡し、Yらが訴訟を受継した。原審ではXら勝訴。これに対し、Yらは、本件家屋は四名の共有であるから、Xらは各四分の一ずつの明渡しを求めうるにすぎないと主張した。

裁判所の見解　①XらのYらに対する本件家屋の明渡請求は使用貸借契約の終了を原因とするものであるから、②本件家屋の明渡しを求める権利は債権的請求権であり、性質上の不可分給付とみるべきであるため、③各明渡請求権者は、総明渡請求権者のため本件家屋全部の明渡しを請求することができる。

解　説　本件の明渡請求は、ⓐ共有者らの一部の、占有者に対する、共有持分に基づく物権的請求とも、ⓑ貸主らの一部の、借主に対する、使用貸借契約の終了を原因とした債権的請求とも捉えうる。ⓐでは、その行使が保存行為といえる場合に、単独での請求が認められ（二五二条ただし書）、ⓑでは、改正前には、不可分債権である場合に、各債権者に全部についての請求が認められていた（旧四二八条）。

大審院判例は、共有者の一人による共有物全部の引渡請求を、主にⓐにより認め、最高裁も、共有者の一人による単独での所有権移転の全部抹消請求を、ⓐを理由の一つとして認めていた。しかし、学説の批判を受け、最高裁は、土地所有権に基づく建物収去明渡請求権の債権者が相続等により数人となった事案において、当該請求権を不可分債権とみるⓑの立場を示していた（最1判昭和36・3・2民集一五巻三号三三七頁）。

本判決は①でⓑによることを示した。債権を数人で有する場合には、債権の準共有ともみられるが、不可分債権の規定をまず適用することと考える通説の見解に従ったものといえる。

また、②では、本件のような、特定物の占有の移転を目的とする債権が、性質上の不可分債権であるとしており、これも通説と同様の見解である。改正法は、不可分債権が成立する場合を「債権の目的がその性質上不可分である場合」に限定しているが（新四二八条）、本判決には影響しない。

③は四二八条適用の帰結であり、改正法では、新設された連帯債権に関する規定を準用して、同様の帰結が導かれる（新四二八条による四三二条準用）。

不可分債務の共同相続(1)：賃料債務

89 大判大正11・11・24民集一巻六七〇頁

共同相続された賃料支払債務は、可分債務か、不可分債務か。

事実　Xは、本件家屋を月額一四円の賃料で、Aに貸していた。Aが死亡し、Aの子Yほか三名がAを遺産相続（共同相続）したが、Yらは賃料を支払わなくなった。

そこで、Xは、Aの死亡後、本件家屋を改めてY一人に賃貸したと主張して、Yのみに対し、内容証明郵便をもって、延滞賃料を三日以内に支払わなかったときは、賃貸借契約を解除する旨の催告をした。しかし、支払はなされず、Xは、Yのみに対して、賃貸借契約の解除に伴う本件家屋の明渡しと、未払賃料等の支払を求めて、訴えを提起した。

一審・原審共X敗訴。Yのみに対する請求が認められるかが問題となり、Xは、賃貸借の権利義務が不可分であるから、賃料支払義務も性質上の不可分債務であり、相続人の一人であるYのみに対する全額請求は正当と主張して、上告した。

裁判所の見解　数人が共同して賃借人の地位にある場合、賃借人らは、賃貸人との関係においては、各賃借人は目的物の全部に対する使用収益をなしうる地位にあるため、賃料債務は、反対の事情が認められない限り、不可分債務である。

関連条文　四二八条・四三〇条・四三六条（旧四三二条）

解説　不可分債務とは、本来、債務の目的が不可分である場合をいうが、通説は、給付が可分であっても、各債務者が共同・不可分に受ける利益としての性質を有する債務を、性質上の不可分債務と解し、本判決も、本件賃料債務が、共同で目的物の全部を使用収益する対価である点に着目し、原則として、性質上の不可分債務であるとした。ただし、不可分性を有する利益の対価一般には及ばず、例えば、不可分物の売買契約における代金債務は可分債務である。

改正法では、不可分債務を、債務の目的が性質上不可分である場合に限り（新四三〇条）、性質上可分である場合には、可分債務、又は当事者の意思表示等により連帯債務となる（新四三六条）。また、不可分債務が、絶対的効力事由の適用において、連帯債務とほぼ同一となり、唯一、混同を相対的効力事由としたのは（新四三〇条参照）、履行すべき内容と求償の内容とが異なるためとされる。これらを踏まえ、改正法下では、「性質上不可分である場合」を給付自体が物理的に不可分と解し、本件のような、給付が可分である賃料債務は、賃貸借契約における連帯の意思表示によって、連帯債務になるとされている。ただし、債権者が、債務者の一人に対して、全部の履行を請求することができる点は同様である（旧四三〇条による四三二条準用、新四三〇条による四三六条準用）。

不可分債務の共同相続(2)：所有権移転登記義務

90 最1判昭和44・4・17民集二三巻四号七八五頁

関連条文　四二八条

不動産に関する契約上の義務の履行として共同相続人の負う所有権移転登記義務は、不可分債務に該当するか。

事実　Aは、昭和11年、BC夫婦と養子縁組をし、その際、Aは実父Dから土地の贈与を受けたが、昭和25年、所有権移転登記を経由しないまま、Dが死亡した。その前にAは養父Bの死亡により女戸主となっていたが、その後、XがAの元に入夫婚姻をし戸主となり、前戸主Aの有していた一切の権利義務を承継した。そこで、Xは、Dの共同相続人であるYらに対して、贈与を理由とする契約上の履行として本件土地の所有権移転登記手続請求訴訟を提起した。一審及び原審共にXの請求を認容。これに対してYらが東京高裁に上告したところ、東京高裁が本件を最高裁に移送をした。

裁判所の見解　①「不動産について被相続人との間に締結された契約上の義務の履行を主張して、所有権移転登記手続を求める訴訟は、その相続人が数人いるときでも、必要的共同訴訟ではないと解するのが、当裁判所の判例〔最2判昭和36・12・15民集一五巻一一号二八六五頁、最1判昭和39・7・16集民七四号六五九頁、最3判昭和39・7・28集民七四号七五五頁〕とするところであり、これを今なお変更する必要がないと思料する」。②Yらの「負担する所有権移転登記手続義務は不可分債務と解すべきであるから、本件選定者らがその債務の履行について各自が全部の責任を負うことは明らかである」。

解説　本判決は、不動産について、被相続人との間に締結された契約上の義務の履行として所有権移転登記手続を求める訴訟は、その相続人が数人いるときでも、必要的共同訴訟ではない旨を判示したものであり、その前提として、共同相続される所有権移転登記義務は不可分債務であることを確認する。

判例は、固有必要的共同訴訟性の有無を判断するにあたり、共有における保存行為（二五二条ただし書）や不可分債権・不可分債務（四二八条）のように各自で単独行使可能な実体権が抽出される場合には個別訴訟を適当と認める傾向にある（不可分債権又は不可分債務を根拠とするものとして、88判決〔原告側〕、最2判昭和36・12・15民集一五巻一一号二八六五頁〔被告側〕、最2判昭和43・3・15民集二二巻三号六〇七頁〔被告側〕等）。

本判決の引用する前記昭和36年最判は、相続により承継した所有権移転登記義務が不可分債務であることを理由に必要共同訴訟性を否定したものであり、その後の最高裁判決はこの判例を踏襲している。本判決もその系に連なる。

不可分債務の共同相続(3)：賃貸物を使用収益させる債務

91　最2判昭和45・5・22民集二四巻五号四一五頁

関連条文　四三〇条・四三六条（旧四三二条）

共同で相続した賃貸物を使用収益させる債務は不可分債務か。

事　実　Aは亡Bから本件土地を賃借し、建物を所有していた。その後、Bが死亡し、その相続人であるYとCが新たに賃貸人となった。XはAから建物の所有権と本件土地の賃借権を譲り受け、YとCから、この賃借権譲渡の承諾を得た。XはYに対して本件土地についての期限の定めのない賃借権の確認等を求める訴えを提起した。一審・原審共にXが勝訴した。そこで、Yは、YとCは本件土地を共有し、賃貸人としての地位を承継しているところ、本件確認訴訟はYのみを被告としており、不適法な訴えとして却下されなければならないとして、上告した。

裁判所の見解　「不動産賃貸人が死亡し、数名の者が共同してこれを相続した場合には、賃貸物を使用収益させるべき賃貸借契約上の債務を相続人ら各自が不可分に負担し、賃借人は、相続人の一人に対しても右債務の全部の履行を請求することができるものと解すべきである。したがって、共同相続人のうち争いのある者のみを相手方とすれば足り、争いのない者を相手方とする必要はなく、賃借人から賃貸人の共同相続人に対する賃借権確認の訴は必要的共同訴訟ではないと解するのが相当である。」

解　説　不可分債務は、債務の目的が性質上不可分である場合において数人の債務者があるときに成立する（新四三〇条）。性質上不可分の債務には、共有物の引渡債務や複数人が負う為す債務など、物理的に不可分な給付を目的とする債務が含まれる。そして、賃貸借契約の当事者の一方が複数である場合には、特に複数の賃借人が負う債務が不可分債務とされてきた（大判大正7・3・19民録二四輯四四五頁）。本判決は、共同賃貸人が負う賃借人に使用収益させる債務が不可分債務に当たることを認めたものである。こうして、不可分債務に当たると、連帯債務の規定が準用されて、債権者は債務者の一人に対して全部の履行を求めることができる（四三〇条による四三六条の準用）。この債務を賃借人の側からみれば、使用収益をさせるよう求める債権であり、賃借権の中核をなす権利である。本件の賃借権の確認の訴えにおいては、こうした権利の確定が求められている。そして、この債権の債権者である賃借人は債務者の一人である賃貸人に全部の履行を求めることができるのであるから、この権利の確認の請求も共同賃貸人の一人のみを相手方として行うことができる。本判決は、確認が求められている使用収益させる債務が不可分債務に当たるとした上で、争いのない者まで訴える必要はないこともふまえて、本件の訴えが必要的共同訴訟に当たらないとしたのである。

連帯債務者の一部の者に対する債権の転付命令

92 最2判平成3・5・10判時一三八七号五九頁

関連条文 四三六条（旧四三二条）・四四一条（旧四四〇条）

連帯債務者の一部の者に対する債権の転付命令によって他の連帯債務者に対する債権も移転するか。

事実　BはY及びその夫であるAを連帯債務者として金銭を貸し付けた（以下本件貸金債権）。CはBに対する金銭債権に基づき、Aを第三債務者として本件貸金債権の一部について差押え・転付命令を取得し、転付命令はAに送達された。この転付命令の対象になったのはBのAに対する債権のみである。その後、XはBのYに対する債権を取得し、Yに請求をしたところ、Yが同債権もCに移転していると抗弁した。原審は、この転付命令の発効により、転付に係る本件貸金債権はCに移転し、Bはこの債権を失ったのであるから、YはXからの請求を拒絶することができるとした。Xが上告。

裁判所の見解　「原審は、連帯債務者の一人であったAに対する債権が転付債権者へ移転することにより、他の連帯債務者であるYに対する債権も同様に移転することを前提としているものと解されるところ、連帯債務者はそれぞれ独立の債務を負担するものであるから、連帯債務者の一部の者に対する債権が転付命令によって第三者に移転したとしても、その余の連帯債務者に対する債権の帰属に変更が生ずるものではない…。したがって、本件貸金債権を目的とするものであっても、Aを第三債務者とする本件転付命令の効力が生じたにすぎない場合に、訴外BのYに対する債権が転付債権者に移転するものではなく」、本件転付命令の効力が生じたことをもってYがXの請求を拒絶する理由もないとした。

解説　連帯債務においては、債務者の数に応じた複数の債務が存在し、それらは独立している。そして、連帯債務者の一部の者に対する債権だけを譲渡することが認められている（大判大正8・12・15民録二五輯二三〇三頁）。その上で、本判決は、連帯債務者の一部の者に対する債権の差押え・転付命令による取得を認めることを前提に、一部の者に対する債権が転付命令によって転付債権者に移転しても、他の者に対する債権が転付債権者に移転しないと判示した。連帯債務者は各自独立の債務を負担し、連帯債務者の一人に生じた事由には原則として相対的効力しかないためである。しかし、次のような問題が残されている。Aに対する債権がCに、Yに対する債権がBに帰属するというように、連帯債務者に対する債権の分属が生じる。そして、連帯債務としての性質から、YがBに弁済をするとAに対するCの債権も消滅する。CのBに対する債権は転付命令の確定により消滅しているので（民執一六〇条）、Cは債権回収の機会を失ってしまう。そのため、連帯債務者の一部の者に対する債権の転付命令を無効とする見解もある（栗田哲男・判評三九六号一七三頁）。

四四三条一項の通知を怠った連帯債務者の求償制限

93 最2判昭和57・12・17民集三六巻一二号二三九九頁

関連条文　四四三条

四四三条一項の事前の通知を怠った連帯債務者が同条二項により自己の免責行為を有効とみなすことはできるか。

事実　XとYは、A社に対し連帯債務を負っていた。まずXが、債務全額を自己の所有地をもって代物弁済し、その登記を経由した。この弁済①にあたって、XはYに対して事前及び事後の通知を怠った。その後、Yは弁済①の事実を知らずに当該債務の一部を弁済した。この弁済②にあたって、YはXに対して事前の通知を怠った。この状況で、XがYに対して連帯債務者間の求償権（四四二条一項）を根拠として負担部分額の支払を求めて訴えを提起した。これに対してYは、Xの弁済①につき事前・事後の通知がないことから、四四三条二項に基づいてYの弁済②を有効とみなす旨の意思表示をした上、抗弁としてXの本件求償は認められないと主張した。

裁判所の見解　「連帯債務者の一人が弁済その他の免責の行為をするに先立ち、他の連帯債務者に通知することを怠った場合は、既に弁済しその他共同の免責を得ていた他の連帯債務者に対し、民法四四三条二項の規定により自己の免責行為を有効であるとみなすことはできないものと解するのが相当である。けだし、同項の規定は、同条一項の規定を前提とするものであって、同条一項の事前の通知につき過失のある連帯債務者までを保護する趣旨ではないと解すべきであるからである〔大判昭和7・9・30民集一一巻二〇〇八頁参照〕」。

解説　従来の学説では、事前通知を怠った連帯債務者が自己の免責行為を有効とみなしうるかという問題について、有効説と無効説のほか、通知懈怠に関する故意・過失の区別などの事情を総合考慮すべきとする折衷説があった。本判決は、四四三条二項の趣旨につき過失のない第二弁済者を保護するものと示す前記大審院判決を参照しつつ、通説とされる無効説と同様の判断を最高裁として初めて採用した。もっとも、従来の無効説は、同条一項・二項共に連帯債務者の一方にのみ過失がある場合を想定した規定であることから、双方に過失のある場合には適用がなく、一般原則通り第一弁済を有効とすべきと説明していた。本判決は、条文の趣旨に踏み込む点で従来の無効説とは若干理由づけが異なる。現在の学説では、概ね本判決の判示内容が支持されている。ただし、同条二項が同条一項を前提とするという本判決の理由は説得的でなく、二重弁済防止の観点から更に実質的な理由づけが必要との指摘もある。

平成29年改正で四四三条は若干の修正が加えられたが、基本的な枠組みは維持されている。そのため、本判決の意義は改正後も変わらない。

共同不法行為における損害賠償債務の相互の関係

94 最1判平成10・9・10民集五二巻六号一四九四頁

関連条文 七一九条・(旧四三七条)・四四二条

共同不法行為者の一人が被害者との和解において債務の一部免除を受けた場合に他の加害者にも免除の効力が及ぶかどうか、またその効力が及ぶ場合の求償の範囲はどうか。

事　実　自動車の販売業者Xは、Yの依頼に応じて、提携先である信販会社Aを騙し、架空のオートローン契約を締結させた。その後、YはXを通じてAからの立替金を取得した。これにより、被害者Aに対しXとYが共同不法行為責任を負った(XとYの責任割合は四対六)。この状況で、AがXに総額三千五百万円の損害賠償を求める別訴を提起したところ、訴訟上の和解によって、XがAに和解金二千万円を支払い、AはXへの残債務を免除した。その後、XはYに対して、負担部分につき求償金の支払を求める本件訴えを提起した。

裁判所の見解　従来の判例を踏襲し、共同不法行為者間の求償権は負担部分を超えて賠償した部分につき成立すること、そして被害者が加害者の一人(甲)を免除しても、連帯債務者間での免除の絶対的効力を定めた四三七条は適用されず、他の加害者(乙)に免除の効力が及ばないことを明示する。その上で、「被害者が、右訴訟上の和解に際し、乙の残債務をも免除する意思を有していると認められるときは、乙に対しても残債務の免除の効力が及ぶ」とし、乙はもはや被害者から残債務を訴求される可能性はないから、「甲の乙に対する求償金額は、確定した損害額である右訴訟上の和解における甲の支払額を基準とし、双方の責任割合に従いその負担部分を定めて、これを算定する」とした。

解　説　従来の判例・通説によれば、連帯債務における免除の絶対効を定めた旧四三七条は共同不法行為(不真正連帯債務)には適用されず、被害者が加害者の一人を免除しても他の加害者には免除の効力は及ばないとされる。もっとも、被害者が加害者全員を免除する意思を有する場合の扱いが不明瞭であった。本件原審は、損害金三千五百万円を基準にXY間(四対六)の負担金額を算定し、Xの負担額を一千四百万円とし、XのYへの求償額は代位弁済額二千万円のうちXの負担額を超える六百万円と判断した。これに対して本判決は、この場合に他の加害者にも免除の効力が及ぶことを明示し、XのYに対する求償金額は、Xの支払った和解金二千万円を基準にXY間(四対六)の負担割合で算定し、Xの負担額を八百万円として、Xの代位弁済額二千万円のうちXの負担額を超える一千二百万円となると判断した。

平成29年改正で連帯債務の絶対効が限定され、かつ求償ルールが不真正連帯債務にも適用されることになった。そして免除も相対効事由へと改まった(旧四三七条削除)。ただし、本判決の法理には影響せず、本判決の意義も変わらない。

保証の趣旨でする手形の裏書と原因債務の保証

95 最1判平成2・9・27民集四四巻六号一〇〇七頁

関連条文 四四六条、手一五条・七七条

保証の趣旨で手形の裏書をした者は、手形の原因債務についても民法上の保証をしたことになるのか。

事実 YはA社の代表取締役Bから融資元の紹介を依頼され、Yの知人であるXを紹介した。XのAに対する貸付は計三回に亘るところ、そのつど、YはBに同行してXと会い、Xの求めに応じて、貸付の担保のためにAが振り出した約束手形に裏書をしてXに交付した。なお、一回目の貸付については、Aが弁済をして手形の返還を受ける際にもYはBに同行している。その後、二回目と三回目の貸付につき弁済のないまま、Aは倒産して各約束手形の支払を拒絶し、破産宣告を受けた。YはXに対して迷惑をかけた旨を謝罪し、Xからの強い要望から貸付金の弁済につき種々努力したが、履行されずに終わった。XはXY間に金銭消費貸借契約が成立していたとしてYに貸金の返還を求めたが、一審はこれを棄却した。そこで、Xは控訴し、Yの裏書は原因債務を保証する旨の意思表示であるとして保証債務の履行を求める旨の予備的請求を追加したが、原審はこれを棄却した。Xが上告。

裁判所の見解 金銭借用の際、借主が貸主あてに担保のため振り出した約束手形に保証の趣旨で裏書をした者が、貸主に対し手形上の債務のみを負担したものか、あるいは更に進んで手形振出の原因となった消費貸借上の債務までも保証したものかは、「具体的な場合における当事者の意思解釈によって定まるもの」であり、本件事実関係の下では、他に特段の事情がない限り、XY間に民事上の保証契約が成立したと推認するのが相当である。原判決引用の最3判昭和52・11・15民集三一巻六号九〇〇頁は、金銭借用の際、借主がその振出に係る約束手形に確実な保証人の裏書をもらうよう貸主から要求され、借主の依頼を受けた者が、貸主と何ら直接の交渉を持つことなく裏書に応じた場合のものであり事案が異なる。

解説 裏書により手形保証と同様の効果を生むいわゆる「隠れた手形保証」において、保証人の責任対象は手形記載の金額であり原因債務ではない。これは、原因債務につき遅延損害金等が生じ手形記載の金額を超えても、その責任を負わないこと等を意味する（他の例として消滅時効期間の違いがある）ため、裏書人が原因債務についてまで民法上の保証責任を負う意思をもって裏書きをしたか否かは重要な問題となる。本判決は、消極に解した先例たる昭和52年最判との事案の違いを指摘し、XY間に保証契約の成立の余地を認めた。もっとも、平成16年改正以後、保証は要式契約（四四六条二項）となったことや、改正法が事業上の債務の（経営者等は除く）個人保証に公正証書を求めている（新四六五条の六以下）ことは本判決の意義を薄めることとなろう。

保証債務の範囲(1)：不動産の所有権移転義務

96 大決大正13・1・30民集三巻五三頁

関連条文 四四六条一項

不動産の売主の保証人は目的物の所有権移転義務を負うか。

事 実　Xは、不動産の買主Aからその権利義務の一切を売主Bの承諾を得て譲り受けたが、所有権移転登記を具備する前に当該不動産が競売され、これを買い受けたBの連帯保証人Yが登記をした。そこで、XはYに対し、保証債務の履行として所有権移転登記手続請求訴訟を提起することにし、それに先んじて、名義変更のおそれがあるとして仮登記仮処分を裁判所に申し立てた。原審は、Xの申立てを却下した。

裁判所の見解　不動産の売主の連帯保証人は、何らかの理由により目的物の所有権を取得した場合、所有権移転義務の不履行により買主に損害が生じたときには売主と連帯して損害賠償義務を負うにとどまらず、所有権移転義務が保証契約の内容になっていないとの反証がない限り、自ら所有権移転義務を履行する責任を負う。

解 説　保証人は「その〔＝主たる債務者の債務の〕履行をする責任を負う」（四四六条一項）とされるから、保証債務には、少なくとも主たる債務及びそれと同一性を有する債務が含まれるとされる。したがって、特定物の売主の所有権移転義務は売主以外の者が履行することのできない不代替的債務であるとすると、所有権移転義務自体は保証債務に含まれないから、保証人は、売主の所有権移転義務が履行されない場合は、契約解除によりそれが同一性を保って転形した損害賠償義務について責任を負うにとどまるとも考えられる（四四七条一項）。そのように考えた大判大正5・4・6民録二二輯五八四頁に従い、Xに対してYは所有権移転登記義務を負っていないとして、Xの申立てを却下した。しかし、本決定はこれを改め、売主の所有権移転義務は、他人物売買と同じく、本件のように保証人自身が目的物の所有権を取得した場合はその履行が可能であるから、反証がない限り、不動産の売主の保証人が負う保証債務にその所有権移転義務も含まれるとして、XのYに対する所有権移転登記請求権の存在を前提に、Xの申立てを認めた。

不代替的債務の保証の可否をめぐっては議論があるが、本決定は、債務の不代替性を限定解釈し、不動産の売主が負う所有権移転義務自体の履行も保証人に対して求めうる場合があることを明らかにした。その際、本決定は「反証」による留保を認め、主たる債務と同一性のある債務でもそれを保証しない旨の特約は可能であるとするが、近時は契約の解釈の意義が更に強調され、保証債務の内容は単に保証契約の解釈により決めれば足り、そもそも主たる債務との同一性の有無がその決め手になるわけではないと考えられている。

保証債務の範囲(2)：法定解除による原状回復義務

97 最大判昭和40・6・30民集一九巻四号一一四三頁

関連条文　四四六条一項

解除による原状回復義務は保証債務に含まれるか。

事　実　Xは、Aから畳その他建具を購入する契約を締結し、代金をAに支払うと共に、Yとの間でYが当該建具の売主Aの保証人となる旨の契約を締結した。Aが履行期に目的物の建具を引き渡さなかったことから、Xは、催告の上売買契約を解除し、Aに対して支払済みの代金の返還を求めた。Aがこれに応じないので、Xは、Yに対してその返還を求めた。原審は、大判大正6・10・27民録二三輯一八六七頁に従い、Xの請求を棄却した。

裁判所の見解　特定物の売主のための保証は、通常、契約から直接に生じる売主の債務を保証人自身に履行させせようとするものではなく、むしろ、売主の債務不履行を理由に売主が買主に対して負担するであろう債務について責任を負わす趣旨でなされるものであるから、損害賠償義務はもちろん、特に反対の意思表示がなければ、解除により生じる原状回復義務についても、保証人は責任を負う。

解　説　保証人は、主たる債務について履行する責任を負い（四四六条一項）、更にその不履行により生じた損害賠償義務についても責任を負う（四四七条一項）。問題は、解除により主たる債務者に生じた原状回復義務まで保証人が責任を負うか、である。

原状回復義務は、解除により遡及的に消滅する主たる債務とは別個に発生した新たな債務であることから、前掲大正6年大判は、特約のない限り、保証人が主たる債務と同一性のない原状回復義務について責任を負うことはないとした。しかし、本判決は、主たる債務との同一性という抽象論より、むしろ保証契約において保証人がいかなる債務を引き受けているかという個別の契約解釈により、その内容を決すべきであるとし、判例変更の上、保証人の責任を肯定した。債権者は契約の解除という重大な局面で保証人にその責任を広く求めるのが通常であり、もし保証人の責任を認めなければ、これに反する結果になるというのが本判決の考えである。

なお、判例も賃借人の保証人については、原状回復義務の責任を認めている（大判昭和13・1・31民集一七巻二七頁）。賃貸借では売買と異なり、契約の解除により債務が遡及的に消滅せず（六二〇条）、解除により賃借人に生じる原状回復義務がその本来の主たる債務と別に新たに発生したものとはいえないことがその理由とされる。しかし、本判決によれば、保証人に責任があるのは、解除に遡及効があるか否かにかかわらず、等しく保証契約の解釈によると考えるべきものである。

保証債務の範囲(3)：不当利得返還義務

98 最3判昭和41・4・26民集二〇巻四号八四九頁

金銭債務を主たる債務とする保証は、債務の発生原因たる契約が無効となったために生じた不当利得返還債務に及ぶか。

事実

X農業協同組合の理事長Y_1は、非組合員のY_2から依頼されXによる金銭の貸付を行った。組合の定款は貸付を組合員に限定しており、Y_2への貸付額は組合総会の決議により定められた上限を超えていた。その後、Y_2が貸付金を返還しないため、Y_1がその弁済を保証し、保証債務を被担保債務とするXを債権者とした抵当権をY_1所有の土地に設定する旨を約した。Xは、①Y_2につき貸金の返還、②Y_1につき保証債務の履行及び③抵当権設定登記手続をそれぞれ求め、一審は①及び③を認容した。双方が控訴したところ、原審は、①につき、本件貸付は組合の目的を逸脱した無効なものであるため貸金の返還債務自体は生じないとしつつ、Y_2を悪意の受益者であるとして不当利得の返還を命じる一方で、②及び③については、貸付自体が無効である以上、その債務を主たる債務とする保証も成立せず、保証債務を担保する抵当権も成立しないとして、請求を棄却した。Xは、Y_2の不当利得返還義務を主たる債務とするY_1の保証が成立する余地がある旨主張し、上告。

裁判所の見解

原審は、Xの主張等を仔細に検討して、本件保証が消費貸借契約上の債務を保証し、その契約が無効である以上、保証もまた無効であり、保証債務を担保するためなされた本件抵当権設定契約もまた無効であると判断していることは明らかであり、認定判断の過程に審理不尽、理由不備の違法は認められない。

解説

保証は、附従性の原則により、主たる債務が消滅したり無効になったりすれば同じ運命をたどるが、この際に生じる不当利得返還義務に保証の範囲が及ぶのか否かが問題となる。類似の問題として、判例は、特定物売買契約が売主の債務不履行により解除された場合の売主の原状回復義務（97判決）や、請負契約の合意解除時に負担が約された請負人の前払金返還債務（99判決）につき、原債務の保証が及ぶか否かの判断を保証の範囲を定めた当事者（保証人）の意思によっている。本判決も、当事者の主張・立証等の内容を踏まえて、不当利得返還義務に保証は及ばないとした原審の判断を支持しているにすぎず、「及ばない」という一般的な規範を提示しているわけではない。なお、本事案と同様の無効な員外貸付を自ら引き出し、その担保として抵当権を設定した債務者の不当利得返還義務に抵当権の効力が及ぶとした判決（最2判昭和44・7・4民集二三巻八号一三四七頁）があるが、この判決では信義則が判断の要素となっているほか、抵当権は責任の範囲が限定されており、かつ、意思解釈によって範囲が定まるものでもないという保証との差異は意識されてよいだろう。

関連条文 三四条・四四六条・七〇四条、農業組合一〇条

保証債務の範囲(4)：合意解除による原状回復義務

99　最1判昭和47・3・23民集二六巻二号二七四頁

請負債務に付されていた保証は、請負契約の合意解除時に負担が約された請負人の前払金返還債務に及ぶか。

事　実　XはY_1を請負人として建物新築等に係る請負契約を締結した。この際、Xは請負代金の三割を前払金として納め（残りは出来高払）、Y_2社ら四名がY_1の請負債務について連帯保証した。その後、Y_1は資金難等から工事の続行が不可能となったため、XY_1間で請負契約を合意解除し、出来高相当額分を控除した前払金をXに返還する旨の合意がなされた。しかし、Y_1がこれを履行しないため、XはY_1につき前払金の返還を、Y_2らにつき前払金に係る連帯保証債務の履行を求めて提訴した。一審・原審共にY_1に対する請求を認容する一方で、Y_2らに対する請求については、原状回復義務たる前払金返還債務は、請負債務とは別個の新たに発生した債務であり保証の範囲は及ばないなどして、これを棄却した。Xが上告。

裁判所の見解　請負契約が合意解除され、その際、請負人が注文主に対し、請負契約上前払すべきものと定められた金額の範囲内において、前払金返還債務を負担することを約した場合においても、「①右合意解除が請負人の債務不履行に基づくものであり、かつ、右約定の債務が実質的にみて解除権の行使による解除によって負担すべき請負人の前払金返還債務より重いものではないと認められるときは」、請負人の保証人は、特段の事情の存しない限り、右約定の債務についても、その責に任ずべきものと解する。「けだし、このような場合においては、②保証人の責任が過大に失することがなく、また③保証人の通常の意思に反するものでもないからである」〔丸囲み数字は筆者による〕。

解　説　契約が解除された際に生じる原状回復義務は、原債務との関係で同一性を有するか否か（遡及効を認めるか否か）という問題があり、この文脈において、保証は原債務の消滅と運命を共にするのか、または、原状回復義務にまで及ぶのかという議論も可能である。しかし、判例は、特定物売買契約が売主の債務不履行により解除された場合、売主の債務に付された保証は「特に反対の意思表示のないかぎり」売主の原状回復義務に及ぶとした大法廷判決（97判決）以降、この問題を当事者（保証人）の意思に委ねる態度をとっている（98判決参照）。本判決も、合意解除の際に約された新たな原状回復義務につき同様の立場を示した（③参照）。もっとも、改正法は、一定の個人保証につき保証内容を明確化した公正証書を求める（新四六五条の六以下）ため、意思への依存には制限が生じうるし、法定解除権の発生要件に債務者の帰責性を求めない（新五四一条以下）ため、本判決①にいう債務不履行の意思解釈の要素としての位置づけも変わる可能性がある。

関連条文　四四六条・四四七条・五四五条

事前求償権と事後求償権の関係

100 最3判昭和60・2・12民集三九巻一号八九頁

事前求償権を取得した受託保証人がその後の代位弁済により事後求償権を取得した場合、その事後求償権の消滅時効はいつから進行するか。

事　実　Y_1社がA銀行に対して負う貸金債務について、Y_1の委託を受けてX信用保証協会が信用保証をした。その際、XとY_1間の保証委託契約において、Y_1が銀行取引停止処分を受けたときにはXは代位弁済前でもY_1に求償しうる旨の事前求償条項が付されていた。他方で、Y_1社の代表取締役Y_2が、Y_1のXへの求償債務について連帯保証をした。その後、Y_1が銀行取引停止処分を受けたため、XはY_1への事前求償権を取得した。他方で、それから五年以上が経過した後、Xは、A銀行に対して代位弁済をしたため、Y_1への事後求償権も取得した。そこで、XはY_1に対して事後求償権を行使すると共に、Y_2に対して事後求償権につき連帯保証債務の履行を請求した。これに対して、Yらは、本件求償権は五年の商事時効期間（商旧五二二条）に服するところ、事後求償権と事前求償権とは同一の債権であるから、事前求償権の発生時から時効は進行しており、既に五年の時効期間は経過したと主張して争った。

裁判所の見解　受託保証人が代位弁済をしたことにより取得する事後求償権（四五九条一項）は、「免責行為をしたときに発生し、かつ、その行使が可能となるものであるから、その消滅時効は、委託を受けた保証人が免責行為をした時から進行するものと解すべき」であり、このことは受託保証人が事前求償権を取得したときであっても異なるものではない。

関連条文　一六六条一項・四五九条一項（旧一六六条・四五九条）・四六〇条

解　説　これまで、事前求償権と事後求償権は同一の権利か否かが争われてきた。かつては、事後求償権を事前に行使する権利が事前求償権であるとして、両求償権は同一の権利と理解されることが主流であった（一個説）。これに対して、本判決は両求償権は別々の権利であると判示した（二個説）。その理由として、事前求償権と事後求償権とは、その発生根拠が異なる上、事前求償権には事後求償権とは異なる独自の抗弁及び消滅原因（四六一条参照）が認められると指摘された。本判決は最高裁の初判断であり、その後の最3判平成27・2・17民集六九巻一号一頁でも踏襲されている。また学説でも、事前求償権の法的性質の捉え方自体には争いがあるものの、いずれにしても事後求償権とは別債権であるという本判決の結論が一般に支持されている。

なお、平成29年改正では、事前求償権規定の枠組み（新四六〇条・新四六一条）が基本的に維持されたため、本判決の意義は改正後も変わらない。他方、新一六六条によって民事時効・商事時効という区分は廃止され、商法旧五二二条は削除された。

無委託保証人が弁済により取得する事後求償権の法的性質

101　最2判平成24・5・28民集六六巻七号三一二三頁

関連条文　四五九条・四六二条、破二条五項

保証人が主たる債務者の破産手続開始前にその委託を受けないで締結した保証契約に基づき同手続開始後に弁済をした場合、保証人が取得する求償権は破産債権に該当するか。

事実　破産管財人であるXらが、Yに対し、各破産者との間の当座勘定取引契約の解約に基づく払戻金及び遅延損害金の支払を求めた。これに対し、Yが、破産手続開始後に無委託の保証契約に基づき保証債務を履行し、各破産者に対し本件求償権を取得したとして、これを自働債権とする相殺(本件各相殺)を主張した。一審及び原審は、Yによる本件各相殺の主張に対し、一部認容。これに対して、Xらが上告受理申立て。

裁判所の見解　「保証人は、弁済をした場合、民法の規定に従って主たる債務者に対する求償権を取得するのであり(民法四五九条、四六二条)、このことは、保証が主たる債務者の委託を受けてされた場合と受けないでされた場合とで異なるところはない」。「このように、無委託保証人が弁済をすれば、法律の規定に従って求償権が発生する以上、保証人の弁済が破産手続開始後にされても、保証契約が主たる債務者の破産手続開始前に締結されていれば、当該求償権の発生の基礎となる保証関係は、その破産手続開始前に発生しているということができるから、当該求償権は、『破産手続開始前の原因に基づいて生じた財産上の請求権』(破産法二条五項)に当たるものというべきである」として、破産債権に該当すると判示し、これを自働債権とする相殺の可否を判断した。

解説　本判決は、保証人が主たる債務者の破産手続開始前にその委託を受けないで締結した保証契約に基づき同手続開始後に弁済をした場合、保証人が主たる債務者である破産者に対して取得する求償権が破産債権(破二条五項)に該当する旨を判示した最高裁判例である(なお、これに続けて、保証人がこの求償権を自働債権とし、主たる債務者である破産者が保証人に対して有する債権を受働債権とする相殺が、破七二条一項一号の類推適用により許されない旨をも判示するが、本稿ではこれをとりあげない)。

①保証人の事後求償権(四五九条・四六二条)は、弁済を停止条件とする停止条件付債権であり、破産手続開始前に保証契約が締結されていれば破産債権に該当するという見解と、②委託の有無により事後求償権の法的性質を区別し、無委託保証人の事後求償権は事務管理の費用償還請求権の性質を有し、主たる債務者の破産手続開始後に保証人が管理行為として弁済をすると、破産手続開始後の事務管理に基づき事後求償権が発生し、これは破産債権に該当しないとの見解が対立する。本判決は、前者の立場に与する(千葉勝美裁判官補足意見参照)。

主たる債務についての債権譲渡に係る対抗要件の具備と保証債務

102　大判明治39・3・3民録一二輯四三五頁

関連条文　四四六条・四六七条

債権譲渡の（債務者）対抗要件は、譲渡債権の保証人に対しても個別に具備される必要があるか。

事　実　Xほか六名がBに対して有する債権につきYが保証していたところ、前期六名の有する債権がXに譲渡された。この際、債務者たるBについては四六七条一項所定の対抗要件（Bの承諾）が具備されたが、保証人Yについてはなされなかった。XはYに対して保証債務の履行を求めたところ、Yは自らに対抗要件が具備されていないとして争った。原審は、譲渡債権に対抗要件が具備されれば保証人にも効力が及ぶとしてYの主張を排斥しXの請求を認容した。Yが上告。

裁判所の見解　保証人は主たる債務者が債務を履行しない場合に責めを負う者であり、保証債務は主たる債務と運命を共にすべきものであるから、主たる債権が譲渡された場合に、その譲渡の効力は当然従たる債権をも包含するものと解釈すべきは保証債務の性質上当然の結果というべきである。したがって、債権譲渡人が四六七条の規定により主たる債権の譲渡を債務者に通知し、もしくは、債務者がこれを承諾した以上は、たとえ保証人にその通知をしなくとも主たる債権譲渡の効力として当然保証人に対し従たる債権の譲渡を主張することができる。

解　説　保証は主たる債務の存在を前提としており、主たる債務が消滅すれば同じく消滅し、主たる債務者に生じた時効の完成猶予（停止）や更新（中断）等の事由は保証人にも影響する（四五七条）。現在では根拠に争いがみられるものの、これらは伝統的には保証の附従性から導出される。債権が譲渡されればこれに付された保証も移転することもまた附従性から説明され、これを特に随伴性と呼ぶ。債権譲渡は、譲渡人から債務者に対してその旨の通知をするか、債務者がこれを承諾することが債務者に対する対抗要件（「債務者対抗要件」）とされている（四六七条一項）ところ、本事案では、これは主たる債務（債権）と共に移転する保証債務の「債務者」たる保証人についても具備する必要があるのか否かが問われた。本判決は、保証の附従性を強調し、保証人につき個別の対抗要件の具備は不要とした。争点に対応する判示は四六七条一項所定の債務者対抗要件に関するものということになるが、論理的帰結として同条二項の「第三者対抗要件」についても同様となる。

なお、附従性は主たる債務から保証債務への影響関係を導出するものである。したがって、保証が付された債権（主たる債務）の譲渡にあたり保証人に対してのみ対抗要件が具備されても、主たる債務について具備されたことにはならない。これは連帯保証であっても同様である（四五八条で準用される連帯債務の絶対的効力事由に四六七条が含まれていない）。

主たる債務の債務者の法人格消滅と保証人によるその消滅時効の援用

103 最2判平成15・3・14民集五七巻三号二八六頁

関連条文　一六六条一項・一六九条（旧一七四条の二）・四四六条、商五二二条

破産終結決定により法人格が消滅した会社を主たる債務者とする保証人は、主たる債務につき消滅時効を援用できるか。

事実　AとB金融機関がC社に対して貸付を行うにあたり、Cからの委託に基づきX信用保証協会がその貸付債務を保証し、CがXに対して負うべき求償債務についてYが連帯保証したところ、Cは破産宣告を受け、Xが貸付金を代位弁済した。XはCの破産手続において代位弁済額と利息につき債権届出をし、これが債権表に記載された。破産終結決定（Cの法人格消滅）の後、XはYらから求償権に係る元利金の弁済を受けたが遅延損害金については受けなかった。そこで、破産終結決定から約九年半後にXはYに対して保証債務の履行としてその遅延損害金の弁済を求める本訴を提起した。Yは抗弁としてXの代位弁済時から五年の経過によりXの求償権は時効消滅（商五二二条）して保証債務も消滅した旨を主張し、Xは再抗弁として債権届出（確定）により時効は中断し、旧一七四条の二（新一六九条）、破二二一条により時効期間は一〇年となる旨を主張した。一審はYの抗弁を認めXの請求を棄却したためXが控訴した。原審は、求償権自体の時効は一〇年としても、債権届出のない遅延損害金の時効は五年となる旨のYの予備的抗弁を認め、本訴提起から五年より前の遅延損害金債権は消滅したとし、残部につきXの請求を認容した。Xが上告。

裁判所の見解　「会社が破産宣告を受けた後破産終結決定がされて会社の法人格が消滅した場合には、これにより会社の負担していた債務も消滅するものと解すべきであり、この場合、もはや存在しない債務について時効による消滅を観念する余地はない。この理は、同債務について保証人のある場合においても変わらない……破産終結決定がされて消滅した会社を主債務者とする保証人は、主債務についての消滅時効が会社の法人格の消滅後に完成したことを主張して時効の援用をすることはできない」。

解説　個人の主たる債務者につき破産手続が開始され免責許可決定がされたとしても、対象となった債務の保証は存続する（破二五三条二項）。この際、保証人は免責対象となった主たる債務の消滅時効をなお主張できるか否かにつき、判例（最3判平成11・11・9民集五三巻八号一四〇三頁）は、かかる債務は、債権者が訴えにより履行を請求しその強制的実現を図ることができず、「もはや民法一六六条一項に定める『権利ヲ行使スルコトヲ得ル時』を起算点とする消滅時効の進行を観念することができない」としてこれを否定する。本判決は、破産終結決定により法人格が消滅し債務も消滅した会社についても、前掲平成11年最判と同様の理論を採用し、保証人による主たる債務の消滅時効の援用を否定したものである。

104 保証人による主たる債務の相続と消滅時効の中断(更新)

最2判平成25・9・13民集六七巻六号一三五六頁

関連条文　一五二条一項(旧一四七条三号)・四四六条・四五七条一項、商五二二条

主たる債務を相続した保証人による弁済は、主たる債務にかかる消滅時効を中断(更新)させるか。

事　実　A銀行のBに対する貸付から生じる債務につき、X信用保証協会がBからの委託に基づき保証し、BがXに対して負担すべき求償債務についてYが連帯保証したところ、Bが貸付債務につき期限の利益を喪失したため、Xは残債務につき代位弁済した。その後、死亡したBをYが単独相続し、連帯保証債務の履行として、BのXに対する求償債務の一部を弁済した。XはYに対して、求償債務の残部につき連帯保証債務の履行を求めたところ、Yは、Xが代位弁済をした日から五年(商五二二条)の経過をもって求償債務(主たる債務)は時効消滅しているなどと主張した。これに対して、Xは、主たる債務者Bを単独相続したYの弁済は、主たる債務者としての求償債務の承認に当たり、消滅時効は中断しているなどとしてこれを争った。一審・原審共にYの消滅時効に係る主張を認めてXの請求を棄却した。Xが上告受理申立て。

裁判所の見解　「保証人が主たる債務を相続したことを知りながら」保証債務の弁済をした場合、当該弁済は、特段の事情のない限り、主たる債務者による承認として当該主たる債務の消滅時効を中断する効力を有すると解するのが相当である。

解　説　保証債務は主たる債務の存在を前提とし、附従性の原則が全ての根拠となるかは別として、主たる債務に生じた事由は保証債務に影響する。それゆえ、主たる債務が時効消滅すれば保証債務も消滅し、主たる債務者に生じた時効中断(更新)効は保証人にも及ぶ(四五七条一項)。本判決で問われた時効中断事由としての債務の「承認(新一五二条・旧一四七条三号)」につき、判例は、権利の存在を認識する旨の観念の通知(大判大正8・4・1民録二五輯六四三頁)であるとし、債務の一部弁済はこれに当たる(大判大正8・12・26民録二五輯二四二九頁)とする。本事案では、主たる債務者を単独相続した連帯保証人の一部弁済が、主たる債務者の地位による債務の承認として、主たる債務の時効を中断させるのかどうかが問われ、最高裁は、主たる債務者と保証人の地位が並存することを前提に、これを肯定した。判旨中、「保証人が主たる債務を相続したことを知りながら」との部分は、「承認」の前提となる権利の存在の「認識」に当たるものと解され、「特段の事情」とは、主たる債務者兼保証人の弁済が主たる債務の承認とならない事情を指すことになる。例えば、保証人としての立場であることを特に強調して弁済することが想起されよう。なお、改正法では、時効の「中断」が「更新」となる等の変更があるが、本判決との関係では影響はないと解される。

期間の定めのない継続的保証と保証人の解約権

105 最2判昭和39・12・18民集一八巻一〇号二一七九頁

極度額も期間も定められていない包括根保証において、主たる債務者が保証人の信頼を破壊するような行為をした場合に、保証人は根保証契約を解約することができるか。

事実　Xは、Aとの間で小麦粉の売買取引をしていたが、Aの未払代金が嵩んだため、一旦取引を中止した。その後、Aの叔父Yの包括根保証の下、XとAとの間の取引が再開され、YはXとの約定により、毎回の取引代金に未払代金を加えた約束手形をXに振り出していた。しかし、AはYに対し、小麦粉の代金をY方に持参することを約していたにもかかわらず、これを再三怠り、そのためにY自身の出金が相当額に達したので、不安を感じたYは、Xに対し本件保証契約の解約を申し入れた。しかしその後、Aは、Yの約束手形を偽造してXに交付した。XはYに手形金の支払を請求し、予備的に保証債務の履行を請求した。一審はXの請求認容。原審は手形が偽造であることを理由に本訴請求を棄却し、予備的請求につき、Yによる本件保証契約の解約を認めた。Xより上告。

裁判所の見解　「原判決が……本件のごとき期間の定めのない継続的保証契約は保証人の主債務者に対する信頼関係が害されるに至った等保証人として解約申入れをするにつき相当の理由がある場合においては、右解約により相手方が信義則上看過しえない損害をこうむるとかの特段の事情ある場合を除き、一方的にこれを解約しうるものと解するのを相当とするとし」、本件では、Yの解約申入れに相当の理由があり、Xに特段の事情はないとしたことは正当である。

解説　大審院以来、包括根保証の事案を前提に、期間の定めのない場合には、保証人に、①相当期間の経過を理由とし、予告期間を要する解約権（任意解約権）と、②債務者の資産状態の著しい悪化等を理由とする即時解約権（特別解約権）が認められてきた。こうした中、本判決は、主債務者の不信行為を理由として特別解約権を認めた点に特徴がある。

平成16年改正は、個人貸金等根保証につき、極度額の定めと元本確定期日を強制した上で、著しい事情変更に当たる特別な事由を列挙し、法律上当然に元本確定の効果を生じるとした（旧四六五条の四）。これらの元本確定事由の一部は、平成29年改正により、本件のような継続的売買取引の根保証を含む、個人による根保証全般に適用される（新四六五条の四第一項）。

もっとも、平成16年改正の際に、著しい事情変更の明文化の困難さにより特別解約権（元本確定請求権）の立法が見送られた経緯に照らせば、元本確定期日の定めがある場合でも、法定の元本確定事由に該当しない著しい事情変更がある場合には、特別解約権が認められるべきである。したがって、今後も、本判決の意義は失われないというべきである。

関連条文　一条二項・四四六条一項

継続的保証における保証債務の相続性

106 最2判昭和37・11・9民集一六巻一一号二二七〇頁

関連条文 四六五条の四第一項三号

極度額も期間も定めのない包括根保証において、保証人の責任は、保証人の死亡によって制限されるか。

事実　Xは、昭和25年12月から、Aに対して肥料の販売を始め、Y_1とBが共同で、AのXに対する買掛金債務について、極度額及び期間の定めなく連帯保証した。Aが同年9月から33和32年6月に死亡し、Y_2がBを相続した。XはY_1とY_2に保証年3月までに生じた債務を支払わないので、XはY_1とY_2に保証債務の履行を請求した。一審・原審共にX勝訴。Y_1とY_2は、金額も期間の定めのない継続的保証においては、身元保証法一条の準用により、保証期間を限定すべきであるとして、共に上告。

裁判所の見解　Y_1に関する部分については、身元保証法一条の準用を否定し、Y_2に関する部分については、次のように述べた。「責任の限度額ならびに期間について定めのない連帯保証契約においては…、その責任の及ぶ範囲が極めて広汎となり、一に契約締結の当事者の人的信用関係を基礎とするものであるから、かかる保証人たる地位は、特段の事由のないかぎり、当事者その人と終始するものであって、連帯保証人の死亡後生じた主債務については、その相続人においてこれが保証債務を承継負担するものではない」。

解説　本判決は、大審院以来の判例と同様、極度額及び期間の定めのない包括根保証について、責任の広汎性と「契約締結の当事者の人的信用関係」に基づき、基本的保証債務（保証人たる地位）の相続性を否定したものである。これにより、相続開始時に既に発生している具体的保証債務のみが相続の対象となる。これに対し、限度額又は保証期間の定めがある根保証については、保証人たる地位の相続性を肯定するのが、当時の判例及び一般的理解であった。

しかし、平成16年改正では、個人による貸金等根保証について、極度額の定め及び元本確定期日を強制した上で、主債務者又は保証人の死亡が主債務の元本確定事由とされた（旧四六五条の四第三号）。これは、根保証が、保証人と主債務者の人的信頼関係を基礎とすることを考慮し、いずれの死亡によっても法律上当然に元本が確定するとして、保証人を保護する趣旨によるものである。賃金等根保証が限定根保証を前提としていることに照らせば、改正前の判例よりも根保証人の保護を強化したものといえる。更に、平成29年改正では、個人根保証全般について、極度額の定めが強制され（新四六五条の二第二項）、主債務者又は保証人の死亡は元本確定事由となった（新四六五条の四第一項三号）。したがって、改正法の下では、基本的保証債務の相続性は問題とならなくなり、本判決の意義は失われる。

保証人に対する債権者の通知義務

107 最1判昭和48・3・1金法六七九号三五頁

期間の定めのない根保証契約において、債務者の資力悪化について保証人に通知せずに新たな貸付をした債権者は、この貸付にかかる保証債務の履行を請求することができるか。

事実　X信用金庫は、A社との間で手形貸付等に関する契約（本件貸付契約）を締結し、Yらは、Aの債務のうち元本極度額七〇〇万円について期間を定めず連帯保証をした。Xは、Aに、①七〇〇万円を貸し渡し、約三年三ヶ月後、②八七〇万円を貸し付けた（本件手形貸付）。その後、XはYらに対し訴えを提起し、①の残額一六〇万円と②のうち五四〇万円の支払を請求した。原審は、Xの①の請求を認容し、信義則違反及び権利濫用を理由に②の請求を棄却した。②について、Xから上告した。

なお、本件事案に関する同年月日の別判決において、XとYの間の担保保存義務免除特約は有効であると判断された。

裁判所の見解　本件貸付「契約の締結後三年余を経、A社の経営状態が悪化し、……担保物件も第三者に売却されてA社の事業場から搬出され、X信用金庫においてもその事情を了知しうる状態にあったにかかわらず、同金庫が金融機関としてなすべきこの点の注意を怠り、かつYらの意向を打診することなく、漫然本件手形貸付をしたものである」という事実関係の下では、「期間の定めのない継続的保証契約に基づき、右手形貸付についてYらに対し保証債務の履行を求めるのは、信義則に反し権利の濫用であって許されない」。

関連条文　一条二項・三項・四六五条の三第二項

解説　期間の定めのない根保証について、主債務者の資産状態の著しい悪化等の事情変更があると、保証人に特別解約権が生じる（105判決参照）。本判決は、右事実を知らない保証人が解約権を行使していなかった事案において、債権者が右事実について保証人に通知せずに新たな貸付をした場合に、当該貸付部分に関する保証債務の履行請求を、信義則違反・権利濫用に基づき否定したものである。

個人による貸金等根保証については、平成16年改正以降、当事者が保証期間（元本確定期日）を定めていない場合であっても、三年の経過により当然に元本が確定するため（新四六五条の三第二項）、本件事案については、同条項に基づきXの請求が棄却される。

もっとも、法定の元本確定事由（新四六五条の四）に該当するような事情変更のない事案においても特別解約権（元本確定請求権）が認められるという解釈を前提にすれば（105判決参照）、信義則違反や権利濫用により保証人の責任を制限する本判決の意義は失われないと考えられる。

身元保証の相続性

108 大判昭和18・9・10民集二二巻九四八頁

身元保証法施行後に締結された身元保証契約について、身元保証債務は、身元保証人の相続人により相続されるか。

事実

X社は無尽業を営む株式会社であり、昭和15年3月にAを雇い入れる際に、Yの先代Bを身元保証人とし、保証期間である五年間のうちにAの行為によってXに損害を生じさせたときは、Bがその損害賠償責任を負うとの身元保証契約を締結した。同年5月にBが死亡し、YがBを相続した。Aは、昭和16年1月から10月までの間、加入者から集金した掛金や加入者への給付金計五三〇〇余円を自己の用途に費消し、Xに損害を与えた。そこで、XはYに対し、右の金額につき損害賠償を請求した。一審及び原審は、Xの請求棄却。

裁判所の見解

身元保証契約は保証人と身元本人との相互の信用を基礎に成立し存続するので、特別の事情のない限り一身専属的性質を有する。したがって、保証人の死亡によって相続された場合、その相続人は、相続開始後に生じた身元保証契約上の事故について責任を負わない（大判昭和2・7・4民集六巻四三六頁参照）。身元保証法にはこれに関する規定はないが、それは、この帰結は身元保証契約の性質上当然であるため、明文を要しないと判断されたからである。

関連条文 身元保証一条・四六五条の四第一項三号

解説

身元保証は、被用者の行為によって使用者の受けた損害を賠償することを約束する契約であり、狭義の根保証の身元引受、損害担保契約が含まれる。身元保証では、身元保証人の責任の広汎性と永続性を制限する判例が早くから確立していた。本判決も引用する前掲昭和2年大判もその一つであり、責任の広汎性及び保証人と身元本人の相互の信用関係から、身元保証債務の一身専属性を認め、その相続性を否定したものであった。その後、昭和8年に身元保証法が制定され、身元保証契約の存続期間や保証人の責任を制限する規定が置かれたが、相続性に関する規定は設けられなかった。そこで、同法により非相続性の根拠の一つであった責任の広汎性（無限定性）が欠けたことが、相続性の有無に影響するか否かが問題となった。こうした中、本判決は、責任の広汎性には触れずに相互の信頼関係のみを根拠として挙げた上で、従来の判例を維持して身元保証の相続性を否定したものである。

平成29年改正による個人根保証全般に関する規定は、狭義の根保証たる身元保証に適用される。したがって、主債務者又は保証人の死亡を元本確定事由とする新四六五条の四第一項三号は、狭義の根保証たる身元保証にも適用される。しかし、他の類型のものへの適用の可否については、解釈の余地がある。

複数の身元保証人と相互の求償

109　最1判昭和60・5・23民集三九巻四号九七二頁

身元保証法五条に基づいて定められた賠償額を弁済した身元保証人は他の身元保証人に対してどの範囲で求償できるか。

事実　Aが勤務先B商会の金を使い込んで損害（五九五万余円）を与えたことから、Aの身元保証人（連帯保証）XとYのうち、Xに対して身元保証法五条に基づき三〇〇万円及び遅延損害金の支払を命ずる裁判が確定した。これを賠償したXは、XとYの負担部分は平等であるとして、Bから責任追及を受けていないYに対して求償請求訴訟を提起した。

Xは Aの妻の実兄であり、Aに対して助言指導できる立場にあり、Bもそれを期待していた。YはAと顧客とセールスマンという関係にあるにとどまり、身元保証人を二名以上とするBの内規上の要請を満たすため、形式上身元保証人となった者である。一審・原審共にXの請求棄却。Yから上告。

裁判所の見解　連帯保証の性質を有する身元保証をした甲乙二名のうち甲のみにつき身元保証法五条に基づいて賠償額が定められ、甲がこれを弁済した後に乙に求償請求した場合には、裁判所は、同条により乙の賠償額を定め、これと甲の賠償額との合計額が主債務額を超えるときにおいてのみ、甲の弁済額のうち、主債務額をそれぞれの賠償額に応じて按分した甲の負担部分を超える金額について、甲の請求を認容すべきである。

解説　通常の連帯保証人が複数いる場合、連帯保証人は自己の負担部分を超えて弁済したときに限り、超過額につき他の連帯保証人に求償できるが（四六五条一項）、本件では、身元保証法五条により責任額が縮減された場合の求償関係が問題となった。まず、連帯保証の性質を有する各身元保証人は分別の利益を有しない。また、身元保証法五条は過失相殺と同趣旨の規定であり、裁判所は、同条所定の事情のあるときに身元保証人の責任額を実損額よりも軽減する権能を有する。したがって、各身元保証人は右の責任額の限度で一部保証しているといえ、その限度で全部の支払義務を負っている。他方で、本判決は、一部保証の趣旨を、主債務の残額がある限り保証限度額まで弁済責任を負うものであると理解する。以上の理解を前提に、本判決は、各身元保証人の責任額の合計額が主債務の額（実損額）を超えない場合には、それぞれ自己の責任額の限度で保証している身元保証人間には求償関係は生じず、責任額の合計額が主債務の額を超える場合にのみ、身元保証人間の公平を図るため、超過額の限度で共同保証関係が成立し、求償権が認められるとした。

また、本件では、Bから訴えられたのはXのみであるが、本判決は、XのYに対する求償の可否は、XY間の求償訴訟の中でYの責任額を定めた上で判断されるとした。

関連条文　四六五条一項、身元保証五条

期間の定めがある建物賃貸借契約の更新と保証人の責任

110 最1判平成9・11・13判時一六三三号八一頁

関連条文　六一九条一項、借地借家二六条

期間の定めのある建物賃貸借における賃借人の保証人は、更新後の賃貸借から生ずる債務についても保証責任を負うか。

事　実　Yは、Aに対し、マンションを二年間の約定で賃貸し、Aの兄Xは、本件賃貸借契約に基づきAがYに対して負担する一切の債務について連帯保証した。本件賃貸借は、その後、いずれも期間を二年として、AとYの間で三度合意更新されたが、Xに対する保証意思の確認はなかった。二度目の更新後からAの賃料の滞納が始まり、三度目の更新後はほとんど支払われなかったため、Yは、Aに対し更新拒絶の通知をし、Xに対しAの不払を通知した。そこで、XはYに対し、本件保証契約の効力は合意更新後の債務に及ばず、仮にそうでないとしても、Yの保証債務履行請求は信義則に反するとして、保証債務不存在確認の訴えを提起した。一審は、更新前後の契約に同一性がないとしてXの請求を認容した。原審は、Xの請求を棄却した。Xから上告した。

裁判所の見解　「期間の定めのある建物の賃貸借において、賃借人のために保証人が賃貸人との間で保証契約を締結した場合には、反対の趣旨をうかがわせるような特段の事情のない限り、保証人が更新後の賃貸借から生ずる賃借人の債務についても保証の責めを負う趣旨で合意がされたものと解するのが相当であり、保証人は、賃貸人において保証債務の履行を請求することが信義則に反すると認められる場合を除き、更新後の賃貸借から生ずる賃借人の債務についても保証の責めを免れないものというべきである」。

解　説　建物賃貸借契約が更新された場合、更新後の賃貸借契約は新たな契約であるため、更新前の賃貸借に関する保証債務は、更新後の賃貸借から生じる債務に及ばないとも考えうる。しかし、借地借家法により、賃貸人からの更新拒絶に正当事由が要求されるため、賃貸借は、合意更新であれ法定更新であれ、賃借人が望む限り原則的に更新される。したがって、賃貸借関係の継続は、賃借人のために保証人となろうとする者にとって予測可能なものである。こうした状況の下、本判決は、更新の前後の賃貸借契約の同一性の有無について判断せず、保証人の合理的意思解釈を根拠に、更新前の賃貸借の賃借人の保証人が、更新後の賃貸借から生じる債務についても責任を負うとしたものである。もっとも、本判決の傍論が述べるように、賃借人が賃料の不払を継続しているにもかかわらず、賃貸人が、保証人にその旨を通知せずに契約を更新させている等の場合には、信義則による責任制限が認められるだろう。

平成29年改正によっても、不動産賃借人の債務の個人根保証について元本確定期日の定めをしなくてもよいため（四六五条の三参照）、本判決の論理が妥当するだろう。

賃借人の債務の保証の相続性

111 大判昭和9・1・30民集一三巻一〇三頁

賃借人の債務の保証人の相続人は、その相続開始後に発生した賃料債務についても、保証人の責任を負うか。

関連条文 四六五条の四第一項三号

事実

Xは、Aに対し本件家屋を賃貸し、Aの将来負担する賃料債務について、Yの先代Bが連帯保証した。その後、Bが死亡し、YがBを相続した。Bの死亡時には延滞賃料はなかったが、その後Aは賃料不払を重ね、最終的には本件家屋を明け渡すに至った。Xは、延滞賃料から敷金を控除した残額について、Yに対して保証債務の履行を請求した。一審及び原審は、Xの請求を認容した。Yから上告。

裁判所の見解

賃貸借契約により、賃借人は、賃貸人が目的物を使用収益させる対価として賃料債務が発生するという基本債務を負い、その基本債務の保証人は、将来の使用収益に伴い発生する個々の賃料債務の保証債務を負担する。したがってその相続人もまた、保証人たる地位を承継し、相続後に発生する個々の賃料債務の保証債務を負担するのは当然である。

賃借人の債務の保証人は、身元保証人のように信用関係を基礎として広汎な責任を負うわけではないので、賃借人の保証人の義務が保証人の死亡によって消滅して相続人に承継されないと解する理由はない。

解説

判例は、信用保証について、極度額及び期間の定めのない包括根保証の場合には、基本的保証債務（根保証人たる地位）の相続性を否定し（106判決参照）、身元保証の相続性も否定してきた（108判決参照）。

こうした中、本判決は、賃借人の債務の保証について、身元保証との対比から基本的保証債務の相続性を肯定したものである。これは、賃借人の保証の責任範囲（賃料債務と損害賠償債務）は、身元保証の場合のように予想外に高額化することはなく、保証人と賃借人との信頼関係も身元保証ほど濃くないので、一身専属性を基礎づけるものではないという考慮に基づくものである。他方で、賃借人が死亡した場合につき、賃借権を承継した相続人の下で生じた債務について、保証人の責任を認めた判決もあった（大判昭和12・6・15民集一六巻九三一頁）。このように、賃借人の債務の保証については、賃借人と保証人のいずれが死亡しても、保証人の責任が継続するとされてきた。

平成29年改正では、個人による根保証全般について、主債務者又は保証人の死亡によって、主債務の元本が法律上当然に確定することとなった（新四六五条の四第一項三号）。したがって、賃借人の債務の個人による根保証の相続性に関する各判決の意義は失われる。

根保証契約の主たる債務に係る債権の譲渡

112 最2判平成24・12・14民集六六巻一二号三五五九頁

根保証契約の主たる債務の範囲に含まれる債務に係る債権が元本確定期日前に譲渡された場合、根保証債務は随伴するか。

事実　A社は、平成19年6月、B社に八億円を貸し付け（貸付①）、Y社は、Aに対し、AとBの間の金銭消費貸借契約取引等から生じるBの債務を主たる債務とし、極度額四八億余円、保証期間を同日から五年間とする連帯根保証をした。Aは、貸付①の借換えとして、平成20年8月、合計八億円弱をBに貸し付けた（貸付②）。Aは、平成20年9月、貸付②に係る債権をC社に譲渡し、Cは同日当該債権をX社に譲渡した。Xは、Yに対して、保証債務の一部について履行を請求した。一審・原審はXの請求認容。Y上告受理申立て。

裁判所の見解　「根保証契約を締結した当事者は、通常、主たる債務の範囲に含まれる個別の債務が発生すれば保証人がこれをその都度保証し、当該債務の弁済期が到来すれば、当該根保証契約に定める元本確定期日……前であっても、保証人に対してその保証債務の履行を求めることができるものとして契約を締結し、被保証債権が譲渡された場合には保証債権もこれに随伴して移転することを前提としているものと解するのが合理的である。そうすると、被保証債権を譲り受けた者は、その譲渡が当該根保証契約に定める元本確定期日前にされた場合であっても、当該根保証契約の当事者間において被保証債権の譲受人の請求を妨げるような別段の合意がない限り、保証人に対し、保証債務の履行を求めることができるというべきである。」。

解説　根保証は、一定の範囲に属する不特定の債務を主たる債務とする保証である。根抵当権と異なり、根保証契約には契約自由の原則が妥当するため、①保証期間中に発生する個々の主たる債務を保証するものと、②根抵当と同様に、保証期間終了時に存在する債務を保証するものの二つの類型が可能である。①では、元本確定は被保証債権の発生の終期としての意味しかなく、元本確定前でも個々の被保証債権の履行期が到来すれば保証債務の履行を請求でき、個々の被保証債権の譲渡に保証債務も随伴する。他方で、②では、元本確定には、被保証債権の発生の終期の意味に加えて、主たる債務を特定する意味をもつため、元本確定前の履行請求や保証債務の随伴性の否定につながる。本判決は、当事者意思の合理的解釈を根拠に、別段の合意のない限り、根保証の性質を①であると解したものである。本件では保証人が法人であるため、「貸金等根保証」の規定は適用されないが、本判決の論理はこの場合にも妥当するものである。なお、平成29年改正では、この問題に関する規定は置かれておらず、本判決の意義は失われない。

関連条文　四六六条一項

債権譲渡制限特約と債務者の承諾

113 最1判昭和52・3・17民集三一巻二号三〇八頁

譲渡禁止特約付債権の譲渡後に債務者が譲渡を承諾した場合、承諾後にされた差押え・転付命令との優劣はどうなるか。

事実　AはYに対して保証金返還請求権を有していたが、これには譲渡禁止の特約が付されていた。昭和45年8月、AはBにこの債権を譲渡し、Yに対し確定日付のある証書によって通知をしたが、Bは特約の存在を知っていた。同年11月、Yは本件債権のBへの譲渡を承諾した。他方Xは、昭和46年1月、本件債権を差し押さえて転付命令を得た。Xが本件債権の支払を求めたのに対し、Yは、本件債権のBへの譲渡はYの承諾により有効になったとしてこれを拒んだ。

裁判所の見解　譲渡禁止特約のある債権を譲受人が特約の存在を知って譲り受けた場合でも、その後、債務者がこの債権譲渡について承諾を与えたときは、債権譲渡は譲渡の時に遡って有効となる。譲渡に際し債務者に対して確定日付のある通知がされている限り、債務者は、承諾以後に債権を差し押さえ転付命令を得た第三者に対しても、債権譲渡が有効であることをもって対抗することができ、承諾に際し改めて四六七条二項の通知・承諾を要しない。

解説　債権譲渡を禁止・制限する特約は、弁済事務の煩雑化の防止・過誤払の危険の回避・相殺の期待の確保など、債務者の利益の保護を目的とするものであるから、債務者がその利益を放棄するのであれば譲渡を制限すべき理由はない。そこで本判決は、債務者の承諾によって譲渡禁止特約違反の債権譲渡も有効になること、その際に改めて第三者対抗要件を具備する必要はないことを判示した。

ところで本判決は、債務者の承諾により譲渡が遡って有効になるとしているところからみて、譲渡禁止特約違反の譲渡は本来無効であることを前提としていると考えられる。しかし平成29年改正では、債権譲渡を用いた資金調達を促進するため、譲渡制限特約に反する債権譲渡も有効であるとされた（新四六六条二項）。ただし債務者は、悪意・重過失の譲受人からの請求を拒み、譲渡人に弁済することができる（同条三項）。

この改正法の規律を本件の事案に則していえば、AB間の債権譲渡はBが悪意であろうと当初から有効であり、譲渡時に既に第三者対抗要件が具備されている以上、後にXが当該債権を差し押さえたとしてもBが優先する。もっともYは、Bが悪意の譲受人であることを抗弁事由としてBからの請求を拒むことができ、代わりにAに弁済すれば免責される。Yの承諾は、今後はこの抗弁の放棄として位置づけられることになる。

このように、改正法の下では本判決の判例としての意義はほぼ失われ、譲渡禁止特約違反の譲渡が無効となる預貯金債権（新四六六条の五）についてのみ先例としての価値が残る。

関連条文　四六六条二項・三項（旧四六六条二項）

債権譲渡制限特約と債務者の承諾の第三者への影響

114 最1判平成9・6・5民集五一巻五号二〇五三頁

関連条文　四六六条二項・三項（旧四六六条二項）

譲渡禁止特約付債権の譲渡後に債務者が譲渡を承諾した場合、承諾前にその債権を差し押さえた者に譲渡を対抗できるか。

事　実　AはBに対して売掛代金債権を有していたところ、これには譲渡禁止の特約が付されていた。昭和62年12月9日、AはXにこの債権を譲渡し、翌10日、Bに対し内容証明郵便により通知をしたが、Xはこの特約の存在につき知っていたか、又は知らないことにつき重過失があった。同月11日、国Yは本件債権に対して滞納処分による差押えをした。昭和63年1月29日、Bは本件債権につき供託し、その際にAからXへの本件債権の譲渡を承諾した。XとYは、いずれが本件債権にかかる供託金の還付請求権を有するかを争った。

裁判所の見解　譲渡禁止の特約のある債権について、譲受人が右特約の存在を知り、又は重大な過失により右特約の存在を知らないでこれを譲り受けた場合でも、その後、債務者が右債権の譲渡について承諾を与えたときは、右債権譲渡は譲渡の時に遡って有効となるが、一一六条の法意に照らし、第三者の権利を害することはできない。

解　説　本判決より前に最高裁は、譲渡禁止特約付債権の譲渡につき債務者が事後に承諾した場合、債権譲渡は譲渡時に遡って有効となるとしたが（113判決）、遡及効の法的根拠は示されていなかった。また、113判決は債務者の承諾後に債権が差し押さえられた事案であったが、これと異なり、悪意の譲受人への譲渡後に譲渡人の債権者がその債権を差し押さえ、更にその後に債務者の承諾がなされた場合には、譲受人と差押債権者のいずれが優先するか明らかではなかった。

本判決は、債務者の事後承諾によって債権譲渡が譲渡の時に遡って有効になるとしても、譲渡から承諾までの間に現れた第三者の権利を害することができないとして、差押債権者（Y）を優先する判断を示した。また、その法的根拠として「一一六条の法意」を挙げており、これは遡及効（及びそれが第三者の権利を害することができないこと）の根拠を一一六条の背後にある追完法理に求めたものと理解される。

ところで、本判決も113判決と同様、特約違反の債権譲渡は無効であるとの前提に立っていると考えられるが、平成29年改正は譲渡制限特約に反する債権譲渡も有効であるとしたため、本判決の結論はもはや妥当しない。つまり、改正法の下ではXへの譲渡も当初から有効であり、「一一六条の法意」は問題となる余地がない。Xへの譲渡につき第三者対抗要件も具備されている以上、債権を取得するのはYではなくXとなる（ただしBはAに弁済すれば免責される）。本判決に残された適用場面は預貯金債権の譲渡の場合のみとなろう（新四六六条の五）。

債権譲渡制限特約の譲渡当事者間における効力

115 最2判平成21・3・27民集六三巻三号四四九頁

関連条文 四六六条二項・三項（旧四六六条二項）

譲渡禁止特約に違反して債権を譲渡した債権者は、この特約の存在を理由として譲渡の無効を主張することができるか。

事実　Xは、Yとの債権譲渡担保契約に基づき、Aに対する工事代金債権をYに譲渡したが、この債権には譲渡禁止の特約が付されていた。Aは、本件債権につき、債権者不確知を供託原因として供託した。なお、その後、Xは特別清算開始決定を受けている。XとYの間でいずれが供託金還付請求権を有するかが争われ、Xが、Yは特約の存在につき悪意であり譲渡は無効であると主張したのに対し、Yは、譲渡の無効を主張できるのはAのみであると主張した。

裁判所の見解　債権の譲渡性を否定する意思を表示した譲渡禁止の特約は、債務者の利益を保護するために付されるものと解される。譲渡禁止の特約に反して債権を譲渡した債権者は、同特約の存在を理由に譲渡の無効を主張する独自の利益を有しないのであって、債務者に譲渡の無効を主張する意思があることが明らかであるなどの特段の事情がない限り、債権者がその無効を主張することは許されない。

解説　譲渡を制限する特約は、債務者の利益の保護をその目的とするものである（113解説参照）。しかし、平成29年改正前の判例は、譲渡禁止特約に違反する債権譲渡は誰との関係でも無効であるという前提に立っていたため（113・114判決）、供託がされた場合には免責を受けた債務者を特約で保護する必要性はもはやないにもかかわらず、供託金の還付をめぐって譲受人間で特約違反の主張がなされるという事態を招くおそれがあった。

本判決は、特約違反の譲渡は無効であるという従来の判例の立場を踏襲しながらも、特約に違反して譲渡を行った債権者は原則としてその無効を主張することができないとして、無効の主張権者を限定した。この理論構成は、錯誤無効（旧九五条）の主張権者を原則として表意者に限定した判例（最2判昭和40・9・10民集一九巻六号一五一二頁）とも通じるところがあると指摘されている。なお、本件ではXについて特別清算が開始しているという事情があるが、本判決はこの点については特段の考慮をしていない。

平成29年改正では、特約違反の債権譲渡も有効であるとされるに至った（新四六六条二項）。この改正法の下では、譲渡が無効であることを前提とした上でその主張権者を限定するという本判決の論理はもはや意味をなさない。本判決は、特約違反の譲渡を無効と解することの意味について再考を促し、改正法によるルール変更を導く上で一定の役割を果たしたが、改正後は判例としての意義はほぼ失われる（預貯金債権の場合〔新四六六条の五〕について先例的意義を持ちうるのみである）。

確定日付のある証書による通知・承諾の意義

116 大連判大正3・12・22民録二〇輯一一四六頁

関連条文　四六七条二項

債権譲渡の第三者対抗要件を具備するためには、何について確定日付が存することが必要か。

事実　Xは、AがBに対して有する建築保証金返還請求権をAから譲り受け、大正2年6月6日、債権譲渡証書に確定日付を受けた。他方、AとXの連署による債権譲渡通知は同月9日にBに到達したが、この通知書には確定日付は付されていなかった。同月13日、Yが本件債権に対して仮差押えを行ったので、Xはこれに対して異議の訴えを提起した。

裁判所の見解　四六七条二項は、債権譲渡の日付を明確にすることにより、債権者と債務者が通謀し債権譲渡の日付を遡らせて第三者を害するのを予防する目的に出たものである。だから、債権譲渡を第三者に対抗するためには、旧債権者のなす通知行為又は債務者のなす承諾行為につき確定日付ある証書を必要とするのであって、通知又は承諾があったことを確定日付ある証書をもって証明すべきなのではない。なぜならば、同条は通知又は承諾についての対抗要件を定めたものではなく、債権譲渡の対抗要件に関する規定なのだから、通知又は承諾があったことの証明方法として確定日付ある証書を要求しているとは解しえないからである。本件では、債権譲渡通知には確定日付が付されていないから、Xは本件債権の譲渡を受けたことをYに対抗することができない。

解説　本判決は、債権譲渡の第三者対抗要件を規定した四六七条二項につき、確定日付ある証書は通知行為又は承諾行為について必要であるとしたものである。平成29年改正では同項は修正されなかったので、本判決は今後も先例としての意義を有する。本判決より前の判例は、債務者が通知を受けたことを確定日付ある証書によって証明しなければならないとしていた（大判明治36・3・30民録九輯三六一頁）。本判決はこれを変更し、通知・承諾があった事実を確定日付ある証書によって証明する必要はないとしている。

本判決は、四六七条二項が確定日付を要求する趣旨を、債権者と債務者の通謀により債権譲渡の日付を遡らせることを防止するためであるとする。もっとも、本件のように債権譲渡証書に確定日付が付されていればその趣旨は果たされるはずだが、これに第三者対抗要件としての効力を認めるのは同項の文言に合わないため、この解釈をとることは難しい。

明治36年大判のように解すると、債権譲渡の第三者対抗要件を具備するための手続が極めて重いものになるため、同大判を変更した本判決の結論は学説の支持を集めた。なお、本判決以後、債権の二重譲渡の場合には譲渡通知書・譲渡承諾書に付された確定日付の先後によって優劣を決するという解釈がされていたが、これを否定したのが120判決である。

債権譲渡の対抗要件規定の強行規定性

117 大判大正10・2・9民録二七輯二四四頁

債権者と債務者の間で、債権を譲渡しても債務者への通知を要しない旨の特約がなされた場合、譲受人は譲渡通知なくして債権譲渡を債務者に対抗することができるか。

事　実　Xは、Aから融資を受け、抵当権を設定した。その際、AとXは、後日Aがこの債権を譲渡する場合にXに通知することを要しない旨の特約を結んだ。その後Aはこの債権をYに譲渡したが、特約に従い、Xへの譲渡通知はなされなかった。Yが抵当権の実行として不動産競売を申し立てたところ、Xは、債権譲渡の債務者対抗要件が具備されていないと主張して、競売申立ての取下げを求めた。

裁判所の見解　四六七条一項は、債権譲渡の通知・承諾をもって、不動産物権変動における登記と同じく、譲渡を債務者に対抗するために絶対的に必要な条件としているから、通知・承諾がなくても債権譲渡を債務者に対抗しうる旨を定めた特約は無効である。もしこの特約が有効であるとすると、債務者は、債権が譲渡され数人に転展した場合に誰に弁済すべきかを知ることができず、また二重弁済の危険も負担することになるため、結果として債務者は支払を渋滞させて取引の安全を害するに至ってしまう。ゆえに同項は、債務者の利益を保護すると同時に公益をも保護する強行規定であり、Yは債権譲渡をXに対抗することができないので、Yがした競売申立ては違法である。

解　説　四六七条は、一項で債務者に対する対抗要件を、二項で第三者に対する対抗要件をそれぞれ定めている。このうち二項は、競合する譲受人相互間の優劣を決するためのルールであるから、一七七条などと同様に強行規定であることは異論をみない。これに対して一項は、誰に弁済すべきかを債務者に知らしめるために設けられたルールであり、専ら債務者の利益のためにあるものだから、債務者自身が通知を不要とする特約を債権者との間で締結したのであれば、あえてこれを無効とする必要はないとも思われる。しかし本判決は、このような特約を有効とすれば弁済が滞り、取引の安全を損なって公益を害することにつながるとして、四六七条一項に反する特約を無効とした。

学説では、本判決に反対し、四六七条一項は債務者のみの利益を保護する趣旨であるとして、債務者がこれと異なる特約をすることも妨げられないと解するのがかつての通説だった。これに対して近時は、対抗要件の構造からして同条一項と二項は分離できないこと、第三者が関与する法律関係が生じる可能性は常に存在することなどを理由に、本判決を支持して同条一項も強行規定とみる見解が有力になっている（平成29年改正の後もこの対立はそのまま残る）。

関連条文　四六七条一項

確定日付のある証書によらない承諾と確定日付のある証書による通知が競合した場合の債権譲渡の優劣

118 大連判大正8・3・28民録二五輯四四一頁

関連条文 四六七条一項・二項

債権の二重譲渡において、第一譲渡につき確定日付ある証書によらない承諾がされた後に、第二譲渡につき確定日付ある証書による通知がされた場合、いずれの譲受人が優先するか。

事実 Aは、Yに対する貸金債権をまずBに譲渡し、Yはこの譲渡を確定日付ある証書によらないで承諾した。次いでAは、同じ債権をXに譲渡し、この第二の譲渡について確定日付ある証書をもってYに通知した。XがYに対して本件債権にかかる貸金返還請求を行ったところ、原審は、Bへの譲渡についてのYの承諾がXへの譲渡についてのAの通知よりも前に行われた以上、Yは本件債権が既にBに移転したことをXに対抗できるとしてXの請求を斥けた。X上告。

裁判所の見解 債権が譲渡されたが通知・承諾が確定日付ある証書によらないで行われた後に、更に同一の債権が譲渡されて確定日付ある証書により通知がされた場合、第一譲受人は、四六七条二項により第二譲受人に対抗できない結果、債務者にもその債権を対抗できなくなる。第二譲受人が第三者対抗要件を備えると、第一譲受人は一旦は取得した債権も取得しないことになり、第二譲受人が唯一の債権者となる。このように解さないと、第一譲受人は債務者との関係では債権者であるが第三者との関係では債権者ではないということになって、権利の本質に反するし、第二譲受人は法定の手続を履践しているにもかかわらず、第一譲受人が弁済を受けてこれを費消し無資力になった場合には救済を受けられなくなってしまうからである。

解説 四六七条二項は、債権譲渡の「債務者以外の第三者」に対する対抗要件を定めている。この文言からすれば、通知・承諾が同項に従って確定日付ある証書により行われたか否かは、債務者との関係では何ら意味をもたないと読めるようにも思われる。

実際、本判決より前の判例は、第一譲渡についての通知・承諾が確定日付ある証書によるものではなかったとしても、債務者との関係ではこれで対抗要件として十分であるとしていた（大判明治36・4・18民録九輯四五九頁）。これによれば、債務者は確定日付ある証書による通知を備えた第二譲受人からの請求をも拒めることになる。

本判決は、この従来の判例の立場を変更し、同条二項によって劣後するとされた第一譲受人は債務者との関係でも譲渡を対抗することができず、譲受人相互間において優先する第二譲受人が債務者との関係でも唯一の債権者になるとした。ただし、第二譲受人が第三者対抗要件を備えるよりも前に、これを備えない第一譲受人との間で債権が消滅していた場合には、また異なる考慮を要する（119判決）。

債権の二重譲渡において第一譲受人との間で債権が消滅した場合の第二譲受人の地位

119 大判昭和7・12・6民集一一巻二四一四頁　　関連条文　四六七条二項

第二譲渡につき確定日付ある証書による通知がされる前に、第三者対抗要件を備えない第一譲受人が債務を免除していた場合、第二譲受人は債務者に履行を請求することができるか。

事実　AはYに対する貸金債権をBに譲渡したが、この譲渡につき確定日付ある証書による通知・承諾はされなかった。Bは、この譲り受けた債権にかかるYの債務を免除した。その後、Aはこの債権を重ねてXに譲渡し、確定日付ある証書をもってYに通知した。Xの請求に対し、Yは本件債権は既に消滅したと反論した。

裁判所の見解　第一譲渡につき通知・承諾が確定日付ある証書によらないで行われた後、第二譲渡につき確定日付ある証書による通知がされた場合には、第一譲受人は債務者にその債権を対抗できなくなる（118判決を引用）。しかし、第一譲渡の後に債権が消滅したにもかかわらず第二譲渡が行われた場合には、これと同一に解することはできない。たとえ第一譲受人が債権譲渡の対抗要件を具備していなかったとしても、第二譲受人は既に消滅した債権を譲り受けたにすぎず、譲渡は無効である。したがって、この場合には対抗問題を生じる余地はなく、第二譲渡について確定日付ある証書をもって通知をしたとしても、債権の取得を第一譲受人に対抗できるなどということにはならない。そしてこのことは、債権の消滅原因が弁済であろうと免除であろうと変わるところはない。

解説　債権の二重譲渡において、第三者対抗要件を備えない第一譲渡とこれを備えた第二譲渡が競合した場合には、債務者との関係でも第二譲受人が優先するというのが判例の立場である（118判決）。しかし、第二譲渡が行われる前に第一譲受人との間で債権が消滅していた場合にまでこの結論を貫くと、債務者対抗要件を備えた第一譲受人に債務者が弁済したとしても、第三者対抗要件を備えた第二譲受人が後から現れれば、有効だったはずの弁済の効力が覆されかねない。また、債務者対抗要件しか備えていない譲受人は、弁済を受領した後であっても、第三者対抗要件を備えた譲受人が別に現れればこれに劣後することになるが、そうすると四六七条一項は存在意義がほとんどなくなってしまう。

そこで本判決は、118判決の適用場面を限定し、第二譲渡の前に債権が消滅していた場合には、第二譲渡は無効であって対抗問題を生じないとした。また本判決は、この理は債権の消滅原因が何であるかを問わないとしている。これによれば、第二譲受人が確定日付ある証書による通知をしても、第二譲渡の前に債務者が第一譲受人に対して行った弁済はそのまま有効である。また、第一譲受人は受領した弁済を保持することができ、第二譲受人からの不当利得返還請求に応じる必要はない。

120

債権の二重譲渡と優劣の基準

最1判昭和49・3・7民集二八巻二号一七四頁

関連条文　四六七条

債権の二重譲渡における優劣の決定基準は何か。

事実　Xは、AのBに対する本件金銭債権を譲り受け、その債権譲渡証書に確定日付を受け、その日の午後三時頃にAがBに対して当該証書を交付したのに対して、YはAに対する債権の執行を保全するために本件金銭債権に対する仮差押命令を得て、同命令が同日午後四時五分頃Bに送達された。そこで、XはYに対して第三者異議の訴えを提起し、Yによる仮差押命令に基づく執行の排除を求めた。

裁判所の見解　「債権が二重に譲渡された場合、譲受人相互の間の優劣は、通知又は承諾に付された確定日附の先後によって定めるべきではなく、確定日附のある通知が債務者に到達した日時又は確定日附のある債務者の承諾の日時の先後によって決すべきであり、また、確定日附は通知又は承諾そのものにつき必要であると解すべきである。」

解説　本件では、債権譲渡が競合した場合の優劣決定基準が問題となった。指名債権譲渡の第三者対抗要件(四六七条二項)によれば、確定日付ある証書による通知又は承諾の先後によって、債権の二重譲渡についての優劣が決定される。この先後の判断は、通知又は承諾に付された確定日付における日付の先後によるのか、それとも確定日付の付された通知又は承諾それ自体の先後、すなわち通知又は承諾が債務者に到達した日時の先後によるのか。この点に関して、本判決以前には日付の先後とする立場もあった。これは、確定日付の証拠力と通知・承諾に確定日付を求めた趣旨に依拠した立論であったとされる。しかし、裁判所は、確定日付における日付の先後ではなく、確定日付の付された通知又は承諾が債務者に到達した日の先後によって優劣が決せられると判断した。これは、四六七条二項が債務者の認識を基礎として組み立てられているとの理解に基づいている。すなわち、裁判所は、譲渡債権の帰属に関する債務者の認識を重視し、この認識を通じて、債務者から第三者に債権の帰属が表示されることを前提としている。そして、仮に債務者が第三者に債権譲渡のなされていない旨を表示した後に、譲渡人が二重に債権譲渡を行い、債務者と通謀して譲渡の通知又はその承諾のあった日時を遡らせるならば、当該第三者の権利が害されることになるが、そのような第三者の発生を防止しようとする点が、第三者対抗要件として確定日付ある証書を法が求める趣旨であるとする。学説も、現在ではこの立場を支持している。また、本判決以降、議論の焦点は、到達の先後が不明である場合の優劣決定基準に移っていった。

確定日付のある証書による通知の同時到達(1)：債務者に対する請求

121 最3判昭和55・1・11民集三四巻一号四二頁

関連条文　四六七条

確定日付ある債権譲渡通知が同時に到達した場合、各譲受人は債務者に弁済請求できるか。

事　実　AのYに対する本件売掛金債権を、Aは、Xに対する債務の弁済に代えて譲り渡し、昭和49年3月4日付の確定日付ある通知をYに対して行い、同月6日にYに到達した。また、Aは本件売掛金債権を同月5日にB及びCにそれぞれ譲渡し、同日付の確定日付ある通知をYに対して行い、同月6日に到達した。更に、DはAに対する金銭債権の徴収のために同月6日本件売掛金債権を差し押さえ、債権差押通知が同日Yに到達した。そこで、XがYに対して本件売掛金債権の支払を求めて訴えを提起した。

裁判所の見解　「指名債権が二重に譲渡され、確定日付のある各譲渡通知が同時に第三債務者に到達したときは、各譲受人は、第三債務者に対しそれぞれの譲受債権についてその全額の弁済を請求することができ、譲受人の一人から弁済の請求を受けた第三債務者は、他の譲受人に対する弁済その他の債務消滅事由がない限り、単に同順位の譲受人が他に存在することを理由として弁済の責めを免れることはできないもの、と解するのが相当である。」

解　説　債権の二重譲渡における優劣の判断基準について、確定日付のある譲渡通知の到達の先後を基準とすることを前提に、その先後関係が不明であるときにどのように判断するかが争われた事案である。従来は大別して、三つの立場が存した。第一に、互いに優先する地位を主張できず、二重譲受人の双方共に債務者に対して債権を行使できないとする立場、第二に、互いに債権者であると主張でき、債務者は二重譲受人のいずれの請求も拒みえず、一方への弁済は有効な弁済であり、債務者は債務を免れるとする立場、第三に、互いに優先的な地位を主張できないが、債権の譲受けを否定されない地位にあり、二重譲受人のいずれもが債務全額の弁済を請求しうるものの、終局的には、債権を平等の割合で清算されると解する立場である。本判決は、譲受人のいずれもが譲渡対象債権の全額の弁済を求めることができ、債務者は譲受人の一人からの請求を拒みえないと判示したにとどまる。このため、譲受人がその相互間においてどのような立場に立つのかについては触れていない。本判決以降、議論の焦点は、上述の第二及び第三の見解のうちいずれに裁判所が立つのかという点に移っていった。

確定日付のある証書による通知の同時到達(2)：供託金還付請求権の帰趨

122 最3判平成5・3・30民集四七巻四号三三三四頁

関連条文 四六七条

同一の債権について差押通知と確定日付のある譲渡通知の第三債務者への到達が先後不明である場合、当該債権に係る供託金還付請求権は誰に帰属するか。

事　実　国XはAに対する国税債権に基づいてAがBに対して有する本件運送代金債権全額を差し押さえ、その旨の通知がBに対してなされたところ、それより以前にYはAから本件運送代金債権を譲り受け、AはBに対して確定日付ある債権譲渡通知を行い、右債権差押通知と右債権譲渡通知とは同日Bに到達した。Bは両通知の到達が先後不明であるため債権者不確知を理由として、本件債権額を供託したところ、XがYを相手方として右供託金還付請求権の取立権を有することの確認を求めた。原審は請求棄却。

裁判所の見解　債権差押通知と債権譲渡通知の第三債務者への到達の先後関係が不明であるため、第三債務者が債権者不確知を理由として債権額に相当する金員を供託した場合において、被差押債権額と譲受債権額との合計額が供託金額を超過するときは、公平の原則に照らして、被差押債権額と譲受債権額に応じて供託金額を按分した額の供託金還付請求権を分割取得するのが相当である。

解　説　債権譲渡と差押えの競合が生じた場合において、その優劣が差押通知と債権譲渡通知との先後で決定されることを前提としつつ、両者の先後関係が不明であるとき、どのように債権の譲受人と差押債権者との間で対象債権が配分されるのかが争われた事案である。これは、二重債権譲渡において対抗要件の具備が先後不明の場合に各譲受人が譲渡債権全額を請求しうるとする判決（121判決）において残されていた問題である。裁判所は、譲受人相互間において、公平の原則に依拠して譲渡債権を按分して分割取得するとした。この判断にあたり、債権譲渡と債権差押えの先後は債権譲渡の通知と債権差押通知のいずれが先に債務者に到達するかが基準となると判示した上で、先後が不明である場合、両当事者は互いに相手方に対して自己が優先的地位にある債権者であることを主張できないとしている。そして、本件では被差押債権額と譲渡債権額の総額が供託金還付請求権の額を超えていたため、両債権額による按分と解された。この点で、純粋な二重債権譲渡であれば、各譲受人は平等の割合で分割取得するということになろう。

債権譲渡が予約された場合の第三者対抗要件

123 最3判平成13・11・27民集五五巻六号一〇九〇頁

関連条文　四六七条

債権譲渡の予約についての確定日付ある証書による通知または承諾をもって予約完結による債権譲渡の効力を第三者に対抗できるか。

事　実　Aは、Yに本件預託金を預託して、本件ゴルフ場会員権を取得した後、Zに対する金銭債務の担保のためにZへの本件ゴルフ場会員権の譲渡を予約し、Yは確定日付ある証書によって本件譲渡予約を承諾した。Zは、Yに対して本件譲渡予約完結の意思表示をしたが、本件ゴルフ会員権の譲渡については第三者対抗要件を備えていない。他方で、国Xは、Aに対する滞納処分として本件ゴルフ会員権を差し押さえ、その通知はAに送達された。預託金据置期間の経過後、Yの解散によって、Aは、本件ゴルフクラブの会員資格を喪失し、本件預託金返還請求権を取得した。そこで、XがYに対して本件預託金の支払を求めたところ、譲渡予約をしたZがXの差押えに先立って予約完結権の行使をしたことによる債権譲渡の効力を主張して、本件訴訟に補助参加した。一審・原審は請求認容。Y及びZ上告。

裁判所の見解　「指名債権譲渡の予約につき確定日付のある証書により債務者に対する通知又はその承諾がされても、債務者は、これによって予約完結権の行使により当該債権の帰属が将来変更される可能性を了知するに止まり、当該債権の帰属に変更が生じた事実を認識するものではないから、上記予約の完結による債権譲渡の効力は、当該予約についてされた上記の通知又は承諾をもって、第三者に対抗することはできないと解すべきである。」

解　説　債権譲渡の予約を通知することで、債権の帰属変更を対抗できるかが争われた。裁判所は、確定日付ある証書によって予約を承諾しても、債務者は当該債権の帰属変更ではなく、帰属変更の可能性を認識しえたにすぎず、債務者の認識を基礎とする債権譲渡の公示として不十分であるとした。すなわち、債権の帰属に関する債務者の認識こそが対抗要件制度の根幹にある。このため、予約を承諾しただけで、債権の帰属変更について通知・承諾を欠く本件では、その債権譲渡を第三者に対抗できないことになる。この判決によって、いわゆる予約型債権譲渡契約においては予約完結権行使の時点で債権の帰属変更が生じ、その時点で、対抗要件具備が可能となる。したがって、譲渡人の債務超過やその財産への差押えをトリガーとする予約完結権の行使と、それに基づく対抗要件の具備は、破産法上の否認権行使の対象となる危険性を伴うことになる。

債務者が予め承諾した債権譲渡と債務者対抗要件

124 最2判昭28・5・29民集七巻五号六〇八頁

関連条文　四六七条一項

対象債権と譲受人が特定された債権譲渡を債務者が予め承諾した場合、譲受人は債務者に対し右債権譲渡を対抗できるか。

事　実　A農業会は、Y銀行某詰所において締結した普通預金契約に基づく債権（譲渡禁止特約付）につき、Y銀行同詰所長と交渉し、右債権をX農業会に譲渡することにつき予め承諾を得て、Xに右債権を譲渡した。Xは、この債権につきYに支払を求めた。Yは、四六七条の債権譲渡に対する債務者の承諾は現実にされた譲渡の存在に対する承諾を意味する等として、XはYに預金債権の譲渡を対抗できないと主張した。

裁判所の見解　「債権譲渡の目的たる債権及びその譲受人がいずれも特定している場合に、債務者が予めその譲渡に同意したときは、その後あらためて民法四六七条一項所定の通知又は承諾がなされなくても、当該債務者に対しては右債権譲渡をもって対抗し得るものと解するのが相当である。けだし、かかる場合右債権譲渡を債務者に対抗し得ると解しても、当該債務者には、なんら債権の帰属関係が不明確となり二重弁済その他不測の損害を及ぼす虞はないからである。」

解　説　債権の譲渡は、債務者が譲渡を承諾することにより、対抗要件を具備することができる（四六七条）。本件で問題となったのは、債務者対抗要件としての承諾（同条一項）である。本判決は、対象債権と譲受人を特定して予めの承諾がなされた場合に、債権譲渡を債務者に対抗できるとした。債務者対抗要件としての承諾の趣旨は、本判決も述べる通り二重弁済等の危険から債務者を保護する点にある。予めの承諾がなされた場合、その後現実に譲渡が行われたかは当然にはわからないから、債務者の地位は不安定になる。しかし、債務者自らが予めの承諾によりその状態を受け入れるならば（譲受人となる者が特定されており、仮に譲渡人から請求を受けても、譲渡の有無を譲受人に照会できる）、債務者対抗要件の趣旨に反しないといえる（この趣旨から事前の通知は×）。

これに対し、譲受人を特定せずに予めの承諾がなされた場合の処理には争いがある。一方で、債務者自身が法的地位の不安定を受け入れるならば、やはり債務者対抗要件の趣旨に反しないとして、債権譲渡の債務者への対抗を認める見解がある。他方で、譲受人を特定しない予めの承諾は、債権譲渡につき債務者対抗要件の具備を不要とする特約と実質的に異ならないから、四六七条一項の強行規定性（117判決）を前提に、承諾の効力を否定する見解もありうる（前者の見解は、債務者対抗要件具備を不要とする特約の効力を認める見解に親和的）。

なお、本件の債務者の承諾は預金債権の譲渡禁止を解除する意味も有し（113判決）、対抗要件としての承諾と理論上区別する必要がある（一つの承諾が両方を兼ねることは可能）。

質権設定（債権譲渡）の通知・承諾における質権者（譲受人）の特定

125 最1判昭和58・6・30民集三七巻五号八三五頁

関連条文　三六四条・四六七条二項

質権者（譲受人）を特定せずにされた質権設定（債権譲渡）の通知又は承諾は、第三者対抗要件としての効力を持つか。

事実　Aは、Bに対する敷金返還請求権につき、Yのために質権を設定した。それと相前後して、Aは、Bから右債権への担保権設定につき承諾書の交付を受け、Yは右承諾書に確定日付を取得した。しかし、承諾書では、担保権者が誰かが特定されていなかった。その後、Aは敷金返還請求権をXに譲渡した（確定日付のある証書でBに通知）。Bが債権者不確知を理由に敷金を供託したため、Xは、Yに供託金の還付につき同意を求めた。Yは、確定日付のある証書による承諾により、先に質権設定の第三者対抗要件を具備したと主張した。

裁判所の見解　三六四条・四六七条の規定する質権設定についての第三債務者に対する通知またはその承諾は、第三債務者以外の第三者に対する関係でも対抗要件をなす。「この対抗要件制度は、第三債務者が質権設定の事実を認識し、かつ、これが右第三債務者によって第三者に表示されうることを根幹として成立して」おり、第三債務者は、利害関係を持つ第三者に対し、質権設定の有無及び質権者が誰かを告知、公示できなければならない。それゆえ、第三者対抗要件としての第三債務者に対する通知・承諾は、具体的に特定された者に対する質権設定についての通知・承諾であることを要する。

解説　三六四条は、債権質権設定の対抗要件につき四六七条を参照する。本判決は、債権譲渡の対抗要件制度の趣旨を述べた判決（120判決）を引いており、二つの対抗要件制度は統一的に理解できる。本件では、第三者対抗要件としての通知・承諾の意義が問題となった（四六七条二項）。

本判決は、単に担保権設定を承諾するのみで、質権者が誰かを特定せずにされた承諾は、（当該承諾につき確定日付を得ても）第三者対抗要件としての効力を有しないとした。その根拠は、質権設定（債権譲渡）の公示機関となる第三債務者（債務者）は、第三者からの照会に応じられるよう、誰が質権者（譲受人）であるかを把握していなければならないという点にある。質権者が不特定の承諾の効力を認めると、誰かが質権を有する旨が公示されるにすぎず、（質権者と交渉を望むかもしれない利害関係者への）公示として不十分と考えられたのであろう。

本判決の考え方によれば、質権者が不特定である限り、承諾が質権設定より前になされたか否かを問わず、第三者対抗要件としての効力は認められない（本件でも承諾の時期は明示されていない）。また、質権者となる者を特定していても予めなされた承諾は、債務者対抗要件としての効力は認めうるとしても（124判決）、第三債務者が質権設定の有無を認識しておらず、第三者対抗要件としての効力は認められない可能性がある。

将来債権譲渡契約の有効性

126 最3判平成11・1・29民集五三巻一号一五一頁

将来発生すべき債権を目的とする債権譲渡契約（将来債権譲渡契約）の有効性が認められるのは、どのような場合か。

事　実　Y社は、医師Aとの間で、Aが将来八年三ヶ月の間（昭和57年12月～平成3年2月）に社会保険診療報酬支払基金から支払を受けるべき各月の診療報酬債権の各一定額を目的とする債権譲渡契約を締結した（確定日付のある証書により基金に通知）。Aが国税を滞納したため、国Xは、Aが平成元年7月から平成2年6月までの一年間に基金から支払を受けるべき各診療報酬債権を滞納処分として差し押さえた。基金は差押えに係る債権につき供託したので、Xが供託金還付請求権の取立権を有する旨の確認を求めた。訴訟では、差押えに係る債権についての本件譲渡契約の有効性が争点となった。

裁判所の見解　将来債権譲渡契約の「当事者は、譲渡の目的とされる債権の発生の基礎を成す事情をしんしゃくし、右事情の下における債権発生の可能性の程度を考慮した上、右債権が見込みどおり発生しなかった場合に譲受人に生ずる不利益については譲渡人の契約上の責任の追及により清算することとして、契約を締結するものと見るべきであるから、右契約の締結時において右債権発生の可能性が低かったことは、右契約の効力を当然に左右するものではない」。「もっとも、契約締結時における譲渡人の資産状況、右当時における譲渡人の営業等の推移に関する見込み、契約内容、契約が締結された経緯等を総合的に考慮し」、将来債権譲渡契約について、「期間の長さ等の契約内容が譲渡人の営業活動等に対して社会通念に照らし相当とされる範囲を著しく逸脱する制限を加え、又は他の債権者に不当な不利益を与えるものであると見られるなどの特段の事情」があるときは、公序良俗違反等を理由に右契約の効力の全部又は一部が否定されうる。

関連条文　四六六条の六第一項・二項（旧四六六条一項）

解　説　本判決は、将来債権譲渡契約の有効性が認められるのはどのような場合かにつき、①譲渡される将来債権の範囲の特定を前提として（127判決）、②債権発生の可能性の程度は契約の効力を当然には左右せず（原則有効）、③例外的に公序良俗違反等による効力否定の余地があるとした。

②は、契約当事者が「将来」債権を譲渡の対象とする以上、その不発生のリスクは契約で考慮済みのはずであることを根拠とする。よって、本判決の指摘する譲渡人の契約責任についても、契約上のリスク分配が決定的で、常に責任追及が認められるわけではない（債権発生の可能性がゼロであった場合につき、新四一二条の二第二項も参照）。③は、公序良俗規範の内容を将来債権譲渡契約に即して具体化したものである。他の債権者との関係では、詐害行為取消権や否認権の行使も考えうる。

将来債権の譲渡性は、新四六六条の六で明文化された。

集合債権譲渡予約の有効性

127 最2判平成12・4・21民集五四巻四号一五六二頁

関連条文 四六六条一項・四六六条の六

現在及び将来の債権を対象とする集合債権譲渡予約において、対象債権の特定性が認められるのはどのような場合か。

事実 A社は、取引先であるX社との間で、XのAに対する現在及び将来の債権を担保するため、Aの第三者に対する債権を譲渡する旨の債権譲渡予約を締結した。この予約によると、譲渡の対象となる債権は、AがY社ほか一〇社に対して現に有し又は将来有することのある一切の商品売掛代金債権であり、Aに履行遅滞等の事情が生じれば直ちに予約完結権の行使が可能とされた。Xは、Aから廃業の連絡を受けたため、予約完結の意思表示をし、Aの代理人としてYらに債権譲渡の通知をした。Yが支払に応じないためXが訴訟を提起したところ、Yは、本件債権譲渡予約は譲渡の対象となる債権が特定されておらず無効であるなどと主張した。

裁判所の見解 債権譲渡の予約にあっては、予約完結時において譲渡の目的となるべき債権を譲渡人が有する他の債権から識別することができる程度に特定されていれば足りる。この理は、将来発生すべき債権が譲渡予約の目的とされている場合でも異ならない。本件予約において譲渡の目的となるべき債権は、債権者及び債務者が特定され、発生原因が特定の商品についての売買取引とされていることによって、他の債権から識別ができる程度に特定されているといえる。

解説 本判決は、集合債権譲渡予約における対象債権の特定性に関し、予約完結時に譲渡の対象となるべき債権を譲渡人が有する他の債権から識別できる基準が示されていれば足りるとした。この意味での特定性（識別可能性）が、予約完結に基づき債権譲渡の効力が生じるための要件である。本判決では、債権の識別を可能とする要素として、①第三債務者と②発生原因が挙げられている。それ以外には、③金額、④発生時期といった要素が考えられる。これらの要素を適宜組み合わせることによって対象債権の識別が可能となれば足り、いずれかの要素が必須であるわけではない。例えば、「債務者が将来取得する全ての債権」という指定も、対象債権の識別可能性という基準を満たす。公序良俗違反等の問題が生じるかは（126判決）、対象債権の特定性とは別の問題である。

以上の考え方は、予約ではなく本契約である集合債権譲渡（担保）契約にも当てはまり（126・128判決）、どの（将来）債権が譲渡され、又は譲渡されないのかが識別可能である必要がある。現在では、特に②と④の要素を特定することにより、譲渡（担保）契約締結時に第三債務者が特定されていない契約の有効性も、一般に認められている点が重要である。動産債権譲渡特例法による債権譲渡登記制度は、このような譲渡契約の有効性を前提として、第三者対抗要件の具備を可能としている。

集合債権譲渡担保契約における第三者対抗要件

128 最1判平成13・11・22民集五五巻六号一〇五六頁

関連条文　四六六条一項・四六六条の六・四六七条二項

将来の債権をも対象とする集合債権譲渡担保契約において、第三者対抗要件の具備が認められるのはどのような場合か。

事実　X社とB社は、A社のXに対する債務の担保として、Bが継続的取引に基づき取得するC社に対する債権（現在及び将来一年間の商品売掛代金債権等）を譲渡する旨の譲渡担保契約を締結した。BはCに対し、確定日付のある証書により譲渡担保設定を通知した（本件通知）。この通知には、XがCに譲渡担保権実行を通知した場合に、CがXに支払うべき旨記載されていた。期限の利益喪失事由が生じ、Xは、本件の対象債権につき、Cに譲渡担保権実行を通知した（確定日付なし）。他方、国Yは、Bが国税を滞納したことから、対象債権がBに帰属しているとの前提で、滞納処分による差押えをした。Cが債権者不確知を理由に供託し、Xは、供託金還付請求権が自己に帰属することの確認を求めた。Yは、本件通知は第三者対抗要件としての効力を有しないと主張した。

裁判所の見解　甲が乙に対する金銭債務の担保として、甲の丙に対する現在及び将来の債権を一括して乙に譲渡し、乙が丙に対し担保権実行としての取立ての通知をするまでは、譲渡債権の取立てを甲に許諾し、甲が取り立てた金銭の乙への引渡しを要しないこととした甲乙間の債権譲渡契約は、集合債権譲渡担保契約の一形態である。この場合、現在及び将来の債権は確定的に譲渡されており、ただ甲乙間において、乙に帰属した債権につき甲に取立権限を付与し、取り立てた金銭の乙への引渡しを要しないとの合意が付加されているものと解すべきである。よって、右債権譲渡について第三者対抗要件を具備するためには、債権譲渡の対抗要件の方法によることができ、その際、丙に対し甲に付与された取立権限の行使への協力を依頼したとしても、対抗要件の効果は妨げられない。

解説　本判決は、集合債権譲渡担保の第三者対抗要件につき、対象に将来債権が含まれることや担保目的の譲渡であることは特殊性を基礎づけず、一般の債権譲渡の対抗要件（四六七条）の方法により第三者対抗要件を具備できるとした。将来債権が「確定的に」譲渡されていることは、譲渡担保権者が発生した債権を担保目的で当然に取得できることを意味し、債権の最終的帰属は現時点で既に変更されている。したがって、その旨が（将来の）債務者により公示されれば、債権譲渡の第三者対抗要件の趣旨は満たされる（122判決と対照）。譲渡担保設定者が通常の営業を継続するための債権の取立権限等は、契約上の合意により基礎づけられ、担保権実行通知は当該権限を失わせる意味（又は権限喪失の事実を通知する意味）を持つ。新四六七条一項括弧書は、将来債権譲渡（担保）につき対抗要件具備を認める本判決の考え方を明文化した。

将来債権譲渡担保権者の法的地位

129 最1判平成19・2・15民集六一巻一号二四三頁

関連条文 税徴二四条、四六六条の六・四六七条二項

将来債権譲渡担保契約の対象債権が、「国税の法定納期限等以前に譲渡担保財産となっている」のはどのような場合か。

事実 本件は、譲渡担保権者Xと国Yが争った128判決の第二ラウンドである。Yは、128判決で譲渡担保の対象債権（よって供託金還付請求権）のXへの帰属が認められたため、次の手段として、国税徴収法二四条三項の規定に基づき、Xを第二次納税義務者とみなし、Xの供託金還付請求権を差し押さえた。Xは、同条八項（当時は六項）に従い、対象債権が「国税の法定納期限等以前に譲渡担保財産となっている事実」を証明したから、譲渡担保権者の物的納税責任を定める同条一項は適用されず、本件差押えは違法であるとして取消しを求めた。対象債権が具体的に発生したのは法定納期限等の後であったために、税徴二四条八項該当性が争われた。

裁判所の見解 将来債権譲渡契約は、譲渡の目的とされる債権が特定されている限り、原則として有効である。また、将来債権譲渡担保契約が締結された場合には、債権譲渡の効果の発生を留保する特段の付款のない限り、譲渡担保の目的とされた債権は譲渡担保契約によって確定的に譲渡されており、この場合、譲渡担保権者は将来発生する債権を譲渡担保設定者の特段の行為を要することなく当然に取得する。そして、こうした譲渡担保契約に係る債権の譲渡については、債権譲渡の対抗要件の方法により第三者対抗要件を具備できる。このような将来債権譲渡担保権者の法的地位に鑑みれば、税徴二四条八項の解釈においては、国税の法定納期限等以前に、債権譲渡の効果の発生を留保する付款のない将来債権譲渡担保契約が締結され、その債権譲渡につき第三者対抗要件が具備されていた場合には、譲渡担保の対象債権が国税の法定納期限等の到来後に発生したとしても、当該債権は「国税の法定納期限等以前に譲渡担保財産となっている」ものに該当する。

解説 本判決は、将来債権譲渡（担保）・集合債権譲渡（担保）に関する判例法理を集大成し、将来債権譲渡担保権者の地位に照らし税徴二四条八項の解釈を示した。本件では将来債権譲渡における対象債権の移転時期が議論されたが、本判決はこの点を明確にせず、その理論的説明の差異（契約時に移転した「債権」が譲受人の下で発生するか、譲渡人の下で発生する債権が契約に基づき直ちに譲受人に移転するか）は結論に影響しない。いずれにせよ、「発生した債権を当然に取得する」譲渡担保権者の地位に変わりはないからである（新四六六条の六第二項）。今後は、包括的な将来債権譲渡（担保）につき、譲渡人倒産時における効力の制限が問題となりうる。

なお、「債権譲渡の効果の発生を留保する付款」とは、譲渡担保に付される停止条件・予約を指す（123・127判決）。

債権譲渡の異議をとどめない承諾と抵当不動産の第三取得者

130 最3判平成4・11・6判時一四五四号八五頁

関連条文 （旧四六八条一項）

抵当不動産の第三取得者が現れた後に、既に消滅した抵当権の被担保債権の譲渡を債務者が異議なく承諾した場合、第三取得者も附従性による抵当権消滅を主張できなくなるか。

事実　Xは、Aから甲土地を買い受けて所有権移転の登記を受けた。しかし、所有権移転登記前に、BがAに対する貸金債権の担保として甲に抵当権の設定を受け、その旨の登記がされた。その後、Bの代理人・X・Aが協議し、XのAに対する売買残代金をもってBのAに対する抵当権の被担保債権の弁済に充てることが合意され、XはBに支払をした。しかし、その翌日、YがBから被担保債権を譲り受けたことを原因とする抵当権移転の付記登記がされた（債権譲渡につきAの承諾あり）。Xは、Yに対し抵当権設定登記の抹消を求めた。

裁判所の見解　本件抵当権は、Xがその被担保債権を代位弁済したことによって消滅したところ、Yがその後にBから当該債権の譲渡を受け、債務者Aが異議をとどめずに債権譲渡を承諾しても、これによりAがYに対して債権の消滅を主張しえなくなるのは格別、抵当不動産の第三取得者であるXに対する関係において、その被担保債権の弁済によって消滅した本件抵当権の効力が復活することはない。

解説　本判決は、債務者が消滅した被担保債権の譲渡を異議なく承諾しても、抵当不動産の第三取得者は被担保債権の弁済によって生じた抵当権の消滅を主張できるとした。本判決も示唆するが、債務者自身が抵当不動産の所有者ならば、異議のない承諾の効果により（旧四六八条一項）、債権の消滅のみならず抵当権の消滅も主張しえなくなるとするのが判例（大決昭和8・8・18民集一二巻二一〇五頁）である。また、本件と異なり、債務者の異議のない承諾後に抵当不動産の第三取得者が現れれば、既に生じた抗弁切断の効果は第三取得者にも及ぶとされた（大決昭和5・4・11法律新聞三一八六号一三頁）。判例の考え方は、「一度生じた第三者の法的地位は、以後の債務者の異議のない承諾により覆らない」と整理できた。

改正法は、債権譲渡の事実の認識を表示するにすぎない承諾により、抗弁喪失という債務者にとって予期しない効果が生じることは、債務者保護の観点から妥当でない等として旧四六八条一項を削除した。異議をとどめない承諾という法制度はなくなり、債権譲渡後に債務者の抗弁が失われるか否かは、債務者の抗弁放棄の意思表示の有無という意思表示一般の理論により判断されることとなった。よって、異議をとどめない承諾制度を前提とする本判決の直接の意義は失われた。ただし、債務者の意思表示が先に生じた第三者の地位に影響することはないという点では、判例の考え方が引き続き妥当するといえる。

併存的債務引受における債権者の受益の意思表示

131 最2判平成23・9・30判時二一三一号五七頁

関連条文 四七〇条・五三七条

貸金業者間で過払金返還債務の併存的債務引受の合意が行われた場合におけるその債権者である顧客の受益の意思表示。

事実 Xは大手消費者金融業者Yの完全子会社であるAから利息制限法一条の制限を超える利率で継続的に金銭を借り入れていた（以下、本件取引）。本件取引では、制限超過利息を元本に充当すると、過払金が発生していた。Yは、消費者金融子会社の再編を目的として、Aの貸金債権をYに移行し、Aの貸金業を廃止することとし、Aとの間で業務提携契約を締結した。ここでは、Aが顧客に対して負担する過払金等返還債務について、YとAが連帯してその責めを負うこと（以下、本件債務引受条項）などが約されていた。Xは、Yの勧誘に応じて、Yとの間で金銭消費貸借取引に係る基本契約を締結した（以下、本件切替契約）。その際、本件取引に係る紛争等の窓口が今後Yとなることなどが記載された申込書（以下、本件申込書）に署名してYに差し入れた。Yは、本件切替契約に基づき、本件取引に係る約定利息を前提とする残債務相当額を、Xに貸し付ける形で、Aの口座に振込送金した。XはYに対し、本件債務引受条項は第三者のためにする契約であり、Xは、本件申込書をYに差し入れたことにより、受益の意思表示をしたことなど根拠に、本件取引に係る過払金の返還を求めて訴えを提起した。一審・原審共、Xの請求を棄却。X上告。

裁判所の見解 Yは、本件業務提携契約を前提として、本件切替契約を締結することを勧誘しているのであるから、勧誘にあたって表示されたYの意思を合理的に解釈すれば、Yが、Xに対するAの債務を全て引き受けることを内容とすると見るのが相当である。そして、Xは、このYの勧誘に応じて、署名しているのであるから、Xもまた、Aの債務をYが引き受けることを前提に、契約を締結したと解するのが合理的である。XとYとは、契約の締結にあたり、Yが本件取引に係る債務についても全て引き受ける旨を合意したと解するのが相当である。したがって、Xが上記合意をしたことにより、第三者のためにする契約の性質を有する本件債務引受条項について受益の意思表示もされている。

解説 併存的債務引受をするには、債務者と引受人との契約でもよく、これを第三者のためにする契約として、債権者の受益の意思表示があれば、効力を生じるとされている（新四七〇条三項参照）。本判決もこれを前提とするものである。本判決は、引受人であるYと債権者であるXとの間の切替契約について、債務引受条項を含む業務提携契約を前提になされたYの意思表示とこれを受けたXの意思表示を合理的に解釈することにより、同切替契約に、過払金返還債務の引受の合意、そしてXの受益の意思表示を読み込んだとの意義を有する。

預託金会員制ゴルフクラブ会員権の譲渡の第三者対抗要件

132 最2判平成8・7・12民集五〇巻七号一九一八頁

関連条文　四六七条・五三九条の二

預託金会員制ゴルフクラブ会員権の譲渡を第三者に対抗するにあたり、指名債権譲渡の対抗要件の規定が準用されるか。

事実　Bは、平成4年3月16日、預託金会員制Aゴルフクラブの会員権をCに譲渡し、必要書類を交付した。同日、会員権は、Dを経て、Yに譲渡された。なお、書類はDが保管していた。Dは、BとYの連名の名義書換請求書を作成して、Aに提出した。ところが、Dは、5月22日、Xから借入れをする際に、Xに会員権を譲渡担保として譲渡し、書類を交付した。そして、本件ゴルフクラブを経営するAは、6月16日頃、Yに対し、確定日付のない入会承諾書によりゴルフクラブへの入会の承認を通知し、22日、Yは名義書換料を支払った。他方、Xは、会員権譲渡通知書の譲受人欄にXの住所、名称を記載して、内容証明郵便で発送し、26日、Aに到達した。XがYに対して、会員権を有することの確認を求めて提訴した。一審・原審共Xの請求を認容。Y上告。

裁判所の見解　会員権の譲渡を受けた者は、「Aの承認を得た上、会員権について名義書換えの手続をしなければならないものとされている。右の趣旨は、会員となろうとする者を事前に審査し、会員としてふさわしくない者の入会を認めないことにより、ゴルフクラブの品位を保つことを目的とするものというべきであるから、Aとの関係では、会員権の譲渡を受けた者は、その承認を得て名義書換えがされるまでは会員権に基づく権利を行使することができないが、譲渡の当事者間においては、……会員権は、有効に移転するものというべきである。そして、この場合において、右譲渡をA以外の第三者に対抗するには、指名債権の譲渡の場合に準じて、譲渡人が確定日付のある証書によりこれをAに通知し、又はAが確定日付のある証書によりこれを承諾することを要し、かつ、そのことをもって足りるものと解するのが相当である。」

解説　預託金会員制ゴルフクラブにおける会員権とは、会員のゴルフ場会社に対する契約上の地位である。そのため、譲渡人と譲受人の間で譲渡が合意されても、譲受人が会員としての地位を確定的に取得するためには、ゴルフ場会社の承認を得て名義書換を行うことが必要である（新五三九条の二）。本判決は、譲渡を第三者に対抗するためには、指名債権譲渡の場合に準じて、四六七条二項の確定日付ある証書による通知または承諾を要するとした。契約上の地位の移転の第三者対抗要件について、民法は規定を欠いているところ、ゴルフ会員権の譲渡について、指名債権譲渡のそれのみであるとして、明確で画一的な解決を与えた意義を有する。指名債権に準じて譲渡当事者間の合意により移転するのであるから、第三者対抗要件についても、これに準じて扱うべきだからである。

債権の一括譲渡と契約上の地位の移転

133 最3判平成23・3・22判時二一一八号三四頁

関連条文　四七〇条・五三九条の二

貸金業者間で貸金債権の一括譲渡契約があった場合において、借主との間の契約上の地位は移転するか。

事実　AはYとの間で、平成14年2月28日を契約の実行日として、Aの貸金債権等の資産（以下、譲渡対象資産）を一括してYに売却する契約（以下、本件譲渡契約）を締結した。本件譲渡契約によれば、Yは、譲渡対象資産に含まれる契約に基づき生ずる義務の全て（契約の実行日以降に発生するものに限る）を承継する（一・三条）、Yは、九・六条ⓑに反しないで、譲渡対象資産に含まれる貸金債権の発生原因たる金銭消費貸借契約上のAの義務（支払利息の返還請求権を含む）を承継しない（一・四条ⓐ）、Yは、超過利息の支払の返還請求のうち、契約実行日以後初めて書面によりYに対して、又はY及びAに対して主張されたものについては、自らの単独の絶対的な裁量により、自らの費用を負担して、これを防御、解決又は履行する、Yはかかる請求に関してAからの補償又は負担を請求しない（九・六条ⓑ）。Xは、平成元年3月8日から、Aとの間で、借入れと返済を繰り返し行った。この取引では、利息制限法の制限を超える利息を元本に充当すると、過払金が発生していた。そこで、Xは、この過払金返還債務（以下、本件債務）はYに承継されるとして、その返還を求めて提訴した。一審・原審共Xの請求認容。Y上告。

裁判所の見解　「本件譲渡契約は、第一・三条及び第一・四条ⓐにおいて、……Yが本件債務を承継しない旨を明確に定めるのであって、Yは本件債務を重畳的に引き受け、これを承継したと解することはできない。」譲渡業者が貸金債権を一括して譲受業者に譲渡する旨の合意をした場合において、「譲渡業者の有する資産のうち何が譲渡の対象であるかは、上記合意の内容いかんによるというべきであり、それが営業譲渡の性質を有するときであっても、借主と譲渡業者との間の金銭消費貸借取引に係る契約上の地位が譲受業者に当然に移転すると解することはできないところ、…本件譲渡契約は、Yが本件債務を承継しない旨を明確に定めるのであって、これが、XとAとの間の金銭消費貸借取引に係る契約上の地位の移転を内容とするものと解する余地もない。」

解説　本件では、貸金債権の一括譲渡や事業譲渡により、密接な関係にある過払金返還債務も譲受人に承継されるかが問題となった。これが認められないと、譲渡業者は多くの場合無資力であり、借主の不利となる。本判決は、何が承継されるかは譲渡契約の内容（解釈）によるとし、131判決の事案とは異なり、債務を承継しないことが明確に定められているときには、併存的債務引受も、また、契約上の地位の移転も認められないとした。

金銭債務の金額の不足と弁済の提供の成否(1)

134 最1判昭和35・12・15民集一四巻一四号三〇六〇頁

債務に不足する額が僅少な弁済提供・供託も有効か。

事 実　Xは、昭和26年5月、Aに対する八万円の債務を担保するため、所有する山林を売渡担保として、Aに所有権移転登記をした。その後、右借金をYから借り換えることとし、昭和28年9月下旬、Yから一二万円を借り入れてAに返済し、本件山林の所有権をYに売渡担保として移転して、Aから直接Yに移転する旨の中間省略登記をし、Yが本件山林を占有した。その後、Xは返済期限内である昭和30年9月2日、Yに対して借受元利金一五万三一四〇円を現実に提供したが、Yがその受領を拒絶したので、即日右金員を供託した。その上で、Xは、本件山林の所有権の確認と、Yがその間に植栽した杉苗の収去及び山林の明渡し等を求めた。原審は、Xの弁済提供による所有権の復帰を前提にXの請求を認容したため、Yは、Xの借受元利金が一五万四五〇〇円であるにもかかわらずXの提供・供託は債務額に不足するため無効であるとして上告した。

裁判所の見解　「原判決認定の弁済提供および供託金額は、本件消費貸借成立が原判示のように昭和二八年九月下旬とすれば、原判示の元金一二〇、〇〇〇円とその利息金三三、一四〇円計一五三、一四〇円では不足であることは所論のとおりであるが、所論の提供、供託さるべき元利合計金一五四、五〇〇円に比し、不足額は僅かに千三百余円をいでないものであるから、この一事をもつて弁済提供および供託の効果を否定しえないものというべきである」。

関連条文　四九二条・四九三条・四九四条

解 説　弁済の提供は債務の本旨に適っていなければ有効ではなく（四九三条参照）、また、有効な弁済提供を債権者が拒絶して初めて供託が認められるため（四九四条参照）、供託もまた債務の本旨に適っていなければ、債務消滅の効果をもたらさない。したがって、債務金額に不足する弁済提供及び供託は無効であり、債務者が債務を履行しない責任を免れることもなければ、債務が消滅することもない。それでも、債務内容と弁済提供及び供託との齟齬が極めて僅少であれば、信義則に照らして、弁済提供及び供託も有効と解されている。ただし、本判決では、売渡担保（今日では、譲渡担保として理解されている）が設定された不動産を受け戻すためには、債務者が債権者に提供・供託した金額が債務内容に適合しなければならないが、その金額が僅かに不足しても、それを理由に、債権者は債務者の受け戻しを否定できないとする点にこそ主眼があるというべきであろう（買戻しについて同様に、大判大正9・12・18民録二六輯一九四七頁）。そのため、本判決では、不足した未履行分の債務も供託によって消滅したとまでは判断されていないといえよう。

金銭債務の金額の不足と弁済の提供の成否(2)

135 最2判平成6・7・18民集四八巻五号一一六五頁

関連条文　四九二条・四九三条・四九四条・七〇九条

どのような場合に一部提供・供託が有効となるのか。

事実　Xは、Y_1が運転する自動車に衝突されて傷害を受けたため、七〇九条等に基づく損害賠償を求め、Y_1との間で任意の自動車保険契約を締結しているY_2保険会社に対しても保険金の支払を求めた。一審は、Y_1にXに対する損害賠償金二七三五万円余と遅延損害金の支払を命じ、Y_2にもY_1と同額の保険金の支払を命じる旨の判決を言い渡した。Xが一審の認容額を不満として控訴したところ、Y_2は、Xに対して、一審判決が命じた金員の支払について口頭の提供をしたが、Xはその受領を拒絶した。そこで、Y_2は、右金額を弁済のために供託し、Yらは、附帯控訴した上、供託によりその分の債務が消滅した旨を主張した。原審は、本件事故によりXが被った損害の額は五二二五万円余であると認定した上で、Y_2が供託した範囲で賠償債務が消滅したとして、残額とそれに対する遅延損害金の支払を命じたため、Xは、Y_2の供託は一部供託にすぎず債務消滅の効果がない旨上告した。

裁判所の見解　「交通事故によって被った損害の賠償を求める訴訟の控訴審係属中に、加害者が被害者に対し、第一審判決によって支払を命じられた損害賠償金の全額を任意に弁済のため提供した場合には、その提供額が損害賠償債務の全額に満たないことが控訴審における審理判断の結果判明したときであっても、原則として、その弁済の提供はその範囲において有効なものであり、被害者においてその受領を拒絶したことを理由にされた弁済のための供託もまた有効なものと解するのが相当である」。この理は、加害者と加害車両を被保険自動車として任意の自動車保険契約を締結している保険会社が、被害者からいわゆる直接請求権に基づき保険金の支払を訴訟上求められた場合に、保険会社が被害者に対してする弁済の提供及び供託についても異ならない。

解説　本件では、確定している債務額に足りない一部提供・供託の効力が問題となったのではなく、係争中の損害賠償債務について、金額が未だ確定していない段階で、一審判決が命じた賠償額の提供・供託が、後の控訴審が判決する賠償額に照らして一部提供・供託となっても、その範囲で提供・供託の効力が認められた。本判決は、加害者が賠償額確定まで手を拱かねばならないとすれば遅延賠償金が増大するに任せて不利益を被り、他方で、被害者は一部の賠償額を手に入れても、それを賠償の一部として留保しておけば残部についてなお賠償金を取得できるため不利益はないとする。しかし、未だ何らの裁判所の判断も下っていない段階で、債務者が争わない限度の賠償額を任意に提供・供託してもその範囲で有効となるかどうかは、なお未解決の問題である。

弁済の提供における債権者への通知の要否

136 最1判昭和32・6・27民集一一巻六号一一五四頁

相当期間内の提供が有効となるには予めの通知が必要か。

事実　Yは、Xが所有する土地を代金一〇万円で買い受ける契約を締結して、内金二万円を支払い、残代金は所有権移転登記と引換えに支払う旨を約定した。Xは、昭和25年11月頃、登記手続について口頭の提供をして残代金の支払を求めたが、Yは支払の延期を申し出たため履行遅滞に陥った。そこで、Xは、昭和26年8月23日、同月31日限りで残代金を支払うように催告をし、次いで同年9月1日に売買契約を解除して、Yに対して土地の明渡しを求めた。ところが、Yは、同年8月31日に、残代金を携行して双方の債務の履行場所である法務局に出頭したが、Xが来会しなかったため履行ができなかった旨を抗弁した。原審は、Yの履行の提供が有効であるためには、履行の提供に先立ってその日時を予め相手方に通知すべきものと解されるところ、それを怠ったYの提供は有効ではないとして、Xの請求を認容した。そのため、Yは、相当な期間内に行われたYの提供が有効である以上、Xの解除は認められないとして上告した。

裁判所の見解　「然しながら、右のように債権者が、債務者に対し、相当の期間をおいて、登記手続と引換に残代金支払義務の履行を求めたときは、債権者は債務者から改めて、履行の日時の通告があると否とに拘らず、少くとも右期間の最終日には、当該登記所に赴き、その執務時間中、債務者の出向するを待ち代金受領とともにその登記に協力すべき責あるものと解するを相当とする」。

解説　一定の履行期間を定めた催告では履行されるべき日時が具体的に特定されないため、そのような催告をした債権者は、その期間中、いつでも受領に応じる準備をしていなければならないとすれば、本件での履行の提供が有効なのは当然である。しかし、債権者に直接提示される現実の提供はもちろん、口頭の提供でも債務者から債権者への通知が必要なため（四九三条ただし書）、債権者が知らない間に債務者が有効に弁済提供することは想定されていない。本件では、登記所に両当事者が赴く履行形態であるから、債務者はもちろん、債権者も履行場所に赴くという協力を要するため、口頭の提供におけるのと同様に、債務者は、原則として、債権者に提供の実施日時を知らせるべく、予め債権者に通知をしなければならないと解すべきであろう。ただし、債務者から通知がないまま相当期間の最終日を迎えれば、当該最終日が確定的な履行日となるため、債権者に当該最終日に受領準備を整えて登記所に赴くことを求めてもそれほど酷な要求とはいえないであろう。最高裁は、まさにこの相当期間の最終日に債権者の受領準備を求めたのである。

関連条文　四九二条・四九三条・五四一条

慣習上の履行場所の確定……深川渡事件

137 大判大正14・12・3民集四巻六八五頁

関連条文 九二条・四九二条・四九三条

慣習上の履行場所を確定するのに売主の場所指定が必要か。

事　実　東京の肥料商人Xは、千葉県下の肥料商人Yに、大豆粕七四〇〇枚を、物品引渡場所「深川渡」、大正9年5月中に引渡しと同時に代金を支払う約定で売り渡した。東京地方の肥料商人間の取引では、目的物の受渡場所を「深川渡」と定めたときは、売主の指定する深川所在の倉庫またはその附近の艀船繋留河岸で引き渡す慣習があるため、Xは、同年5月中旬以降、深川丸三倉庫で引渡しの準備を整えて、Yに対して物品と引換えの代金支払を請求した。それにもかかわらず、Yはこれに応じないため、Xは契約を解除して、目的物の価格下落による損害金一一一〇円の賠償を求めた。しかし、Yは、契約では深川渡と定められているにすぎず、Xが深川所在の特定の場所を指定すべきところ、Xが指定を怠ったため、引渡場所が確定しておらず、Yは履行遅滞にないと主張した。原審は、Xが引渡場所を指定しなかった以上、Yは履行遅滞にないとして、Xの請求を棄却したため、Xは、上記慣習によれば、売主が引渡場所を指定する必要がない旨を上告した。

裁判所の見解　「右慣習ニ所謂売人ノ引渡場所ノ指定ハ必スシモ明示ナルコトヲ要セス黙示アリタル場合ハ勿論買人ニ於テ既ニ引渡場所ヲ知リ若ハ之ヲ知ルコトヲ得ヘカリシニ於テハ特ニ之ヲ通知セサルモ右慣習ニ於ケル指定ノ条件ハ具備セラレタルモノト解スルヲ相当トス……而シテ……仮ニYカ之〔履行場所〕ヲ知ラサリシトスルモYニ於テ誠実ニ取引スルノ意思アラハ相手方ニ対スル一片ノ問合セニ依リ直ニ之ヲ知ルコトヲ得ヘカリシモノニシテ斯カル場合ニハ信義ノ原則ニ依リYハ右問合セヲ為スコトヲ要シ之ヲ怠リタルニ於テハ遅滞ノ責ヲ免ルルヲ得サルモノトス」。

解　説　当事者は、任意規定と異なる慣習による旨を合意した場合には、その慣習に拘束される（九二条）。本件では「深川渡」という東京地方の肥料商人間の慣習により引渡場所は定まっているため、買主がそれを知っている場合は引渡場所の確定に問題はなく、仮に買主が具体的な引渡場所を知らなかったとしても、信義則上、買主が引渡場所を問い合わせるべきこととされた。その判断の背景には、肥料価格が下落した当時の状況下で、買主がその引取りを不当に拒絶したことに対する非難があると推察される。反面で、当事者が履行場所として合意した慣習である「塩釜レール入」とは、売主が積み出して塩釜駅に到着後初めて代金請求できる旨の慣習であるため、荷物の積出を行わない売主の代金請求が棄却された（大判大正10・6・2民録二七輯一〇三八頁）。ここでは、むしろ対照的に、まず商品を送るべき売主がそれを懈怠することの不当性が認定されているといえよう。

口頭の提供の要否

138 最大判昭和32・6・5民集一一巻六号九一五頁

関連条文 四九二条・四九三条・四九四条・四一三条

債権者が明確に受領を拒絶しても提供は必要か。

事実 Xは所有するビルディングの一部屋をYに賃貸したが、賃料の値上げに応じないYら賃借人に対して、ビルディングの電気を止めて、賃料の値上げに応じるよう強要した。Yは電気がなければ営業ができないため、賃借した部屋に電気を引き込んだが、Xはそれが無断の現状変更に該当し、そうした場合に催告なく解除できる旨の特約に基づいて賃貸借契約を解除したと主張して、部屋の明渡しを求めた。原審は、Xが賃貸借の解除を訴えた以上、Yが賃料を支払おうとしてもこれを予め拒絶しているものと認められるため、Yは賃料の支払をしなくとも履行遅滞には陥らないとしてXの請求を棄却した。そこで、Xは、Yが賃料を提供もしくは供託しない限り債務不履行となるとして上告した。

裁判所の見解 「債権者において予め受領拒絶の意思を表示した場合においても、その後意思を翻して弁済を受領するに至る可能性があるから、債権者にかかる機会を与えるために債務者をして言語上の提供をなさしめることを要するものとしているのである。しかし、債務者が言語上の提供をしても、債権者が契約そのものの存在を否定する等弁済を受領しない意思が明確と認められる場合においては、債務者が形式的に弁済の準備をし且つその旨を通知することを必要とするがごときは全く無意義であって、法はかかる無意義を要求しているものと解することはできない。それ故、かかる場合には、債務者は言語上の提供をしないからといって、債務不履行の責に任ずるものということはできない」。

解説 本判決は、債権者が契約自体の存在や効力を不当に否定するなどして、債務の履行を受領しない意思を明確に表明する場合、債務者は弁済の提供をしなくても債務不履行に陥らないとする判例法理を確立した。その後、判例は、同様に賃貸借の事例において、「ある時点において提供された賃料の受領拒絶は、特段の事情がないかぎり、その後において提供されるべき賃料についても、受領拒絶の意思を明確にしたものと解するのが相当である」として、この法理の適用範囲を詳述している（139判決）。もっとも、たとえ債権者が受領を明確に拒絶していても口頭の提供は必要であるとする見解もあれば、この法理は賃借人を保護するための例外法理であるとして、一般的な適用を否定する見解も有力である。しかし、たとえ履行期限が到来しても、例えば債権者が取立債務で期日に取り立てないように、債権者が受領する意思・準備を欠いていれば、債務者が提供をしなくても履行遅滞は生じないと解すべきである。債権者が明確に受領を拒絶するのは、まさに債権者が受領する意思・準備を欠いている典型事例といえよう。

受領遅滞にある債権者による契約の解除

139 最1判昭和45・8・20民集二四巻九号一二四三頁

関連条文 四一三条・四九二条・四九三条・五四一条

債権者が催告をすれば自らの受領遅滞を解消できるか。

事実　Xは、昭和34年12月6日に、所有する家屋をYに、賃料月額一万六〇〇〇円、期間三年で賃貸していたところ、昭和37年12月頃から賃料増額をめぐる意見が対立し、同月にYは12月分の従前賃料をXに持参したが、賃貸借が期間満了で終了したことを理由に、Xがその受取りを拒絶したため、Yはそれ以後賃料を支払っていなかった。昭和38年3月に一万八〇〇〇円の増額賃料額が合意された後、Xは同年38年4月に未払賃料の支払を催告し、支払がなければ賃貸借契約を解除する旨を通知した。そこでYは、未払賃料を持参したが、Xは不在でその母親がその受取りを拒絶した。Xは改めて、昭和41年6月に賃料の支払催告に続いて契約を解除して、建物の明渡しを求めた。原審は、Yが賃料を支払っておらず、Xが支払を催告することでXの受領遅滞は解消されるため、昭和41年6月の解除を有効とした。そこで、Yは催告により受領遅滞が解消したとするのは不当であるとして上告した。

裁判所の見解　「もしY主張のごとき事実が認められるとするならば、Xは、賃貸借の終了を理由とする賃料の受領拒絶の態度を改め、以後Yより賃料を提供されれば確実にこれを受領すべき旨を表示する等、自己の受領遅滞を解消させるための措置を講じたうえでなければ、Yの債務不履行責任を問いえないものというべきである。しかるに、原判決が、前記昭和四一年六月二日付け書面による催告および解除の意思表示の効力を判断するにあたり、なんら右の事情につき審究することなく、かりにXの受領遅滞が先行していたとしても、右催告により受領遅滞の効果は解消したものと判示したのは、審理不尽、理由不備の違法があるものといわなければならない」。

解説　本判決は、賃貸人の明確な受領拒絶があれば賃借人が口頭の提供をしなくとも債務不履行に陥らないとする判例（138判決）と、受領遅滞にある債権者はその受領遅滞を除去しないと催告解除できないとする判例（最1判昭和35・4・14民集一四巻五号八四九頁）の接点にある。本件でも、賃貸人は賃貸借終了という不当な理由で明確に賃料の受領を拒絶し、その後にもXが不在でXの母が受領を拒絶しているため、賃借人が賃料を提供をしていなくても債務不履行にはない。むしろ、賃借人が賃料を一旦有効に提供したため、受領を拒絶する賃貸人がその後も引き続き受領遅滞にあると判断された。そこで、賃貸人は、賃借人に対して有効に催告をして契約を解除するには、催告をする前に、まず自らの受領遅滞を除去すべき必要な措置を講じて、むしろ債務者を賃料の債務不履行に陥らせなければならないのである。

受領を拒絶する債権者と債務者の債務不履行責任

140 最1判昭和44・5・1民集二三巻六号九三五頁

関連条文 四九二条・四九三条・五四一条

債権者が明確に受領拒絶しても債務者の履行準備は必要か。

事実　X会社がY会社との建物賃貸借契約を賃料不払を理由に解除して建物の明渡しを求めたところ、原審は、Yの昭和41年7月分以降の賃料不払を理由にしたXの解除を有効とした。Xはそれ以前に賃貸借の終了を理由に賃料の受領を明確に拒絶していたため、Yは提供をしなくても履行遅滞に陥っていなかったが、Yは昭和39年11月頃に倒産して、その清算手続で債務の弁済資金が必要となり、もはや賃料の準備ができなかったため履行遅滞に陥ったとする。そこで、Yは、債務者の履行準備を前提要件とすることは昭和32年大法廷判決（138判決）の趣旨に反するとして上告した。

裁判所の見解　「弁済の準備ができない経済状態にあるため言語上の提供もできない債務者は、債権者が弁済を受領しない意思が明確と認められるときでも、弁済の提供をしないことによって債務不履行の責を免かれないものと解すべきである。けだし、弁済に関して債務者のなすべき準備の程度と債権者のなすべき協力の程度とは、信義則に従って相関的に決せられるべきものであるところ、債権者が弁済を受領しない意思が明確であると認められるときには、債務者において言語上の提供をすることを必要としないのは、債権者により現実になされた協力の程度に応じて、信義則上、債務者のなすべき弁済の準備の程度の軽減を計っているものであって、逆に、債務者が経済状態の不良のため弁済の準備ができない状態にあるときは、そもそも債権者に協力を要求すべきものではないから、現実になされた債権者の協力の程度とはかかわりなく、信義則上このような債務者に前記のような弁済の準備の程度についての軽減を計るべきいわれはないのである」。

解説　債権者が受領を明確に拒絶する場合、債務者は提供をしなくても債務不履行に陥らない（138判決）。その法理は、たとえ債権者の不当な受領拒絶態度に対する債務者の負担軽減を認める法理であっても、あくまで口頭の提供が可能なことを前提としていて、債務者に履行の準備がなければ債務者は債務不履行に陥るため、債権者の受領態度を問題にする余地はないとされる。もっとも、本来は債権者がまず自らの受領拒絶態度を撤回すべきであって（139判決参照）、債務者の債務不履行の責任は、そこから初めて問題とされるべきであるともいえるであろう。そうすると、本件では、既にYが倒産しているため、一旦Xの解除請求が棄却されても、改めてXが受領拒絶の態度を撤回して賃料支払を求めれば、Yは賃料を支払えないため、Xの解除請求が認められることになろう。この無駄となる二度目の訴訟を回避する判断にこそ、本判決の特有の意義が求められよう。

第三者弁済の「正当な利益」(1)：債務者の妻の姉妹の夫

141　大判昭和14・10・13民集一八巻一一六五頁

関連条文　四七四条一項・二項

債務者の妻と第三者の妻が姉妹である場合、第三者の弁済につき四七四条の利害関係はあるか。

事　実　X_1～X_4及びAの五名は、Bに対し連帯して債務を負っているところ、Aの妻の姉の夫であるYは、Aの承諾を得て、五名のために、Bに対し、その債務を弁済し、Bの承諾を得てBに代位をし、X_1に対し強制執行を行った。X_1～X_4（Xら）は、Yが法律上の利害関係のない第三者であり、利害関係のない第三者Yの Bに対する弁済は、連帯債務者の一人であるAの意思には反してはいないものの、残りの連帯債務者XらはAとの間には負担部分がなく、Xらの意思に反しているから、Yの第三者弁済は、Xらに対しては効力を有さないとして、強制執行の不許を求めた。

裁判所の見解　①第三者が債務者の妻の姉の夫である場合、この第三者は四七四条の利害関係は有さず、債務者の意思に反して弁済することはできない。②連帯債務においては連帯債務者の一人の意思に反しない場合であっても他の連帯債務者の意思に反するときは、意思に反する連帯債務者との関係においては利害関係を有さない第三者の弁済は効力を有さない。

解　説　債務の弁済は債務者以外の第三者ができるとする旧四七四条一項本文は、平成29年に改正された四七四条一項も同様に規定している。旧四七四条二項は、利害関係を有しない第三者は債務者の意思に反して弁済することができないとしており、新四七四条二項本文では、「利害関係」は、弁済代位における法定代位の要件に揃え、文言としては「正当な利益」に変更された。

本判決は、裁判所の見解①のように、「利害関係」を積極的に定義はしないまま、債務者の妻の姉妹の夫（法律上の親族でもない）が、「利害関係」のない第三者であると示した。本判決の事例としての結論は改正法の下でも維持されうる。注意すべき点は、新四七四条二項ただし書が債務者の意思に反することを債権者が知らなかったとき「正当な利益」を有しない第三者が弁済することができる、また、同条三項本文が原則として「正当な利益」を有しない第三者は債権者の意思に反し弁済できないと、新設・変更されたことである。

裁判所の見解②につき、連帯債務においては連帯債務者の一人の意思に反しない場合であっても他の連帯債務者の意思に反するときは、意思に反する連帯債務者との関係においては利害関係を有さない第三者の弁済は効力を有さないという点については、改正法下でも同様である。

第三者弁済の「正当な利益」(2)：第二会社的立場にある会社

142 最3判昭和39・4・21民集一八巻四号五六六頁

関連条文　四七四条一項・二項

第二会社的立場にある会社の場合、第三者の弁済につき四七四条の利害関係はあるか。

事　実　XはA会社に対し債権を有していたがAが支払わないため、AがYに対し有する債権について差押え及び転付命令を得て、Yに対し債権の支払を求める訴えを提起した。Yは、Aの代表者の長男を代表者として、Aが解散すると同時に新たに設立された会社であるが、Aの従業員を引き継ぎ、A所有の店舗、工場を賃借し、Aの顧客を引き継ぎ、営業を行っていた。Yは、Aの取引先Bに対する債務をAの意思に反して（第三者弁済時におけるAの清算人の意思に反して）第三者弁済することによりAに対して取得した求償債権とAがYに対して有する上記債権とを対当額で相殺する旨を主張した。

裁判所の見解　「民法第四七四条第二項にいう『利害ノ関係』を有する者とは、物上保証人、担保不動産の第三取得者などのように弁済をすることに法律上の利害関係を有する第三者をいうものと解するのが相当」であるとし、法律上の直接の利害関係を有した事実は認められない旨の原審の判断は相当であるとした。

解　説　本判決は、旧四七四条二項に規定する「利害関係」を有する第三者の意義につき、最高裁として初め判断した判例である。本件の第三者たる会社は、従業員を債務者から引き継ぎ、店舗、工場等の設備を使用し、同一の業者の営業、得意先も同一で、実質的には会社を継続しており、いわば債務者の会社の第二次的会社にある。最高裁は、こうした債務者会社の第二次的会社であっても、「法律上の利害関係」を有さないと判断した。法律上の「利害関係」につき、最高裁は、原審の「法律上の直接の利害関係」に対し、語感上はより広い「法律上の利害関係」という文言を用いる一方で、判決理由では原審の判断は相当であるとしており、「法律上の利害関係」が「法律上の直接の利害関係」と異なるか否かは明らかではない。他方、学説は、「利害関係」をより広く解するべきとし、債務者会社の第二次的会社が旧四七四条二項の「利害関係」がないとすることには批判的であった。

旧四七四条一項本文は、平成29年に改正された四七四条一項でも同様に規定され、旧四七四条二項は、利害関係を有さない第三者は債務者の意思に反して弁済することができないと規定し、新四七四条二項本文は、弁済代位における法定代位の要件の文言に揃え、「利害関係」は文言としては「弁済をするについて正当な利益」と変更されている。

第三者弁済の「正当な利益」(3)：建物賃借人の地代弁済

143　最2判昭和63・7・1判時一二八七号六三頁

関連条文　四七四条一項・二項

借地上建物の賃借人は、第三者の弁済につき四七四条の利害関係はあるか。

事　実　Xらは、Aとの間で、Aが土地所有者Yから借り受けた土地上のA所有建物につき賃貸借契約を締結していたが、「三回の地代不払いがあったときは、AY間の土地賃貸借は当然に解除となり、Yに対して、Aは建物を収去して土地を明け渡し、Xらは建物を退去して土地を明け渡す」趣旨の裁判上和解が成立していた。その後、Yが地代の支払を止めたため、Xらは、Aの三回の地代不払前に、弁済の提供をした上、地代を弁済供託をして、請求異議の訴えをもって、和解調書に基づく強制執行の不許を求めた。Yは、建物賃借人は地代の弁済について四七四条の規定する「利害関係」を有しないと主張した。

裁判所の見解　「借地上の建物の賃借人はその敷地の地代の弁済について法律上の利害関係を有すると解するのが相当である。」建物賃借人と、建物賃貸人に対し賃借建物の敷地を賃貸している土地賃貸人との間には、直接の契約関係はないものの、建物賃貸人が有する土地賃借権が消滅するときは、建物賃借人は土地賃貸人に対して賃借建物から退去して土地を明け渡すべき義務を負う法律関係にあり、建物賃借人は、その敷地の地代を弁済して土地賃借権が消滅することを防止することにつき、法律上の利益関係を有するものと解される。

解　説　債務者以外の第三者も弁済することができるが（旧四七四条一項）、利害関係を有しない第三者は債務者の意思に反して弁済することができない（同条二項）。この旧四七四条二項の「利害関係」につき、判例は、「法律上の利害関係」と解していた（142判決）。従前の判例は、債務者の妻と第三者の妻が姉妹である場合や債務者たる清算会社の第二次的会社である場合には利害関係がないとしていたが、学説は、第三者の弁済を制約する四七四条の合理性につき批判的で、第三者と債権者の間に直接の契約関係がない場合も「法律上の利害関係」に含めるべきだとしていた。本判決事例の土地賃貸人と建物賃借人との間は契約関係にないが、土地賃借権が消滅するときには建物を退去して土地を明け渡すべき義務があることをもって、最高裁は法律上の利害関係があると判断するものであり、「利害関係」を広く解している。

平成29年に改正された四七四条二項本文は、弁済代位における法定代位の要件の文言に揃え、「利害関係」を文言としては「弁済するについて正当な利益」と変更した。本判決は、改正法下においても効力を有するといえる。

債権者の外観を有する者への弁済(1)：債権の二重譲渡

144 最2判昭和61・4・11民集四〇巻三号五五八頁

関連条文　四七八条

債権が二重譲渡された場合の劣後譲受人に四七八条の適用はあるか。

事実　Aは、Xに対し、AのYに対する指名債権を譲渡（Aによる確定日付のある通知あり）後、当該債権譲渡を解除その後誤解が判明し解除を撤回、Yに対し、解除及び解除の撤回をそれぞれ通知している。他方、Bは、自己のAに対する債権に基づき差押・取立命令を取得してYに送達（送達時期はAがYへ解除撤回の通知の後）。Yは、被差押債権の取立権者の代理人弁護士から再三の催告を受け、差押債権・取立命令の送達をした裁判所の判断を信じ、Bに支払をし、XのYに対する弁済の求めに対し、Yは、Bへの弁済は債権の準占有者に対する弁済として有効と主張した。

裁判所の見解　①二重譲渡された指名債権の債務者が四六七条所定の対抗要件を具備する優先譲受人より後に対抗要件を具備した劣後譲受人に対してした弁済についても四七八条は適用される。②劣後譲受人に対する弁済につき過失がなかったというためには、優先譲受人の債権譲受行為又は対抗要件に瑕疵があるためその効力を生じないと誤信してもやむをえない事情があるなどの劣後譲受人を真の債権者であると信ずるにつき相当な理由があることが必要である。本件事実関係の下では過失があると認定。

解説　旧四七八条は債権の準占有者への弁済を有効であると規定し、平成29年に改正された四七八条は「取引上の社会通念に照らして受領権者としての外観を有するもの」への弁済を有効とし同条が表見受領権者への弁済であることを明らかとした。本判決は、債権の劣後譲受人が、債権譲渡との関係で四七八条の債権の準占有者に当たると判断した判決であり、新四七八条でもそのまま維持される。

債権が二重譲渡され確定日付ある証書による通知又は承諾があった場合、譲受人間の優劣は確定日付ある通知が債務者に到達した日時又は確定日付ある債務者の承諾の日時（差押えの場合には送達時期）で決定するというのが判例である（120判決）。しかし、本件のように四六七条と四七八条が競合する場合、両条は異なる法理であり四七八条の趣旨に鑑みれば、四六七条の適用結果が実質的には四七八条の適用により覆されうる。もっとも、本判決が述べるように、四六七条の趣旨を踏まえれば無過失と認められるためには譲受行為又は対抗要件に瑕疵があると信じるに足りるやむをえない事情が必要であり、裁判所による差押・取立命令の存在、代理人弁護士の催告のみでは十分ではないといえよう。

債権者の外観を有する者への弁済(2)：債権者から受領者への不当利得請求

145　最3判平成16・10・26判時一八八一号六四頁

関連条文　四七八条

無権限で払戻を受けた者が受領権者からの不当利得返還請求訴訟において不当利得返還請求権の成立要件である「損失」が発生していないとして争うことが信義誠実の原則に反するか。

事実　XとYはAがB_1〜B_3の金融機関に有する各預金債権を各二分の一の割合で法定相続したところ、Yは、Bら金融機関から、当該預金債権全額の払戻を受けた。そこで、Xは、X相続分の預金をYが無権限で払戻を受けて取得したことによりXは預金相当額の損失を被ったとして、Yに対し、不当利得返還請求権に基づき、X相続分の預金相当額の支払を求めた。これに対し、Yは、Bら金融機関は、払戻につき過失があるためYの払戻は四七八条の払戻として有効でないから、Xには損失が発生していないと主張した。

裁判所の見解　Yは、Bら各金融機関からX相続分の預金について自ら受領権限があるものとして払戻を受けておきながら、Xから提起された訴訟で、一転してBら金融機関に過失があるとして、Yが受けた払戻が無効であると主張していること、並びに、もし、Yが、払戻の四七八条の弁済としての有効性を争って、Xの請求の棄却を求めることができるならば、Xは、Bら金融機関が払戻をするにあたり、善意無過失であったか否かという、X自身が関与していない問題について判断した上で訴訟の相手方を選択しなければならないことになり、何ら非のないXがYとの関係でこのような訴訟上の負担を受忍しなければならない理由はないなどから、YがXの請求を争うことは、信義誠実の原則に反して許されないとした。

解説　旧四七八条は債権の準占有者への弁済を有効であると規定し、平成29年に改正された四七八条は「取引上の社会通念に照らして受領権者としての外観を有するもの」への弁済を有効とし同条が表見受領権者への弁済であることを明らかとした。本件の自己の相続分を超える相続財産の金融機関からの払戻を受領した相続人につき改正された四七八条は当然に適用される（八九九条）。本件の事実においては、もし四七八条の適用が排除されれば、金融機関は依然として相続分の払戻義務を負い、形式的には七〇三条の損失は発生しないこととなる。しかし判旨中で述べられている通り、自ら相続分を超えて払戻を受けた相続人が、相続分を侵害された方の相続人に対し、訴訟当事者を選択する負担をせよという趣旨の主張をすることは公平に反し、信義誠実の原則に反するといえる（一条二項）。

債権者の外観を有する者への弁済(3)：現金自動支払機による支払

146 最3判平成15・4・8民集五七巻四号三三七頁

①機械払による預金払戻への四七八条の適用の有無、②機械払の場合における過失の内容。

事　実　XはY銀行に貯蓄預金口座を開設し、キャッシュカードの利用を申し込んで暗証番号を登録した。この番号は、現金自動支払機（ATM）からの払戻（＝機械払）の際に必要となるもので、Y銀行ではカードだけでなく通帳による機械払も可能であった。しかし、Y銀行の約款等には、カード機械払の規定はあったが、通帳機械払の規定は存在せず、Xも通帳機械払が可能と知らず、利用したことがなかった。Xは、暗証番号を自動車のナンバーと同じにしており、通帳を中に置いた車両を盗まれた際に、通帳機械払によって預金を引き出された。そこでYに対し被害相当額の返還等を求めたが、Yは、機械払は四七八条の弁済として有効だとして争った。

裁判所の見解　①四七八条は機械払にも適用される。②この場合に銀行が無過失であるというためには、「払戻しの際に機械が正しく作動したことだけでなく、銀行において、預金者による暗証番号等の管理に遺漏がないようにさせるため当該機械払の方法により預金の払戻しが受けられる旨を預金者に明示すること等を含め、機械払システムの設置管理の全体について、可能な限度で無権限者による払戻しを排除し得るよう注意義務を尽くしていたことを要する」。

関連条文　四七八条

解　説　四七八条は債権の表見受領権者への弁済を有効とする。主観的要件としては、弁済受領権限がないことへの債務者側の善意かつ「無過失」を要するが（最3判昭和37・8・21民集一六巻九号一八〇九頁等、平成16年改正で明文化）、これは本来、主観的過失＝対面払における《人》の不注意を想定しており、機械払は同条によるべきでないとの見解があった（論点①）。実際、カード機械払の例では免責条項に基づく主張が中心となったが（最2判平成5・7・19判時一四八九号一一一頁）、逆に免責条項がなかった本件は、同条によっても金融機関が機械払につき免責されうることを示すものとなった。

もっとも本判決は、同条にいう過失（論点②）について、弁済（支払）の場面に限らず、その前提となる支払システムの設置管理の全体に及ぶ客観的なものだとした（「システム構築責任」）。この点は平成29年改正で対面払にも一般化する案が検討されたが、見送られている。本判決は更に、金融機関の明示義務にまで踏み込んだ判断を示した点に特徴があるが、どのような規定による明示が必要か、その他の周知措置等が必要かについては争いがある。

現在では預貯金者保護法により一定の手当がなされている。なお預金者が弁済受領者を相手取った場合、金融機関に過失ありとして返還請求を拒むことはできない（145判決）。

債権者の外観を有する者への弁済(4)：定期預金の期限前払戻

147　最3判昭和41・10・4民集二〇巻八号一五六五頁

関連条文　四七八条

①旧四七八条にいう「債権の準占有者」の意義、②同「弁済」と定期預金の期限前払戻。

事実　XはY銀行に定期預金をしたが、Xと同居していた義姉Aは、Xの入院中にこの預金証書を盗取する等して、Xの妻かつ代理人と称して期限前払戻を求めた。Y銀行は、満期前であること、印影の不一致等を理由に一旦は拒んだが、数度に亘る確認の上でこれを信じて応じた。XはYに対し預金払戻を求めたが、Yは、Aへの払戻が四七八条の債権の準占有者への弁済として有効である等として争った。

裁判所の見解　①四七八条は「債権者の代理人と称して債権を行使する者」にも適用される。②本件の期限前払戻は、利息については普通預金と同率とする旨の合意が商慣習上成立していたのであり、「かかる合意の存しない場合は別論として、本件においては、期限前払戻の場合における弁済の具体的内容が……確定されている」から、Yのした期限前払戻は、四七八条にいう弁済に当たり、有効となる。

解説　旧四七八条は「債権の準占有者」（論点①）への善意無過失の「弁済」（論点②）を有効とする。本判決は①については、債権者本人を詐称した者だけでなく、代理人を詐称した者も含むとした最3判昭和37・8・21民集一六巻九号一八〇九頁を確認した。これにより、同条が債権の帰属面ではなく行使面に着目して、《表見受領権者》への弁済を保護する規定であることが明確になった。平成29年改正ではこれを踏まえ、「取引上の社会通念に照らして受領権者としての外観を有するもの」との新たな文言が採用されている（新四七八条）。

一方、同条は一一〇条等の表見法理とは異なり、主観的要件としては、債務者（金融機関等）側の善意無過失のみを要求し、債権者側の帰責性を問わない（「緩和された表見法理」）。理由は、同条が保護しようとする「弁済」が、既存の債務を実現するだけの行為（事実行為）であること、迅速・簡便な実現への要請が強いこと、等である。この点、定期預金の期限前払戻は、払戻という「弁済」の前に預金契約の解約という「法律行為」が介在するため、本来は同条が適用されるべき場面ではない。しかし、期限前払戻は、内容がほぼ確定されたものとして一般に広く予定されており、満期による払戻との違いは利息程度にすぎない。本判決は、そのような実質も踏まえ、全体として弁済行為の一態様に当たるとして、同条を適用して金融機関の免責を認めたものといえる。

同条を用いて金融機関の保護を拡大する傾向は、預金担保貸付（148・149判決）、総合口座取引における貸越（150判決）、保険契約者貸付（151判決）と続いてゆく。

債権者の外観を有する者への弁済(5)：預金担保貸付への類推適用

148 最3判昭和48・3・27民集二七巻二号三七六頁

①預金担保貸付及び相殺に四七八条は類推適用されるか、②その前提として、預金者は誰とすべきか（預金者の認定・確定）。

事　実　Xは、妻をY銀行に遣り、Aの事務員として振る舞わせて定期預金（無記名式）をした。これはAの依頼により、Aが融資を受ける便宜を図る目的でなされたものであり、Aは翌日にはこの預金証書等をY銀行に持参して、AY間で預金担保貸付取引が開始された。その後、Y銀行がAへの貸付金と預金を相殺する等したため、Xは預金払戻等を求めて提訴した。Yは、②預金者はXではなくAであること（相殺等は当然に有効となる）、①Xだとしても、四七八条により相殺等は有効だとして争い、原審は②につき預金者をAだとした。

裁判所の見解　②無記名式の定期預金契約においては、預入行為者に横領の意図があった等の特段の事情のない限り、出捐者を預金者とすべき。①銀行が預金者とした者に預金担保貸付をし、相殺されるに至ったとき等は、「実質的には、無記名定期預金の期限前払戻と同視することができる」から、銀行は、預金者の確定につき相当の注意義務を尽くしたときは、四七八条の類推適用、又は免責条項によって、相殺等をもって真の預金者に対抗できる。銀行の過失の有無につき差戻し。

関連条文　四七八条

解　説　四七八条は債権の表見受領権者への善意無過失の弁済を有効とする。本判決では預金担保貸付につき、147判決と同様に「弁済」要件への該当性が争われたが（論点①）、弁済した金融機関の免責という帰結は、弁済等を受けた者が正当な受領権者＝預金者とされることからも導かれうる（論点②）。本判決は、②では客観説＝出損者説（最1判昭和32・12・19民集一一巻一三号二二七八頁等）を確認して出損者の預金債権を保護する一方、①では同条の類推適用を認めて相殺等を有効とし、これによって「真実の預金者と銀行との利害の調整がはかられうる」とした。いずれも判例法理として確立しており（①同旨149判決）、平成29年改正の影響はない。

もっとも、①の弁済要件について、預金担保貸付は貸付及び預金への担保設定等という新たな法律行為を含む点で、147判決の期限前払戻以上に障害がある。本判決は、一連のプロセスを全体としてみれば期限前払戻に近い経済的実質を有するとして、期限前払戻を媒介に同条の類推適用を認めたが、理論的には批判も強い（ただし149解説も参照）。注意義務の程度を加重すべきとの見解もあるが、本判決は判断していない。

②についても、無記名式預金が一九八八年に廃止された後、批判が強まっている。

四七八条と免責条項との関係については146解説参照。

債権者の外観を有する者への弁済(6)：預金担保貸付における過失の判断の基準時

149 最1判昭和59・2・23民集三八巻三号四四五頁

関連条文 四七八条

預金担保貸付に基づく相殺がなされた場合、過失判断の基準時は、貸付時か、相殺時か。

事実　すし職人Xは客Aの紹介により、Y信用金庫に記名定期預金をしたが、手続はAに任せ、預金証書及び印鑑等を預けたままにしていた。一ヶ月後、AはXの替え玉Bと共にY信金を訪れた。そして、真正の預金証書等を示してX名義の預金担保貸付を申し込んだところ、YはX本人からの申込みと誤認して応じた。このことは、XからY信金への問い合わせによって明るみに出たが、Yは貸付金と預金とを相殺したため、Xは預金払戻を求めて提訴した。原審は、X名義の貸付自体を不成立とし、Yが相殺時には誤認に気づいていたことから、四七八条が類推適用される余地もないとした。

裁判所の見解　金融機関が、記名定期預金の預金者本人と称する者に対して預金担保貸付及び相殺をした場合、少なくともその相殺の効力に関する限りは、実質的に定期預金の期限前払戻と同視できる。金融機関は、「当該貸付等の契約締結にあたり」、申込者を預金者本人と認めるにつき相当の注意義務を尽くしたときは、四七八条の類推適用により相殺を真の預金者に対抗でき、相殺時には悪意であっても結論に影響はない。Yの貸付時における過失の有無につき差戻し。

解説　四七八条は債権の表見受領権者への善意無過失の弁済を有効とする。本判決は148判決と同じく、預金担保貸付に関する事案だが、預金者が誰かには争いがなく（預金者ではなく貸付先のみの誤認）、金融機関が相殺時には誤認に気づいていた（貸付時善意→相殺時悪意）という違いがある。本判決は、後者につき判断の基準時を《貸付時》とした意義があるが（同旨150・151判決）、預金者確定が問題とならない場面でも同条の類推適用を認めた点も注目される。

預金者誤認事例（148判決）で同条の類推適用を認めることは、預金者確定問題の後始末として預金者と金融機関とのバランスを図る意味があったが、貸付先誤認事例で類推適用を認めるなら、預金者とされる余地のない第三者への貸付を預金者に帰属させることになりかねない。本判決はこの点、「少なくともその相殺の効力に関する限りは……同視」できる、「相殺をもって……対抗」できる等、《相殺》への留保を付していたが、後に保険契約者貸付の事例では、《貸付》自体の効力を主張できることが認められるに至っている（151判決）。過失の基準時を貸付時としたことも、相殺への留保と矛盾するとの批判もあるが、預金担保貸付はいくつかの行為が積み重ねられて弁済類似行為に至るのであり、その中での実質的な経済的負担行為である貸付行為を重視することを支持する見解もある。

平成29改正による影響はない。

債権者の外観を有する者への弁済(7)：総合口座取引への類推適用

150 最1判昭和63・10・13判時一二九五号五七頁

関連条文　四七八条

銀行総合口座取引における預金払戻権限を有すると称する者への貸越に四七八条は類推適用されるか。

事　実　Y銀行は、X（女性）名義の総合口座通帳と届出印を持って来店した男性（不詳）の普通預金払戻請求に応じて、印影と届出印の同一性を確認した上で、Xから払戻等の権限を授権されているものと信じ、貸越により払戻をした。しかし、その後、当該通帳と届出印はXから盗まれたものと判明した。このため、Xは、Yに対し、定期預金の払戻金額から控除された貸越金相当害の払戻を請求したところ、Yは、当該払戻は四七八条の債権の準占有者への弁済として有効であると主張した。

裁判所の見解　総合口座取引において、銀行が権限を有すると称する者からの普通預金の払戻の請求に応じて貸越をし、これによって生じた貸金債権を自働債権として定期預金の払戻請求権と相殺をした場合において、銀行が貸越をするにつき、銀行として尽くすべき相当の注意をしたときは、四七八条の類推適用によって、相殺の効力をもって真実の預金者に対抗することができる。本件の事実関係において、預金の払戻請求に応じたYには過失がないとした。

解　説　旧四七八条は債権の準占有者への弁済を有効であると規定し、平成29年に改正された四七八条は「取引上の社会通念に照らして受領権者としての外観を有するもの」への弁済を有効とし同条が表見受領権者への弁済であることを明らかとした。本判決においても四七八条の適用につき権限を有すると称するものという文言が用いられており、改正によって四七八条適用を受ける受領権のない者の範囲は実質的には変わらず、判例に影響はない。

新四七八条は、改正前の規定と同じく、弁済をした者が善意であり、かつ過失がないときに限り四七八条が適用されるとする。いわゆる総合取引口座取引は、普通預金、定期預金及び定期預金を担保とする当座貸越の各取引を組み合わせ、一定額までは定期預金の払戻請求権と当然に相殺する予定の下に普通預金の払戻の方法により貸越することを内容とする取引である。総合口座取引は、四七八条の弁済ではないものの、本判決以前に預金担保貸付に四七八条類推適用を認めた判例（148判決）を踏まえれば、同様に類推適用が認められるべきである。むしろ、総合口座取引の方が、銀行が一定限度までの貸越義務を負い、貸付に対する個別の審査を要さず、貸越の手続も普通預金の払戻による取引であるため、預金担保貸付に比しても普通預金取引に近いともいえよう。

債権者の外観を有する者への弁済(8)：保険契約者貸付への類推適用

151 最1判平成9・4・24民集五一巻四号一九九一頁

関連条文　四七八条・一一〇条

保険契約者貸付に四七八条は類推適用されるか。

事　実　Xは、Y生命保険会社と定期生命保険契約を締結した。この保険の約款には、加入者はY生保から貸付を受けられる旨の定めがあった（契約者貸付制度、保険金等との相殺による清算を予定）。Xの妻Aは、Xの代理人と称して貸付を受けた。XはY生保からの通知によってこれを知り、否認する旨の書面を送ったが、Yから貸付元利金を差し引いた満期保険金の通知を受けたことから、貸金債務の不存在確認を求めて提訴した。Yは、一一〇条（表見代理）により、又は四七八条の類推適用により、貸付の効力がXに及ぶとして争った。

裁判所の見解　契約者貸付制度による貸付は、「約款上の義務の履行として行われる上、貸付金額が解約返戻金の範囲内に限定され、保険金等の支払の際に元利金が差引計算されることにかんがみれば、その経済的実質において、保険金又は解約返戻金の前払と同視することができる」。保険会社は、貸付時に申込者を代理人と認めるにつき相当の注意義務を尽くしたときは、四七八条の類推適用により、保険契約者に対し「右貸付けの効力を主張することができる」。

解　説　四七八条は債権の表見受領権者への善意無過失の弁済を有効とする。本判決は、弁済要件の拡張により金融機関の免責を認める147～150判決の集大成とも評される、保険契約者貸付において《相殺》（差引計算）ではなく《貸付》自体の有効性が争われた事案である。判旨は、経済的実質面と、既存の義務の履行であるという法的性質面との双方から契約者貸付と弁済（保険金等前払）との類似性を認め、保険会社は同条の類推適用により貸付の効力を主張できる（結果、相殺も可能となる）とした。平成29年改正後も変更はない。

契約者貸付は法的性質自体、保険金等前払説と相殺予約付消費貸借説とで争いがあった。本判決は前払と同視できるとして四七八条の類推適用を導いており、保険会社は申込みに応じた貸付の義務を負っていること、加入者には返済義務はないこと（任意）等からこの結論を支持する見解がある。しかし、消費貸借（＝法律行為）説に立ち、一一〇条といった債権者の帰責性も考慮しうる枠組によるべきとの批判は根強い（一審でも表見代理が認められている）。他、契約者貸付は銀行取引同様に迅速・画一的処理が要請される大量取引だともいわれるが、取引実情についての議論が十分でないとの指摘もある。

主観的要件（過失）では、基準時を貸付時とした本判決の立場は、相殺の効力を認めた従来の判決（149判決等）よりも論理的には一貫する。注意義務の程度については、本判決は原審の判断を支持したにとどまるが、銀行取引以上に高度な注意義務が課せられるべきだとの見解もある。

弁済充当(1)：指定充当

152 最3判平成22・3・16判時二〇七八号一八頁

関連条文 四八八条

債権者は、弁済を受けてから期間が経過した後に、特約に基づく充当指定権を行使することができるか。

事実　Yは、Bに対して五口の貸付債権を有しており、Aは、これらの債権について連帯保証をした。この際に、ABは、Yとの間で、債務の全部を消滅させるに足りない弁済がされたときは、Yが適当と認める順序方法により任意の時期にこれを各債務に充当することができ、その充当に対しては、ABは異議を述べない旨を合意した（本件弁済充当特約）。また、これらの貸付債権を被担保債権とする根抵当権が、BCの所有する不動産に設定されていた。そして、ABについてそれぞれ破産手続開始決定がされ、Yは、Aの破産手続において、五口の貸付債権に係る保証債務履行請求債権を破産債権として届け出た。その後、右不動産が任意売却され、Yは、その売却代金を破産債権に対する弁済として受領したが、その弁済額は、五口の債権の総額を満足させるには足りなかった。破産者Aの破産管財人Xは、Yが届け出た破産債権全額について異議を述べ、Yの破産債権査定の申立てについて破産裁判所が査定決定を行ったが、Xはそれを不服として破産債権査定異議の訴えを提起した。Yは、本件弁済充当特約に基づいて、弁済額を五口の各債権に案分して充当することにより、届出債権全額について弁済を受けられると主張した。

裁判所の見解　複数債権の全部を消滅させるに足りない弁済を受けた債権者が、弁済を受けてから一年以上が経過した時期に初めて、債権者において任意の時期に充当の指定ができる旨の特約に基づく充当指定権を行使することは、法的安定性を著しく害するものとして許されない。

解説　四八八条は、債権者が複数の債権を有する場合に、弁済として提供した給付が全ての債権を消滅させるに足りないときは、弁済者はその給付の時に弁済を充当すべき債務を指定することができ（一項）、弁済者が指定しないときは、弁済受領者（債権者）が「その受領の時に」充当すべき債務を指定することができる（二項）旨を定める（指定充当）。「受領の時に」とは「受領後遅滞なく」の意味に解するべきであるとされている。本件弁済充当特約は、四八八条一項の弁済者による充当指定と同条二項の受領者による充当指定に対する異議を排除する目的で合意されたものであるが、本判決は、このような特約が有効であることを前提に、弁済受領後いつまでも充当の指定が許されると、充当の指定がされるまで権利関係が確定せず、法的安定性が著しく害されるとして充当指定権の行使を制限したものである。今後は、特約に基づく充当指定権行使が許されなくなる場合（時的限界）が、具体的に検討されることになろう。

弁済充当(2)：不動産競売手続と指定充当

153 最2判昭和62・12・18民集四一巻八号一五九二頁

不動産競売手続における配当金が同一担保権者の有する数個の被担保債権の全てを消滅させるに足りない場合に、弁済充当の指定に関する特約に基づく債権者の指定充当は許されるか。

事　実　Xは、Aに対して甲債権を有しており、Yは、このAの債務を連帯保証した。Xは、この他に、Aに対して乙債権、Aの夫であるBに対して丙債権を有していた。三つの債権には、「弁済が債務全額を消滅させるに足りないときは、Xの適当と認める順序方法で充当することができる」旨の特約が付されていた。AYが、債務の履行を怠ったので、Xが、三つの債権を被担保債権として、A所有の土地及びB所有の建物に設定されていた根抵当権の実行を申し立てたところ、右土地及び建物は一括売却され（民執一八八条・六一条）、配当金がXに交付されたが、三つの債権の残存額総額を消滅させるに足りない額であった。Xは、右配当金を、右特約に基づき、まず、乙・丙債権に充当して消滅させ、甲債権に充当しても不足する金銭の支払をYに求めた。これに対して、Yは、甲債権が右配当金により完済されたことを主張した。

裁判所の見解　同一の担保権者に対する配当金がその担保権者の有する数個の被担保債権の全てを消滅させるに足りないときは、右配当金は、右数個の債権について民法の法定充当の規定に従った弁済充当がされるべきであり、債権者による弁済充当の指定に関する特約がされていても右特約に基づく債権者の指定充当は許されない。

解　説　債務者が同一の債権者に対して、数個の金銭債務を負担する場合に、債務者が弁済として提供した給付がその債務の全部を消滅させるに足りないとき、その給付をどの債務に充当するかが、債権者・債務者の利害に大きな影響を及ぼすことがある。民法の充当に関する規定によると、債権者・債務者間に弁済の充当の順序に関する合意があるときは、これが優先し（新四九〇条）、合意がないときは、債務者、債権者の順に充当を指定することができる（新四八八条一項・二項）。そして、債権者及び債務者が充当指定をしないときには、法律の規定による充当がされる（新四八八条四項・四八九条）。不動産競売手続における配当は、債権の消滅をもたらす点で弁済と同じであるが、債務内容の実現が債務者の任意に基づいていないため、弁済の充当に関する民法規定の適用があるのかが問題となる。本判決は、不動産競売手続における配当の場合には、債務者・債権者の意思表示（四八八条三項）が予定されていないことを理由に、法定充当によることを明らかにした。

関連条文　四八八条～四九一条

弁済充当(3)：債務者複数の根抵当権

154　最2判平成9・1・20民集五一巻一号一頁

関連条文　四八八条四項・四八九条・四九一条（旧四八九条・四九〇条・四九一条）

①債務者複数の根抵当権の配当金が被担保債権の全てを消滅させるに足りない場合に、配当金をどのように充当することになるか、②各債務者の債権額に応じて案分するときに、この案分の基礎となる被担保債権額は、どのように算定されるか。

事実　X信用金庫は、借主をA社、連帯保証人をY_1とする四口の貸金債権（貸金1～4）、借主をY_1、連帯保証人をY_2とする二口の貸金債権（貸金5・6）を有していた。Xは、Y_1所有の不動産について、第一順位の根抵当権（債務者A）及び第二順位の根抵当権（債務者A及びY_1）の設定を受けていた。Xは、不動産競売を申し立て、配当金を受領したが、二番根抵当権に基づく配当金が一番根抵当権に基づく配当金の充当後の貸金残金の全額に満たないものであったため、二番根抵当権の被担保債権である貸金1～6のどの部分が消滅するかが問題となった。

裁判所の見解　不動産競売手続における債務者複数の根抵当権についての配当金が被担保債権の全てを消滅させるに足りない場合においては、配当金を各債務者に対する債権を担保するための部分に被担保債権額に応じて案分した上、右案分額を民法の法定充当の規定に従って各債務者に対する被担保債権に充当する。各債務者に対する債権を担保する部分に案分する場合には、ある債務者に対する債権の弁済によって他の債務者に対する債権も消滅するという関係にある複数の被担保債権があるときにおいても、いずれの債権もその全額を案分の基礎となる各債務者の被担保債権額に算入する。

解説　民法に規定はないが、債務者を複数とする根抵当権（実務では「共用根抵当権」と呼ばれる）の設定等は可能であると解されている。共用根抵当権は、一個の根抵当権であるが、各債務者に対する債権を担保する部分から成ると考えられる。そこで、債権者が複数の被担保債権を有する場合において、担保権実行による配当金が被担保債権の全てを消滅させるに足りないときの被担保債権の充当方法につき、本判決は、配当金を各債務者に対する被担保債権額に応じて案分した上、その案分額を法定充当の規定に従って充当するとした。この点につき、152判決の影響がうかがわれるが、本判決では、152判決のような指定充当の主張・立証がない状況ゆえに法定充当とされた可能性があるとの指摘がある。また、原審は案分計算に際し、Y_1に対する被担保債権額をY_1が主債務者である貸金5・6のみとしたが、本判決は、貸金1～4の連帯保証債権額を算入すべきとした（Y_1に対する被担保債権額は、貸金1～6の残債権総額となる）。全額を算入する扱いが簡明であり、問題の性質上合理的であることをその理由とする。

弁済による代位(1)：求償及び代位の特約

155 最3判昭和59・5・29民集三八巻七号八八五頁

弁済による代位における求償特約及び全部代位特約の効力。

事実　AとBとの間の信用金庫取引につき、Aの代表取締役Cは、自己所有建物に対し根抵当権を設定すると共に（極度額六〇〇万円）、連帯保証人となった。そこでAはBから四八〇万円を借り受け、XがAから委託を受けてこれを保証した。その際、Xが弁済したときは、①AはXに対し弁済額全額及び約定利率による遅延損害金を支払う旨の求償特約、②XはCが設定した根抵当権全部につきBに代位し、右①の求償権の範囲内で根抵当権全部を行使することができる旨の全部代位特約がなされた。結局、Aが弁済を怠り、Xが残元本四五四万円を弁済し、根抵当権移転の付記登記が経由された。

その後、右建物の競売が開始され、Xに対し弁済額の二分の一に相当する二二七万円と法定利率による遅延損害金に限って交付する旨の売却代金交付計算書が作成されたため、Xは右特約に基づき異議を申し出て、後順位抵当権者であるYを被告として配当異議の訴えを提起。一審は請求棄却、原審は請求認容。そこで、Yが上告。

裁判所の見解　①「弁済による代位の制度は、代位弁済者が債務者に対して取得する求償権を確保するために、法の規定により弁済によって消滅すべきはずの債権者の債務者に対する債権（……「原債権」……）及びその担保権を代位弁済者に移転させ、代位弁済者がその求償権の範囲内で原債権及びその担保権を行使することを認める制度であり」、代位行使する担保権の「被担保債権として扱うべきものは、原債権であって、保証人の債務者に対する求償権でない」から、「保証人が代位によって行使できる原債権の額の上限は、……利害関係人に対する関係において、約定利率による遅延損害金を含んだ求償権の総額によって画される」。②「物上保証人（根抵当権設定者）及び保証人間に本件のように保証人が全部代位できる旨の特約がある場合には、……保証人が行使しうる根抵当権は右の極度額の範囲を超えることはありえ」ず、また、後順位の抵当権者その他の利害関係人は、そもそも根抵当権の被担保債権の全部につき極度額の範囲内で債権者が優先弁済を債権者が受けることを承認せざるをえない立場にある。

解説　本判決は、求償権と原債権の別債権性を前提に、弁済による代位の効果として、原債権が弁済者に法定移転する旨を明らかにすると共に、①求償特約及び②全部代位特約（代位割合変更特約）につき、当事者間のみならず、後順位抵当権者等の第三者たる利害関係人にもその効力を主張することができるとした最高裁判例である（その後の最1判昭和59・10・4判時一一四〇号七四頁及び最2判昭和59・11・16判時一一四〇号七六頁等も同旨）。

関連条文　五〇一条一項・二項・三項四号（旧五〇一条柱書・五号）

弁済による代位⑵：原債権と求償権の関係

156 最1判昭和61・2・20民集四〇巻一号四三頁

関連条文 五〇一条一項・二項（旧五〇一条柱書）

弁済による代位における原債権と求償権の関係。

事実 A信用金庫は、Bとの間で元本極度額を三五〇万円とする譲渡担保権の設定を受けることで貸付等を行うとの金融取引契約を結ぶと共に、Cはこの債務を連帯保証した。その後、AはBに対し三五〇万円を貸し付けたが、これにつき、Aに求められてDが元利合計三七九万七五〇〇円を弁済し、Aの承諾を得て、Bに対する貸金債権及びCに対する連帯保証債権を代位取得した。その後、Dは、Xに対してAから代位取得した両債権を譲渡し、Aがこれを承諾した。Cが死亡したため、XがCの相続人Yに対して、右の通り代位取得した連帯保証債権の履行として三七九万七五〇〇円の支払を求めて本件訴えを提起した。一審は請求を棄却。原審は請求を認容。

裁判所の見解 ①「代位弁済者が代位取得した原債権と求償権とは、元本額、弁済期、利息・遅延損害金の有無・割合を異にすることにより総債権額が各別に変動し、債権としての性質に差違があることにより別個に消滅時効にかかるなど、別異の債権ではあるが、代位弁済者に移転した原債権及びその担保権は、求償権を確保することを目的として存在する附従的な性質を有し、求償権が消滅したときはこれによって当然に消滅し、その行使は求償権の存する限度によって制約されるなど、求償権の存在、その債権額と離れ、これと独立してその行使が認められるものではない」。②「したがって、……裁判所が代位弁済者の原債権及び担保権についての請求を認容する場合には、求償権による右のような制約は実体法上の制約であるから、求償権の債権額が常に原債権を上回るものと認められる特段の事情のない限り、判決主文において代位弁済者が債務者に対して有する求償権の限度で給付を命じ又は確認しなければならない」。

解説 本判決は、求償権と原債権との関係性、すなわちⓐ「原債権と求償権とは、元本額、弁済期、利息・遅延損害金の有無・割合を異にすることにより総債権額が各別に変動し、債権としての性質に差違があることにより別個に消滅時効にかかるなど、別異の債権ではある」点（別債権性）及びⓑ「原債権及びその担保権は、求償権を確保することを目的として存在する附従的な性質を有」する点（求償権確保目的性、主従的競合）を示す。そして、以上の帰結として、裁判所が原債権及び担保権についての請求を認容するにあたり、その行使が「求償権による……実体法上の制約」に服する以上、この制約を執行局面でも確保すべく、原則として、「判決主文において代位弁済者が債務者に対して有する求償権の限度で給付を命じ又は確認しなければならない」旨を判示する。

弁済による代位(3)：保証人による代位弁済と求償権の消滅時効

157 最1判平成7・3・23民集四九巻三号九八四頁

関連条文　五〇一条・一六九条一項（旧一七四条の二第一項）

原債権に関する消滅時効の更新（中断）が、求償権に関する消滅時効にいかなる影響を及ぼすか。

事　実　AはBに対して一五〇万円を貸し付けていたところ、Bの破産手続において貸付金残金につき債権届出をし、債権調査期日での異議なく債権表に記載された。その後、Bの委託を受けた保証人Xは、Aに対し右貸付金の残元利金を完済した。そこで、XはBの破産手続において、裁判所に債権届出をした者の地位を承継した旨の届出名義の変更の申出をし、その旨が債権表に記載された。この名義変更の申出から約九年半経過後、Xは、求償権の連帯保証人であるYに対し、連帯保証債務履行請求訴訟を提起したが、XのAに対する求償権につき消滅時効期間が経過していた。一審は請求を棄却。これに対し、原審は請求を認容したため、Yが上告。

裁判所の見解　①「右弁済によって保証人が破産者に対して取得する求償権の消滅時効は、右求償権の全部について、右届出名義の変更のときから破産手続の終了に至るまで中断すると解するのが相当である。」②「しかし、右の場合において、届出債権につき債権調査の期日において破産管財人、破産債権者及び破産者に異議がなかったときであっても、求償権の消滅時効の期間は、〔旧〕民法一七四条ノ二第一項〔新一六九条一項〕により一〇年に変更されるものではないと解するのが相当である」。

解　説　原債権と求償権は別個の債権であるから、本来、それぞれ別個に消滅時効にかかるところ、本判決は、破産手続開始後に全部弁済を行い、求償権を取得した保証人が、破産手続において届出のなされた原債権につき、裁判所に届出名義の変更（破一一三条）を申し出ることで、求償権にも更新（中断）が生じることを認めた。「破産手続に伴う求償権行使の制約」（破産手続では、届出破産債権たる原債権を代位行使することによって求償権の満足が図られる。破一〇四条四項参照）ゆえに、この原債権に関する届出名義変更の申出は、「届出債権額が求償権の額を下回る場合においても、……特段の事情のない限り、求償権全部を行使する意思を明らかにした」ものとして、実質的に求償権の権利行使と評価されることを根拠とする。

ただし、債権調査期日に異議等なく確定することで消滅時効期間が延長される（新一六九条一項）のは、あくまで届出破産債権たる原債権だけであり、求償権ではない（なお、最3判平成9・9・9判時一六二〇号六三頁参照）。

弁済による代位(4)：代位者への内入弁済と求償権と原債権の帰趨

158　最3判昭和60・1・22判時一一四八号一一一頁

関連条文　五〇一条一項・二項（旧五〇一条柱書）

代位弁済後になされた債務者による代位者への内入弁済は、求償権と原債権にどのように充当されるのか。

事実　Aは、Bから合計五〇〇万円を順次借り受けた。Cは、Bに対し、自己所有不動産につき被担保債権をAB間の銀行取引による債権等とする第一順位の根抵当権を設定し（極度額三九〇万円）、かつ、Aの借受金債務につき連帯保証した。Xは、ACとの間で信用保証委託契約を結び、Bに対しAの借受金債務につき三〇〇万円を限度として保証した。その際、XがBに弁済したときは、①A及びCはXに対し連帯してXの弁済額全額及び約定利率による遅延損害金を支払う旨の求償特約、②Xは、CがBに提供した担保の全部につきBに代位し、右①の求償権の範囲内でBの有していた一切の権利を行使することができる旨の全部代位特約がなされた。その後、Aが銀行取引停止処分を受けたため、根抵当権の担保すべき元本が確定し、Xは、Bに対し、Aの借受金債務のうち合計二五八万余円を弁済した。そこで、右不動産につき競売手続が開始されるが、その配当期日までにAから多数回に亘ってXに対し内入弁済があった。競売裁判所は、配当期日において、Xに対して弁済額及び（①の求償特約における約定利率でなく）法定利率による遅延損害金に限って配当を行う旨の配当表を作成した。そこで、Xは異議を申し出て、後順位抵当権者であるYらを被告として配当異議の訴えを提起。一審は請求棄却、原審は控訴棄却。そこで、Yが上告。

裁判所の見解　「保証人が債権者に代位弁済したのち、債務者から右保証人に対し内入弁済があったときは、右の内入弁済は、右保証人が代位弁済によって取得した求償権のみに充当されて債権者に代位した原債権には充当されないというべきではなく、求償権と原債権とのそれぞれに対し内入弁済があったものとして、それぞれにつき弁済の充当に関する民法の規定に従って充当されるべきものと解するのが相当である」。その上で、原審の認定事実では内入弁済による充当関係が不明であるため配当期日における原債権の金額を確定できないとして、本件を原審に差し戻した。

解説　本判決は、代位弁済の後で債務者から代位弁済者に内入弁済があったときは、求償権と原債権のそれぞれに対して民法の規定に従い充当されるべき旨（両債権充当）を判示した最高裁判例である。その根拠は、求償特約における約定利率に基づく求償権の方が原債権よりも金額が大きいため（155判決参照）、仮に求償権のみに内入金が充当されてしまうと、原債権だけが減額せず、これを被担保債権とする抵当目的物の後順位抵当権者を不当に害するためだと考えられる。

弁済による代位(5):財団債権としての原債権の行使

159 最3判平成23・11・22民集六五巻八号三一六五頁

関連条文 五〇一条一項・二項(旧五〇一条柱書)

代位弁済者が原債権を財団債権として破産手続外で行使することの可否。

事実 破産会社は平成19年8月29日に破産手続開始の決定を受け、同社の委託を受けて、X(同社の取引先)が破産会社の従業員九名に対し同年7月分の本件給料債権を立替払し、上記従業員らに代位して、同社の破産管財人であるYに対し、破産手続によらないで、本件給料債権の支払を求めた。一審はXの請求を認容したが、原審はこれを取り消して訴えを却下したため、Xが上告受理申立て。

裁判所の見解 ①「弁済による代位の制度は、……原債権を求償権を確保するための一種の担保として機能させることをその趣旨とするものである。この制度趣旨に鑑みれば、求償権を実体法上行使し得る限り、これを確保するために原債権を行使することができ、求償権の行使が倒産手続による制約を受けるとしても、当該手続における原債権の行使自体が制約されていない以上、原債権の行使が求償権と同様の制約を受けるものではないと解するのが相当である。そうであれば、弁済による代位により財団債権を取得した者は、同人が破産者に対して取得した求償権が破産債権にすぎない場合であっても、破産手続によらないで上記財団債権を行使することができるというべきである」。②「このように解したとしても、他の破産債権者は、もともと原債権者による上記財団債権の行使を甘受せざるを得ない立場にあったのであるから、不当に不利益を被るということはできない。以上のことは、上記財団債権が労働債権であるとしても何ら異なるものではない」。

解説 本判決は、債務者につき破産手続が開始された場合であっても、破産手続によらずに随時優先弁済を受けることのできる財団債権(破二条七項・一五一条。本件給料債権につき、破一四九条一項)につき代位弁済を行い、これを原債権として取得した(新四九九条・五〇〇条)求償権者は、その求償権自体は個別的権利行使が禁止され、破産手続によらなければ行使することのできない破産債権(破二条五項・一〇〇条一項)であるとしても、財団債権たる原債権を破産手続によらずに行使できる旨を判示した(再生手続における共益債権の代位弁済につき同様の結論をとるものとして、最1判平成23・11・24民集六五巻八号三二一三頁がある)。なお、傍論ながら、「原債権を求償権を確保するための一種の担保として機能させることをその趣旨とする」として、弁済による代位制度の担保的機能に関する説示を行っている点も注目される。

なお、判示②は、代位による原債権の移転は、破産手続における債権間の優先性を変更せず、これは労働者保護の要請という政策的配慮に基づく労働債権にも妥当する旨を説く。

弁済による代位(6)：物上保証人の共同相続と頭数の算定基準時

160 最1判平成9・12・18判時一六二九号五〇頁

関連条文 五〇一条三項四号（旧五〇一条五号）

単独所有であった物上保証人所有の不動産に担保権が設定された後、弁済までの間に共同相続により共有となった場合における五〇一条三項四号にいう頭数をいつの時点で算定するか。

事実　Aは、複数の金融機関を債権者とする債務者C社の債務について、A所有不動産に根抵当権を設定して物上保証人となり、Y（Aの長男・Cの代表取締役）は、Cの債務の連帯保証人になった。Aは、担保に供しているA所有不動産をDを売却した。Aは、Dとの契約直後に死亡し、Y、B、Xら（四名）の合計六名がAの共同相続人となった。六名は、売却代金によってCの数個の債務を弁済したので、Cに対して求償権を取得すると共に、Yに連帯保証債権を取得したとして、Yに対して連帯保証債務の履行を請求した。このとき、Xらは、旧五〇一条五号の頭数につき、Aを一人と数える（六名の相続によっても頭数の計算に変更がない）として、Yに請求した。これに対して、Yは、物上保証人提供の不動産が共有の場合には、共有者一名ごとに頭数を一名として計算すべきであると主張した。

裁判所の見解　五〇一条五号には、保証人と物上保証人の間における弁済による代位の割合は頭数によるべきことが規定されているところ、単独所有であった物件に担保権が設定された後、これが弁済までの間に共同相続により共有となった場合には、弁済の時における物件の共有持分権者をそれぞれ一名として頭数を数えるべきである。

解説　本判決は、新五〇一条三項四号の頭数については、担保設定時ではなく、弁済時の頭数を基準とすることを明らかにした。その理由として、本判決は、弁済による代位は、弁済がされたことによって初めて生ずる法律関係であること、当初から共有に属していた物件について全共有者が共有持分を担保に供した場合には共有者ごとに頭数を数えるべきことは明らかであり、この場合と弁済時に共有になった場合とで頭数を別異に解することは法律関係を複雑にするだけで合理的ではないこと、相続という偶然の事情により頭数が変化することが「当事者の意思ないし期待」に反する場合がないではないが、頭数の変化は、保証人の増加、担保物件の滅失等によっても起こりうることであり、「弁済時における人数」と解することにより法律関係の簡明を期するのが相当であることを挙げる。したがって、本判決によると、代位弁済後の頭数の変化は、頭数を計算するにあたり、これを考慮しないということになろう。

弁済による代位(7)：保証人と物上保証人を兼ねる場合

161　最1判昭和61・11・27民集四〇巻七号一二〇五頁

関連条文　五〇一条三項三号・四号（旧五〇一条四号・五号）

保証人と物上保証人を兼ねる者が含まれる場合に、代位の割合は、二重資格者を一人と数えるのか、二人と数えるのか。

事　実　A銀行は、B社に対して貸付債権を有し、この債権につき、YCDEの四名が連帯保証人となり、YとCは、更に、自己が所有する不動産につき根抵当権を設定した（Y・Cは保証人と物上保証人を兼ねる者）。F信用保証協会は、AのBに対する右貸付債権につき、信用保証を行い、F協会は、Aに対して代位弁済をした。これにより、Fは、Bに対して求償権を取得し、AのBに対する債権（原債権）及びこれを担保する根抵当権を代位取得した。更に、Yは、FのBに対する求償権につき、Yが連帯保証する旨のFY間の特約に基づき、FのBに対する求償権を弁済した。そこで、Yは、FのBに対する求償権、AのBに対する債権及びこれを担保する根抵当権を代位取得した。Yが、C所有地上の抵当権を実行したところ、YのCに対する代位の割合を決定するに際し、保証人兼物上保証人を一人とみる配当表が作成された。そこで、C所有地上の後順位抵当権者であるXが、保証人兼物上保証人を二人と数えるものとして配当異議を申し立てた。

裁判所の見解　保証人又は物上保証人とその両資格を兼ねる者との間の弁済による代位の割合は、両資格を兼ねる者も一人として、全員の頭数に応じた平等の割合であると解するのが相当である。

解　説　法定代位権者が複数いる場合に、そのうちのいずれかの者が弁済等により債務者に対する求償権を取得したとき、その者が、自己の求償権を確保するため、どのように原債権に代位するかが問題となる。民法は、法定代位権者の地位の保護を考慮し、求償の循環を回避するために、五〇一条において代位割合の基準を定める。しかし、五〇一条は、保証人兼物上保証人の二重資格者が存在する場合における代位割合の決定基準を定めておらず、本判決以前には、様々な見解が主張されていた。本判決は、五〇一条は、「代位者の通常の意思ないし期待」によって代位の割合を決定するとの原則に基づき、代位割合の決定基準として、担保物の価格に応じた割合と頭数による平等の割合を定めているとし、二重資格者を含む代位者の通常の意思ないし期待に適合する基準を求めることができない場合には、本条の基本的な趣旨・目的である公平の理念により代位者の頭数による平等の割合を決定基準とするとして、二重資格者も一人と扱い、全員の頭数に応じて平等の割合で代位することを明らかにした。改正後の五〇一条にも、二重資格者に関する規定はなく、代位割合は解釈に委ねられている。

弁済による代位(8)：抵当権の複数の被担保債権のうち一部の弁済

162 最1判平成17・1・27民集五九巻一号二〇〇頁

関連条文 二四九条・二六四条・五〇二条一項・三項（旧五〇二条）

抵当権の付された複数債権のうちの一債権のみを代位弁済した保証人は、抵当不動産の売却代金につき債権者に劣後するか。

事実 債権者Xは債務者A社に対して三個の貸付債権を有していた。Aは、この各債権を被担保債権として自己所有の不動産に抵当権を設定し、登記をした。他方、Y銀行は、この各債権につき連帯保証をした。それから、Aが会社更生手続開始を申し立てた後に、連帯保証人Yは、保証期間が未経過の一債権についてのみ残債務を代位弁済した。その後に確定した更生計画に従って、Aの管財人は、本件不動産の売却代金につき、暫定的に、XとYの債権元本額に応じて案分して弁済した。この状況でXは、自分がYに優先して弁済を受ける権利があると主張して、Yに対し不当利得返還請求の訴えを提起した。

裁判所の見解 抵当権が数個の債権を担保し、そのうちの一債権についてのみ保証人が残債務全額を代位弁済した場合は、当該抵当権は債権者と保証人の準共有となり、抵当不動産の売却代金が被担保債権の全てを消滅させるに足りないときには、債権者と保証人は、両者間に特段の合意がない限り、売却代金につき、債権者と保証人の債権額に応じて案分して弁済を受けるべきである。なぜなら、五〇二条一項所定の債権の一部代位弁済の場合（最1判昭和60・5・23民集三九巻四号九四〇頁参照）とは異なり、債権者は、保証人が代位取得した債権について、抵当権及び保証を徴した目的を達して完全な満足を得ており、保証人が債権者に代位することで不利益を被るとはいえないからである。

解説 従来の判例によれば、一個の債権の一部代位弁済の場合には、当該債権に付された抵当不動産の売却代金につき、代位弁済者は債権者に劣後する（前記昭和60年最判）。本判決は、抵当権の付された複数債権のうちの一債権のみを保証人が代位弁済した場合に、抵当不動産の売却代金が被担保債権の全てを消滅させるのに足りないときには、当該売却代金につき、債権者と代位弁済者は債権額に応じて案分して弁済を受けうると判示した。これは前記昭和60年最判の射程が本件事案に及ばないことを明示したといえる。

平成29年改正では、昭和60年最判を抵当権実行の場合を超えて一般化しつつ、債権者が代位弁済者に優先することが明文化された（新五〇二条三項）。本判決は、同判例法理とは矛盾せず改正条項の射程外とみうるため、改正後も判例としての意義は変わらない。

担保保存義務免除特約の保証人に対する効力

163 最1判昭和48・3・1金法六七九号三四頁

関連条文　一条・五〇四条

保証人に対する関係で債権者の担保保存義務を免除し、保証人が五〇四条により享受すべき利益を予め放棄する旨の特約は効力を有するか。

事　実　X信用金庫は、A社との間で「手形割引、証書貸付、手形貸付に関する契約」を締結し、Aに対して債権元本の限度額を七百万円として融資をすることにした。その際、Yは当該融資につき期限の定めのない連帯かつ根保証契約をXとの間で締結したが、その中でXの担保保存義務免除特約が付されていた。その二日後に、当該融資契約に基づいて、XはAに対して七百万円の証書貸付を行うと同時に、Aは自己の有する建設機械等の動産に譲渡担保権を設定した。しかし、その後にAの経営状態が悪化し、Aは当該担保物件を他に売却した。このような状況で、XはYに対してAの負う債務の残額百六十万円を請求した。

裁判所の見解　「保証人に対する関係における債権者の担保保存義務を免除し、保証人が民法五〇四条により享受すべき利益をあらかじめ放棄する旨を定めた特約は有効」であるとし、本件の事実関係の下ではXによる特約の援用は妨げられないとして、Xの請求を認めた原審の判断は正当であると判示した。

解　説　本事案のように、保証人等の法定代位権者が存在する場合に、債権者が故意または過失によって担保を喪失・減少させたとすると、法定代位権者は、その喪失・減少により償還を受けられなくなった限度において、その責任から解放される（五〇四条）。この規律により、一般に債権者には担保保存義務が課されているとされる。本判決は、債権者と連帯保証人との間で締結された保証契約に付随して、債権者の当該担保保存義務を免除する特約が結ばれていた事案において、上記の通り、保証人との関係で債権者の担保保存義務を免除する旨の特約（担保保存義務免除特約）は有効であると判示した。大審院判決でも当該免除特約は有効とされていたところ（大判昭和12・5・15新聞四一三三号一六頁）、最高裁として初めて同旨の判断を下したものである。もっとも、法定代位権者の保護という担保保存義務の趣旨及び特約条項の例文性から、保証人以外の法定代位権者や第三取得者との関係、同特約の効力が否定される事情の有無が問題視され、その後に議論が活発化する契機となった（後掲164・165判決参照）。

平成29年改正でも、五〇四条の規定内容は基本的に維持されており、保証人との関係で同条の義務を免除する特約を有効とする本判決の意義は改正後も変わらない。

担保保存義務免除特約と信義則

164 最1判平成2・4・12金法一二五五号六頁

関連条文 一条・五〇四条

担保保存義務を免除する特約に基づく債権者の主張が信義則に違反するか否か。

事実　信用保証協会Xは、AがBに三千万円を貸し付けるにあたって、Bの委託に基づき当該貸金債権を信用保証した。その際、Xは、Bに対して将来取得すべき求償権の担保として、B所有の甲土地に極度額三千六百万円の根抵当権を設定し、かつ、Yを連帯保証人とした。なお、当該連帯保証契約にはXの担保保存義務を免除する特約が付されていた。その後、Xは、Bの要請に応じて、Yの承諾を得ずに甲土地の根抵当権を解除する一方で、Yから Y所有の乙土地に極度額三千六百万円の根抵当権の設定を受けた。この状況の下、Bが債務を履行しなかったため、XがAに代位弁済した上で、Xは求償保証人Yに対して代位弁済額の支払を請求した。これに対してYは、甲土地への根抵当権をXが解除した行為は担保保存義務に違反するため、保証債務から免責されると主張した。しかし、Xが本件免除特約の存在を主張したため、YはXの特約主張が信義則に反し権利濫用に当たるとして争った。

裁判所の見解　163判決を参照し担保保存義務免除特約を有効としつつ、「右特約の効力を主張することが信義則に反しあるいは権利の濫用に該当するものとして許されないというべき場合のあることはいうまでもない」と判示した。そして本件事案の下では、担保差換えにより結果的に担保が減少し保証人Yの代位の利益を害する結果となることにつきXに故意があるとはいえず、また担保差換え当時の状況下で取引通念に照らしXに重大な過失があるともいえず、その他Xが本件免除特約の効力を主張することが信義則に反しあるいは権利の濫用に該当するとみるべき特段の事情があるとはいえないと判断して、Xの請求を認めた。

解説　本判決は、163判決を参照し、保証人との関係で担保保存義務免除特約を原則有効としつつも、同特約が信義則又は権利濫用によって制限される場合がありうることを明示した。そして、本件のような債権者による担保差換えの事例において、担保権実行時の競落価額や実際の競落の有無といった結果だけで特約の効力を判断すべきではなく、現地見分、情報収集又は付近の地価調査といった債権者側の行為態様も考慮に入れて、債権者の故意・重過失及びその他特段の事情を判断すべきと判示した。このように、免除特約への制限事由に関して一定の具体的な判断枠組みを提示した点で意義のある判決とされる。なお、本判決も保証人以外の法定代位権者との関係で免除特約の効力に触れるものではない。

他方、平成29年改正による直接の影響はなく、本判決の意義は改正後も変わらない。

担保保存義務免除特約の第三取得者に対する効力

165 最2判平成7・6・23民集四九巻六号一七三七頁

担保保存義務免除特約により物上保証人に免責の効果が生じなかった場合に、担保物件を譲り受けた第三取得者は債権者に対して免責の効果を主張できるか。

事実　Y信金はAのBに対する債務を連帯保証した。Aの姉Cは、YのAへの求償権につきC所有の乙地に根抵当権を設定した。その際、担保保存義務免除特約が付された。その後の追加融資に伴って、Yは当該根抵当権の共同担保としてA所有の甲建物に根抵当権の設定を受けた。C死亡後、Yは、Aから追加融資分の残金全額弁済を受けて、甲建物への追加担保を放棄した。Cの子Xは、この放棄後に遺産分割等によって乙地を取得した。この状況で、Xは五〇四条による免責の効果を主張して根抵当権設定登記の抹消登記手続を求めた。

裁判所の見解　債権者が担保を喪失・減少させた後に、物上保証人から担保物件を譲り受けた者も、五〇四条による免責の効果を原則主張できる（最3判平成3・9・3民集四五巻七号一一二一頁）。しかし、債権者と物上保証人間に担保保存義務免除特約があるため、債権者が担保を喪失・減少させたときに免責の効果が生じなかった場合は、担保物件の第三取得者への譲渡によって改めて免責の効果が生ずることはないから、第三取得者は、免責の効果が生じていない状態の担保の負担がある物件を取得したことになり、債権者に対し、五〇四条により免責の効果を主張することはできない。

解説　本判決は、前記判断の前提として、保証に関する163判決を参照し、物上保証人との関係でも担保保存義務免除特約を原則有効とする。そして、取引経緯等を総合して、債権者の担保喪失・減少行為が取引通念から合理性を有し、代位権者の代位の期待を奪わないときは、特段の事情がない限り、免除特約の主張は信義則違反・権利濫用に当たらないと判示した。その上で、特約によって五〇四条の免責の効果が生じなかったときは、その後に取引に入った第三取得者は、免責の生じていない状態で担保物を取得したとして免責の効果を主張できないと判断した。つまり、契約（特約）の第三者効を否定しつつ、特約当事者間の状態を第三取得者が承継したとみる。そこで、免除特約の効力承継効は担保喪失・減少行為後に現れた第三取得者との関係に限られよう。本判決は免除特約の効力範囲を代位権者一般に拡張しつつ、第三者との関係では一定の限定を加えた。なお、新五〇四条一項は、同義務の主張権者に第三取得者も含むとの判例法理（前記平成3年最判）を付加したが、従来の規律を基本的に維持した。また、同条二項に新設された例外準則も旧五〇四条の過失にかかる障害要件を明記したにすぎないとされる。そこで、本判決の意義は平成29年改正後も変わらない。

関連条文　一条・五〇四条

債権者の受領拒絶と供託の要件

166 大判大正11・10・25民集一巻六一六頁

関連条文 四九四条

口頭の提供を経ないでなされた供託は有効か。

事実 Xは、Yから金員を借り受け、その担保に自己所有の不動産をYに売り渡し、所有権移転登記をした。Xは、債務を返済したときには当該不動産を返還するよう求めてYと交渉したが、Yがこれを拒否したので、改めて口頭の提供をすることなく、元利金を供託の上、当該不動産の所有権移転登記の抹消登記手続を求めて提訴した。

裁判所の見解 債権者が予め受領を拒絶している場合、債務者は、供託するには、原則として口頭の提供をして債権者を受領遅滞に陥らせる必要があるが、しかし、口頭の提供をしても債権者が受領しないことが明らかであるときは、口頭の提供をすることなく直ちに供託することができる。

解説 債権者が予め弁済の受領を拒絶している場合、債務者は改めて口頭の提供をして債権者を受領遅滞に陥らせた後で初めて供託することができるとの口頭の提供「必要説」と、口頭の提供をすることなく直ちに供託することができるとの口頭の提供「不要説」が改正前民法の下では成り立ちえた。本判決は、必要説に立ちつつ、その例外を認めた。新四九四条一項一号は、「弁済の提供をした場合」に初めて供託が可能である旨定め、本判決の採用した必要説を明文化した。

不要説によれば、旧四九四条は受領遅滞（四一三条）を要件としていないこと、また、口頭の提供なしに供託を認めても供託物の還付を受けうる債権者に特段の不利益は生じないことから、債務者に口頭の提供の手間をかけさせる必要はなく、債務者は①口頭の提供（四九三条ただし書）をするか、それに代えて②供託（四九四条）をするか、選択権を有するとされた。しかし、必要説は、供託物の還付には所定の手続が必要なので実際には債権者に負担が生じるし、また、債務不履行責任を免れさせるにとどまる①を経ずに、債権の消滅まで生じさせる②が認められるべきではないとして、不要説を批判した。更に、四九三条ただし書と異なり「あらかじめ」との文言が旧四九四条にないのも、口頭の提供を受けた債権者が現に受領を拒絶していることを供託の要件とする趣旨であると指摘された。それらを踏まえ、新四九四条一項一号が必要説を明文化するに至ったのは前述の通りである。

もっとも、必要説も常に口頭の提供を求めるわけではない。口頭の提供をしても債権者が受領しないことが明らかな場合、そのような手間をかけても無駄に終わるので、本判決は、債務者は口頭の提供なくして直ちに供託することができるとの例外を認め、その限りで不要説に歩み寄っている。新四九四条の下でも、本判決の示した例外は当然に認められる。

167 金額不足の供託に伴う還付と債権の消長

最1判昭和42・8・24民集二一巻七号一七一九頁

関連条文 四九八条

金額不足の供託も還付により全額弁済の効力が生じるか。

事実　Xは、金銭を貸し付けたYに対して、元利金の支払を求めて提訴した。一審で、遅延損害金を月三分とするXの請求が認められたが、Yは、元金と年五分の遅延損害金を供託し、特段の留保も付さずにXがその還付金を受領した。原審で、Xは、Yに対して、XとYのそれぞれが主張する遅延損害金の利率の差額について賠償を求めたが、Xの請求は棄却された。

裁判所の見解　金額に争いがある債権について、全額に対する弁済を供託原因として供託した金額が、債権者の主張する額に足りない場合でも、債権者が供託書の交付を受けて供託金を受領したときは、原則として、その債権の全額に対する供託の効力を認めたものと解される。しかし、債権者が一部弁済として受領する旨留保の意思表示をした等の特段の事情があるときはその限りでなく、本件のように債権者が供託額を超える債権を係属中の訴訟で主張していたときは、債権者は明示していなくとも、当然にそのような留保の意思表示をしていたものとして、上記の特段の事情が認められる。

解説　債権者は、自らの主張する金額に不足する供託金を受領した場合、一部弁済として受領する旨の留保の意思表示をする等、「特段の事情」がなければ、不足分について債権を放棄したものと推定され、全額弁済の効力が生じる。これにより、債権者は、以後、債務者に対して不足分の支払を求めることはできなくなる（最1判昭和33・12・18民集一二巻一六号三三二三頁）。仮にそのような留保の意思表示を供託所及び債務者にした上で供託物を受領すれば、債権者は、債務者に対して、引き続き不足分の支払を求めることができる（最1判昭和38・9・19民集一七巻八号九八一頁）。

本判決も原審も前掲昭和33年最判に従うが、それにもかかわらず、両者で結論が異なるのは、昭和33年最判において例外とされた「特段の事情」があるか否かの判断が異なるからである。原審は、債権者が明示的に留保していないから特段の事情はないとしたのに対し、本判決は、債権額が争われている場合、供託額以上の債権が存在することを訴訟で主張していれば、債権者が一部弁済として受領する旨の留保の意思表示を明示的にしていなくとも、その旨の留保は当然しているものと解しうるとして上記の特段の事情を認めた。これは、もはやそのような場合に、債権者が不足分の債権を放棄しているとの推定が働かないと考えられるからである。

供託金取戻請求権の時効期間

168 最大判昭和45・7・15民集二四巻七号七七一頁

供託金取戻請求権の消滅時効期間は何年か。

事　実　AからA所有の土地を賃借しているXは、Aが賃料の受領を拒絶したので、毎月の賃料を供託していた。その後、Aは、Xに対して建物収去土地明渡しを求めて提訴したところ、最高裁において和解が成立し、Xが賃借権を有しないことを認めて土地を明け渡す一方、Aは賃料相当額の損害賠償請求権を放棄することとなった。そこで、Xは、供託官である国Yに対して、供託した賃料の取戻しを求めたが、Yは、供託の時から一〇年経過した分の供託金取戻請求権については時効消滅したとして、Xの請求を却下した。Xは、その却下処分の取消しを求めて行政訴訟を提起した。

裁判所の見解　供託金取戻請求権の消滅時効は、供託の基礎となった債務について紛争の解決により供託金取戻請求権の不存在が確定する等、供託者が免責の効果を受ける必要が消滅した時から進行し、民法の規定により、一〇年をもって完成する。

解　説　債務者には供託物取戻請求権が認められる（四九六条一項）。供託官による弁済供託の法律関係が公法関係とすれば、会計法三〇条により、この供託物返還請求権の消滅時効期間は五年となる。実際、原審はそう判断したが、本判決は、供託官に供託金取戻請求権の適否を判断する権限が与えられているのでその却下処分は行政処分であるとしつつ、弁済供託自体は民法上の寄託契約の性質を有するものであるから、旧一六七条一項により、その消滅時効の期間は一〇年であることを明らかにした。これにより改正法の下では客観的起算点から一〇年、ただし主観的起算点から五年で、供託金取戻請求権は時効消滅することになる（新一六六条一項）。

なお、本判決は、改正法下にいう客観的起算点について、権利行使が法律上可能（新一六六条一項二号）であるにとどまらず、それが現実に期待できる時であるとして、本件で時効が進行するのは供託時ではなく、和解成立時からとした。その理由は、弁済供託では供託の基礎となった事実をめぐって供託者と被供託者の間に争いがあることが多く、争いが続く間は自らの主張を撤回したと解されるのをおそれる供託者・被供託者のいずれにも供託物の取戻請求権・還付請求権の行使を期待することが事実上不可能であること、また、それにもかかわらず、供託時からその行使が法律上可能であるとして時効の進行を認めては紛争が未解決なまま供託物の取戻請求権・還付請求権のいずれも行使できなくなり、供託制度を定めた趣旨に反することにある。すなわち、Xに供託金取戻請求権の行使を現実に期待できるのは、供託の基礎にある賃料債務をめぐるXY間の紛争が和解により解決した時であるというのが本判決の考えである。

関連条文　四九六条一項・一六六条（旧一六七条）

供託金取戻請求権の消滅時効の起算点

169 最3判平成13・11・27民集五五巻六号一三三四頁

関連条文　四九六条一項・一六六条

供託金取戻請求権の消滅時効の起算点はいつか。

事　実　AからA所有の建物を賃借しているXは、Aの死亡後、Aの相続人と称するBと、Aから建物を譲り受けたと称するCからそれぞれ賃料の支払を求められたので、債権者不確知を理由に、賃料を毎月、供託した。その後、Xは、供託官である国Yに対して、供託した賃料の取戻しを求めたところ、Yは供託の時から一〇年経過した分については時効消滅したとして、Xの請求を却下した。Xは、その却下処分の取消しを求めて行政訴訟を提起した。

裁判所の見解　弁済供託は、供託して債務を免れることができるようにする制度であるところ、供託物取戻請求権を行使すれば供託をしなかったとみなされるから、供託の基礎となった債務につき免責の効果を受ける必要がある間は、供託者に供託物取戻請求権の行使を期待することはできず、供託物取戻返還請求権の消滅時効が供託の時から進行すると解しては、供託制度の趣旨に反する結果になる。そうすると、弁済供託における供託物の取戻請求権の消滅時効の起算点は、過失なくして債権者を確知することができないことを原因とする弁済供託の場合も含め、供託の基礎となった債務について消滅時効が完成する等、供託者が免責の効果を受ける必要が消滅した時と解される。

解　説　本判決は、168判決（昭和45年最判）を引用の上、供託金取戻返還請求権の消滅時効の起算点は供託時ではなく、「供託者が免責の効果を受ける必要が消滅した時」であることを明らかにした（旧一六六条一項）。改正法でも本判決の判旨は消滅時効の客観的起算点（新一六六条一項二号）の判断として承継される。

確かに、受領拒絶が供託原因であった昭和45年最判では供託者と被供託者の間に争いが想定されるが、債権者不確知が供託原因の場合はそれが想定されないから、後者は前者を対象とした昭和45年最判の射程外とも考えられる。実際、本判決以前の供託実務は、債権者不確知及び受領不能が供託原因の場合に供託時を時効の起算点としていた。しかし、本判決は昭和45年最判が供託原因にかかわらず広く妥当することを確認し、これにより供託実務も改められた。供託による免責の効果を欲する債務者に供託物取戻請求権を行使させて免責の利益の享受を断念させるのは供託原因を問わず事実上不可能であり、仮に供託時を起算点としてそれを求めれば供託制度の存在意義が失われてしまうことにその理由がある。なお、具体的な起算点が、昭和45年最判では和解成立時、本判決では供託の基礎となった債務の消滅時効完成時と異なるのは、供託原因により「供託者が免責の効果を受ける必要が消滅した時」が異なるからである。

代物弁済による債務消滅の効果の発生

170 最2判昭和40・4・30民集一九巻三号七六八頁

関連条文　四八二条

不動産所有権の譲渡によって代物弁済をする場合において、債務の消滅には所有権移転登記の完了を必要とするか。

事　実　Xは、Yから、昭和33年10月3日、六五万円を、弁済期同年12月13日、利息年一八％、期限後の損害金年三六％で借り、X所有の土地に抵当権を設定していた。その後、Yは抵当権実行による不動産競売申立てをし、その結果、同35年5月25日に、Yは同日までの期限後の損害金名義で三六万円と貸付元金の内金名義で五五万七一八五円の配当交付を受けた。Xは、それ以前の同34年10月8日頃に、Yとの間に、X所有の右土地を六五万円の債務の元利金及び五通の約束手形金債務（一八万五〇〇〇円）の元利金の代物弁済とする契約が成立し、これら債務が消滅したとして、その債務不存在確認を求めた。なお、この代物弁済契約に基づいて右土地の所有権移転登記が行われる前に、Yは競売申立てを行っていた。これに対して、Yは、反訴において、右配当金を控除した貸付残金九万二八一五円とその後の遅延損害金及び約束手形金の支払を求めた。一審及び原審は、代物弁済契約の成立により本件債務が消滅したとして、Xの請求を認容した。Y上告。

裁判所の見解　「債務者がその負担した給付に代えて不動産所有権の譲渡をもって代物弁済する場合の債務消滅の効力は、原則として単に所有権移転の意思表示をなすのみでは足らず、所有権移転登記手続の完了によって生ずるものと解すべきである。原判決は、前記認定事実のみで直ちに本件債務の消滅を肯定したのは違法である。」

解　説　新四八二条によれば、代物弁済契約は諾成契約であり、債権者と債務者の合意によって成立し、その履行として本来の給付に代わる他の給付をしたときに、債権の消滅という弁済と同一の効力が生じる。この「給付をした」とは、単なる給付の約束では足らず、現実に給付がされたことを要する。これには、権利の移転に加えて、第三者に対する対抗要件を具備することまで必要である。そして、不動産について、判例は、登記その他引渡行為を終了し、第三者に対する対抗要件を具備した時に、債権が消滅するとしてきた（最1判昭和39・11・26民集一八巻九号一九八四頁）。本判決もこの立場を確認している。所有権は契約成立時に移転するが、所有権移転登記を備える前に債務が消滅してしまうと、債務者が物件を二重譲渡し、第三者が移転登記を備えれば、何らの対価なく債務が消滅してしまうからである。その上で、本判決は、対抗要件具備には所有権移転登記で足りる本件のようなケースにおいて、単に所有権移転登記手続の完了のみを要し、更に引渡行為等を要しないことを明らかにした意義を有する。

相殺の遡及効と契約解除の効力への影響

171 最2判昭和32・3・8民集一一巻三号五一三頁

賃料不払による不動産賃貸借契約の解除後に賃借人がした相殺によって、未払賃料債務が解除前に遡って消滅した場合、解除の効力に影響はあるか。

事実　家屋の賃貸人Xは、賃借人Yの家賃滞納を理由に、その賃貸借契約を催告の上で解除し（昭和26年12月26日）、Yに、家屋の明渡し並びに延滞家賃（同年11月分）及び家賃相当額の損害金の支払を請求した。これに対して、Yは、口頭弁論（昭和27年6月11日）において、別途Xから賃借していた動産の賃料を賃貸終了後二ヶ月分（昭和26年1、2月分）誤って払い過ぎており、その過払分の不当利得返還請求権によって、前記滞納家賃を相殺すれば、解除の原因とされる家賃滞納はないと主張し、解除の効力を争った。

裁判所の見解　相殺の「遡及効は相殺の債権債務それ自体に対してであって、相殺の意思表示以前既に有効になされた契約解除の効力には何らの影響を与えるものではないと解するを相当とする。そしてこの事は相殺の自働債権者がその債権を有しておることを知らなかつたため相殺の時期を失した場合と雖も右の理を異にするものとは解せられない」。

解説　既に大判大正10・1・18民録二七輯七九頁は、賃料不払による賃貸借契約の適法な解除後に、賃借人が賃貸人に対して解除前に有していた相殺権を対抗しても、相殺の意思表示の有無によって「法律関係の不確定なる状態の存続を嫌忌することは其立法の旨趣」であるから、「相殺の意思表示の遡及力は此点に於て制限せられ」るものと述べる。相殺によって、その意思表示前に生じた状態（弁済、免除など）を覆すことはできないとして、学説も、この大審院判決を支持していた。本判決は、この大審院判決を踏襲するものである。

これに対して、相殺は相手方からの請求に対して主張する抗弁であるのが一般的であり、相殺適状に遡って効果を認めることが当事者の公平に適うという考えからは、本判決の帰結とは異なって、Xの解除の意思表示後に、それ以前の相殺適状にYが気づいて相殺を対抗した場合、この相殺を認めて、解除の効力を否定するのが当事者の公平に資するようにもみえる。

本件の事案では、解除の根拠となる家賃滞納は、一月分にすぎない。新五四一条ただし書は、「軽微」な不履行による解除を制限する。そこで、本件において、Xの解除が認められるかどうかは、相殺の遡及効それ自体よりも、継続的な不動産賃貸借における解除権行使の妥当性から検討する必要がある。

関連条文　五〇六条二項・五四一条ただし書（旧五四一条）

請負人の報酬債権と損害賠償債権との相殺と報酬残債務の履行遅滞

172 最3判平成9・7・15民集五一巻六号二五八一頁

関連条文 五〇六条二項・五三三条・四一二条・(旧六三四条二項)

報酬債権を受働債権として瑕疵修補に代わる損害賠償債権を自働債権として注文者が相殺した場合に、相殺によって生じた報酬残債務について、注文者が遅滞になるのはいつからか。

事実　Xは、Yから建物新築工事を請け負って、仕事を完成させて引き渡した。しかし、Yが請負報酬を一部しか支払わないので、未払額（及び遅延損害金）について支払を求めた。これに対して、Yは、瑕疵修補に代わる損害賠償債権などを自働債権として相殺する旨の意思表示をした。原審は、Xの請求を、相殺後の報酬残債権と建物引渡日の翌日以降の遅延損害金の支払を求める限度において認容した。

裁判所の見解　「請負人の報酬債権に対し注文者がこれと同時履行の関係にある目的物の瑕疵修補に代わる損害賠償債権を自働債権とする相殺の意思表示をした場合、注文者は、請負人に対する相殺後の報酬残債務について、相殺の意思表示をした日の翌日から履行遅滞による責任を負うものと解するのが相当である。」

解説　旧六三四条二項が五三三条を「準用」するのは請負人の報酬債権と注文者の瑕疵修補に代わる損害賠償債権は、双務契約上の対価的給付ではないと考えられたからである。これに対して、改正法は、両債権が同時履行関係にあることを五三三条に規定する。いずれにおいても、問題は、同時履行関係が対当額の範囲か、又は、全額についてかということである。本件に先立つ最高裁判決（最3判平成9・2・14民集五一巻二号三三七頁〔Ⅱ巻参照〕）において、二つの債権は、対当額ではなく、全額について同時履行関係に立つことが明らかにされている。この判決を引用して、本件最高裁も、注文者が相殺を主張した場合には、「報酬債務の全額」について遅滞責任を負わないものと述べる。

そうであっても、相殺の遡及効（五〇六条二項）によって、相殺後の報酬残債務について注文者が遅滞に陥るのは、相殺適状の翌日からではないかという疑問が提起されうる。相殺による報酬残債務は、相殺適状時に発生するからである（本件の原審は、建物の引渡日に相殺適状になったとして、Yは、この翌日から遅滞になると判断した）。しかし、相殺の遡及効によって相殺の意思表示以前に既に生じた状況を覆すことができないという考え方は、既に最高裁判決によって示されており（171・173判決）、本件の最高裁が、相殺の遡及効によって「相殺の意思表示をするまで注文者がこれと同時履行の関係にある報酬債務の全額について履行遅滞による責任を負わなかったという効果に影響はない」と述べるのは、このような考え方に沿ったものと理解できる。

相殺の意思表示がされる前の相殺等を原因とする債権消滅と相殺の成否

173 最3判昭和54・7・10民集三三巻五号五三三頁

関連条文　五〇五条一項・五〇六条二項

転付債権者の相殺と第三債務者の相殺が競合した場合に、その優劣はどのように決せられるのか。

事　実　Xは、Aに対して貸金債権（甲債権）を有しており、これは、AのXに対する預金債権（乙債権）と相殺適状にあった。他方、Xは、Yに対して約束手形金（丙債権）を請求したものの、Yは、抗弁として、転付命令によって取得した乙債権を自働債権とし、丙債権を受働債権として相殺を主張した。これに対して、Xは、再抗弁として、甲債権を自働債権とし、乙債権を受働債権として相殺した。

裁判所の見解　「相殺適状は、原則として、相殺の意思表示がされたときに現存することを要するのであるから、いったん相殺適状が生じていたとしても、相殺の意思表示がされる前に一方の債権が弁済、代物弁済、更改、相殺等の事由によって消滅していた場合には相殺は許されない（民法五〇八条はその例外規定である。）、と解するのが相当である。」

解　説　本件では、相殺の意思表示に着目すれば、転付債権者（Y）の意思表示が、第三債務者（X）の意思表示よりも先になされているが、相殺適状に着目すれば、債務者（A）とXの間の相殺適状が先であり、その後に、Yが乙債権を転付命令によって取得してXとYの間に相殺適状が生じたものである。このXとYの相殺が競合した場合にいずれが有効か。

相殺の遡及効（五〇六条二項）に着目すれば、Yが既に相殺適状にある債権の一方（乙債権）を譲り受けて相殺適状が後に生ずる債権（丙債権）と相殺をしても、先に相殺適状にある甲乙債権の間でXによる相殺がなされて遡及的に両債権が消滅すれば、Yによる相殺は、自働債権（乙債権）を失って効果を生じないとも考えることができる。これは、先に相殺適状の生じた者の相殺に対する期待を保護しようという考え方である。

他方で、相殺の要件に着目すれば、意思表示の時点で相殺適状にあることが必要であるのに、Xが相殺の意思表示をした時点では、Yの相殺によって乙債権はすでに消滅しており、受働債権（乙債権）を失ってXによる相殺は効力を生じない。このことを本件最高裁は述べているのである。

ただし、この最高裁の帰結は、相殺の担保的機能に関する判決とは整合性がないようにもみえる。本件最高裁は、前述のように意思表示時における相殺要件の充足の有無によって本件を解決したのであるが、視点を変えれば、XとYは、いずれも自己のAに対して有する債権を乙債権から回収しようと競合したものとみることもできる。このような視点からは、Aに対する二人の債権者（XY）間の競合において、いずれが優先するのかという観点からの検討が必要になる。178

時効完成後に譲り受けた債権を自働債権とする相殺

174　最2判昭和36・4・14民集一五巻四号七六五頁

関連条文　五〇六条二項・五〇八条

消滅時効期間の経過した債権を譲り受けて、これを自働債権としてする相殺の可否。

事実　Xは、Yに対して確定判決により五〇万円余りの金銭債務を負担していたが、その後、YがAに振出した金額五〇万円、支払期日昭和27年1月27日の約束手形を昭和31年中にAから裏書によって譲り受けて、昭和31年3月末日に両債権を相殺して、債務名義である右確定判決の執行力の排除を求めた。これに対して、Yは、右手形債権が既に三年の時効(手七七条・七〇条)にかかっているとして、相殺の効力を争った。原審は、Xによる右手形債権の譲受けが消滅時効期間経過後であることを認定した上で、五〇八条の反対解釈により、相殺の効力を認めずに、Xの請求を棄却した。

裁判所の見解　「既に消滅時効にかかった他人の債権を譲り受け、これを自働債権として相殺することは、民法五〇六条、五〇八条の法意に照らし許されないものと解するのが相当である」として、本件ではXによる債権の譲受時に「既に右手形債権の消滅時効が完成し、Yにおいてこれを援用していること原判示のとおりである以上Xのなした相殺の意思表示はその効力を生ずるに由ない」ものとした。

解説　大審院(大判昭和15・9・28民集一九巻一七四四頁)は、自働債権となる譲渡債権の消滅時効期間が債権譲渡前に経過していた場合、債権譲渡を債務者に対抗する以前には双方の債権は対立していないために、たとえ譲渡前に二つの債権が弁済期にあったとしても、相殺の効力は弁済期に遡ることがなく、債権譲渡の対抗要件具備時に初めて相殺適状を生じるのみであるから、時効の援用がある以上は、相殺の意思表示は無効となると述べており、学説もこの判決に賛成する。

理論的には、時効の不確定効果説(最2判昭和61・3・17民集四〇巻二号四二〇頁)に立てば、本件において、Yによって時効が援用されるまでは、Xは、その時効期間の経過した債権を譲り受けて、有効に相殺を主張できるとも考えられそうである。問題になるのは、五〇八条において自働債権の「消滅以前に相殺に適するようになっていた」という意味である。本件の最高裁は、「五〇六条、五〇八条の法意に照らし」て、債権譲渡前に完成した時効が相殺の意思表示後に援用されれば、相殺の意思表示時には、相殺適状の一つである債権の対立を欠くことになるとしてその効力を否定するのである。つまり、本件は、最高裁として、前述の大審院判決を再確認したものといえる。

なお、175判決は、時効期間経過前に債権が対立するだけでなく、それ以前に受働債権の弁済期が現実に到来する必要もあるとする。

消滅時効が援用された自働債権による相殺の要件

175　最1判平成25・2・28民集六七巻二号三四三頁　　関連条文　五〇五条一項・五〇八条

自働債権の時効「消滅以前」に「相殺に適するようになっていた場合」（五〇八条）とはどのような意味か。

事　実　Xは、平成7年4月17日から翌年10月29日まで、貸金業者Yと利息制限法所定の利率を超える利息で継続的な金銭消費貸借取引を行い、取引終了時には過払金返還請求権（約一八万円）を取得した。Xは、その不動産に根抵当権を設定した上で、平成14年1月31日、貸金業者Aから、平成29年2月までの分割弁済で、支払の遅滞により期限の利益を喪失する特約で、四五七万円を借り受けた。Yは、平成15年1月6日、Aを吸収合併して貸主の地位を承継した。平成22年6月2日まで、Xは、AYに対して継続的に返済したが、同年7月1日に弁済を怠り、貸金残債権（約一八八万円）について期限の利益を喪失した。Xは、同年8月17日、Yに対して、右過払金返還請求権を含む約二八万円の債権と右貸金残債権とを相殺して残額を弁済した上で、Yに、被担保債権の消滅に伴う右根抵当権の抹消登記手続を求めた。これに対して、Yは、右取引終了時から一〇年が経過したとして、右過払金返還請求権の消滅時効を援用した。

裁判所の見解　①五〇五条一項における相殺適状には「自働債権のみならず受働債権についても、弁済期が現実に到来していること」が必要であり、「受働債権の債務者がいつでも期限の利益を放棄することができることを理由に両債権が相殺適状にあると解することは、上記債務者が既に享受した期限の利益を自ら遡及的に消滅させることとなって、相当でない」。したがって、「相殺適状にあるというためには、受働債権につき、期限の利益を放棄することができるというだけではなく、期限の利益の放棄又は喪失等により、その弁済期が現実に到来していることを要する」。

②「当事者の相殺に対する期待を保護するという民法五〇八条の趣旨に照らせば、同条が適用されるためには、消滅時効が援用された自働債権はその消滅時効期間が経過する以前に受働債権と相殺適状にあったことを要する」。

解　説　期限の利益は放棄できるから、「相殺に適するようになっていた」（五〇八条）というには、自働債権のみが弁済期にあればよいとも思われる（原審は、XY間に債権が対立した平成15年1月6日を相殺適状とした）。しかし、最高裁は、受働債権の期限の利益喪失日（平成22年7月1日）に、現実に弁済期になって相殺適状になるとして、Xの相殺を認めなかった。学説には、この判断を支持するものがある一方で、自働債権が過払金返還請求権であるという特殊性や時効の不確定効果説（最2判昭和61・3・17民集四〇巻二号四二〇頁）からは、Xの相殺を認めるべきとの批判がある。

修補に代わる損害賠償請求権を自働債権とする相殺

176 最1判昭和51・3・4民集三〇巻二号四八頁

関連条文　五〇八条・六三七条一項・（旧六三四条二項）

旧六三七条一項所定の除斥期間を経過した自働債権による相殺の可否。

事　実　XがYから請け負った印刷物の納入済みの代金及び遅延損害金の支払を求めたのに対し、Yは、納品の都度、不良品があることを指摘したものの善処されなかったことによる損害賠償請求権をもって相殺する旨を一審口頭弁論期日（昭和46年5月18日）に主張した。Xは、損害賠償請求権は、印刷物の引渡し（昭和45年2月25日）から一年の経過によって消滅したから（旧六三七条一項）、Yの相殺は無効であると主張した。原審が相殺を有効としたので、Xは、損害賠償請求権が除斥期間の経過によって消滅したとして上告した。

裁判所の見解　旧六三七条一項の期間は除斥期間であり、「右期間経過前に請負人の注文者に対する請負代金請求権と右損害賠償請求権とが相殺適状に達していたときには、同法五〇八条の類推適用により、右期間経過後であっても、注文者は、右損害賠償請求権を自働債権とし請負代金請求権を受働債権として相殺をなしうるものと解すべきである。」五〇八条の類推理由は、「請負契約における注文者の請負代金支払義務と請負人の仕事の目的物引渡義務とは対価的牽連関係」にあり、「注文者の瑕疵修補に代わる損害賠償請求権は、実質的、経済的には、請負代金を減額し、請負契約の当事者が相互に負う義務につきその間に等価関係をもたらす機能をも有する」ことから、両債権が、旧「六三七条一項所定の期間経過前に相殺適状に達したとき」には、「右請負代金請求権と右損害賠償請求権とが対当額で消滅したものと信じ」た「注文者の信頼」を「公平の見地」から保護すべきだからという。

解　説　除斥期間は紛争の速やかな解決のためにあるとして相殺を否定する学説もあるが、本判決は、報酬と引渡しの対価関係から五〇八条を類推した。瑕疵修補に代わる損害賠償と報酬の同時履行を最3判平成9・2・14民集五一巻二号三三七頁〔Ⅱ巻参照〕（旧六三四条二項）は認めており、相殺は、この同時履行を実現する。

改正法では、不適合を知った時から一年以内の通知を怠った注文者は、損害賠償や報酬減額を請求できない（新六三七条一項）。本件事案ではこの通知があるために、損害賠償の時効は五年（新一六六条一項一号）になる（時効完成後は五〇八条を適用できる）。問題になるのは、新六三七条一項の通知のない場合である。この場合にも、本判決の述べる「対価的牽連関係」を重視すれば、その期間後の相殺（実質は報酬減額請求）を認める本判決の帰結が維持されよう。

不法行為に基づく損害賠償債権を自働債権とする相殺

177 最1判昭和42・11・30民集二一巻九号二四七七頁

不法行為に基づく損害賠償債権を自働債権として不法行為以外の原因による債権を受働債権とする相殺は認められるか。

事実　Yは、Xから土地を買い受ける契約を締結し、その土地上のXの建物を賃借していた。Xは、Yが右売買代金の一部を支払ったのみで残額を支払わないので、これを解除し、また、建物の賃料を支払わないので賃貸借契約も解除して、土地・建物の明渡し及び賃貸借終了後の賃料相当額の損害賠償の支払を求めたところ、Yは、売買契約解除による支払済みの代金返還債権を被担保債権として土地を留置すると抗弁した。これに対して、Xが、滞納家賃と損害賠償債権とで代金返還債権を相殺し、留置権は消滅しているというのに対して、Yは、賃料相当の損害賠償債権は不法行為に基づくものであるとして、旧五〇九条により相殺の効果は生じないと主張した。

裁判所の見解　旧「五〇九条は、不法行為の被害者をして現実の弁済により損害の塡補をうけしめるとともに、不法行為の誘発を防止することを目的とするものであるから、不法行為に基づく損害賠償債権を自働債権とし不法行為による損害賠償債権以外の債権を受働債権として相殺をすることまでも禁止する趣旨ではないと解するのを相当とする。」

関連条文　五〇九条

解説　旧五〇九条は、不法行為を原因とする債権を受働債権として相殺することを禁じる。本件では、受働債権は売買の解除に伴う既払代金の返還請求権であり、不法行為上の債権ではないので、旧五〇九条の反対解釈によって相殺できるという結論を導くことができる。本判決は、この解釈を正当化するために、同条の立法趣旨として、①被害者に現実の賠償を受けさせること、②不法行為の誘発を防止することを挙げる。本判決を参照して、自働債権と受働債権が同一事故から生じた損害賠償債権である場合に相殺を否定する判決（最3判昭和49・6・28民集二八巻五号六六六頁）、不法行為の加害者が自己の債権の執行として被害者の損害賠償債権の差押・転付命令を受けて混同によって右賠償債権を消滅させるのは旧五〇九条を潜脱する行為であるとして転付命令の効力を否定する判決（最1判昭和54・3・8民集三三巻二号一八七頁）がある。

学説は、前述の立法趣旨について、①債務不履行でも相殺を禁止すべき場合がある、②不法行為全般を対象とするのは広すぎる等と批判してきた。そこで、新五〇九条は、前述の趣旨①のために、人の生命・身体の侵害による損害賠償債務を、及び、前述の趣旨②のために、悪意による不法行為に基づく損害賠償債務を受働債権とすることを禁止する（「悪意による不法行為」については破二五三条一項二号を参照）。本件の事案では、この改正法の下でも、相殺が可能といえる。

相殺適状を生じさせる合意の差押債権者に対する効力

178 最大判昭和45・6・24民集二四巻六号五八七頁

関連条文 五一一条一項・二項（旧五一一条）

相殺適状を生じさせる合意は、差押債権者に効力を有するか。

事実 AとY銀行は、YがAに金銭を貸し付けるにあたり、AがYに対し取得する債権について差押えの申立てがされる場合はその貸付債権について弁済期が到来する旨の合意をした。Aが租税を滞納し、国は、AのYに対する定期預金債権を租税滞納処分として差し押さえ、差押えに基づきYに対し定期預金の払戻しを請求した。Yは、定期預金債権と貸付債権とを相殺する旨の意思表示をし、定期預金債権は消滅したと主張した。

裁判所の見解 第三債務者Yは、債権が差押え後に取得されたのでない限り、自働債権と受働債権の弁済期の前後を問わず、相殺適状に達すれば、差押え後も、これを自働債権として相殺ができる。信用悪化などの客観的事情が債務者に発生した場合に期限の利益を喪失させ、債権者も期限の利益を放棄して直ちに相殺適状を生ぜしめる旨の合意は、契約自由の原則上有効であり、差押債権者にも効力を有する。

解説 債務者は、原則として、差押え後に取得した反対債権による相殺を差押債権者に対抗することができない（新五一一条一項）。これは、差し押さえられた債権（受働債権）の弁済期が反対債権（自働債権）より前に到来する場合であっても、異ならない。これを明らかにする判旨の前段は、平成29年に改正された五一一条一項の文理上明確にされ、本件判決を参照しなくても明らかである。

しかし、相殺が許されるとしても、相殺適状の一般の要件を満たす必要があり、債務者が実際に相殺をするには、自働債権の弁済期が到来しなければならない。その前に受働債権の弁済期が到来して差押債権者が取立てをすることを阻むことはできない。実務上、これを避けるため、自働債権の債務者の信用悪化を示す事由が生ずる場合に期限の利益を失わせて相殺適状を生じさせることを予め合意しておくことがみられる。判旨の後段は、この合意が差押債権者にも効力を有するという解釈を示し、理由として契約自由の原則ということを挙げる。この合意が当事者間で効力を有することに疑いがないが、差押債権者にも効力を有することの説明を丁寧にすることが課題である。少なくとも銀行取引において、本件にみられる合意は、それがされていることが公知であるという説明や、商慣習になっているという説明がされたりするのは、この課題に応えようとするものであり、それぞれの説明の当否が論じられている。

差押え後に取得した債権を自働債権とする相殺が認められる例外は、新五一一条二項の場合である。そこにいう「差押え前の原因」の意義が問われるが、新しく設けられた規範であり、判例はない。同じ概念を扱う倒産法領域の判例に101判決がある。

担保不動産収益執行と賃借人による相殺

179 最2判平成21・7・3民集六三巻六号一〇四七頁

担保不動産収益執行の開始決定後、賃借人が自己の賃料債権を受働債権として賃貸人に対して行った相殺は有効か。

事実　Xは、抵当権設定者A所有の担保不動産収益執行の管理人であり、Xが、担保不動産につき、Aとの間で賃貸借契約を締結しているYに対し、Yの賃料不払に基づく賃料の支払を求めたところ、Yは、Aに対する、担保不動産収益執行開始決定に係る抵当権の設定登記前に取得した賃貸人に対する保証金返還請求権を自働債権とし、AのYに対する賃料請求に係る債権を受働債権とする相殺を主張した。原審は不動産収益執行開始の効力発生後の賃料債権を受働債権とする相殺の効力を否定してYの請求の一部を棄却し、Yが上告した。

裁判所の見解　①担保不動産収益執行の管理人は担保不動産の収益に係る給付を求める権利を行使する権限を取得するにとどまり、同権利自体は、担保不動産収益執行の開始決定の効力が生じた後に弁済期の到来するものであっても、所有者に帰属する。担保不動産収益執行の開始決定後も所有者は相殺の意思表示を受領する資格を失わない。②抵当不動産の賃借人は、担保不動産収益執行の開始決定の効力が生じた後においても、抵当権設定登記の前に取得した賃貸人に対する債権を自働債権とし賃料債権を受働債権とする相殺をもって管理人に対抗することができる。

関連条文　五〇五条一項

解説　五〇五条一項は、二人が同種の目的を有する債務を負担する場合に、双方の債務が弁済期にあるときは、各債務者はその対当額について相殺によって債務を免れることができると規定する。平成29年改正では、同規定に変更はない。

本件の受働債権である賃料債権は担保不動産の収益に係る給付である。①の担保不動産収益執行開始決定後の賃料債権の帰属につき、原審は管理収益権を有する管理人に帰属するとしたが、最高裁は、担保不動産収益執行の目的は担保不動産から生ずる収益を確実に被担保債権の優先弁済に充てることであり、このため、賃貸人である所有者から管理収益権を奪い管理人にこれを与えたものであるから（民執九三条・九五条・一八八条）、賃料債権の帰属は所有者であり、相殺の意思表示の受領資格も喪失しないとした。

②につき、抵当権に基づく物上代位により賃料債権が差押えされた後でも自働債権の取得が抵当権設定登記に先立つ場合には相殺への合理的期待が保護されるが（最3判平成13・3・13民集五五巻二号三六三頁）、この法理は担保不動産収益執行の開始後にあっても妥当し、抵当権設定登記前に賃借人が取得した賃貸人に対する債権による相殺が優先する。

賃貸人と転借人の地位の混同と転貸借

180 最1判昭和35・6・23民集一四巻八号一五〇七頁

関連条文　五二〇条

賃貸人の地位と転借人の地位とが同一人に帰属した場合に、転貸借関係は消滅するか。

事実

Xは A所有の本件建物を、昭和12年12月頃、賃借した。その後、Xは本件建物の一部を、昭和20年6月頃、Y_1に転貸した。ところが、Y_1は、昭和22年10月24日、本件建物をAから購入し、その所有権を取得した。更に、Y_1は、昭和25年3月3日、本件建物をY_2に譲渡した。そして、Y_2は本件建物のY_1が転借していた部分を占有している。そこで、Xは、Y_1が本件建物を購入したことで、転借人と賃貸人が同一人になり、転貸借は混同により消滅したなどとして、使用収益権原のなかったYらに損害賠償を求めて、提訴した。一審及び原審は、賃貸人と転借人が同一人（Y_1）に帰属しても、賃貸借及び転貸借関係を消滅させる合意がない限り、これら契約関係は消滅しないなどとして、Y_1の占有は転借権に基づく正当なものであり、賃貸人Y_2の占有は、Xに賃借権がある以上、不法であるが、XはY_1に対して賃料を請求できるから、Y_2の占有によりXに損害はないので、Yらに損害賠償を求めることはできないとした。X上告。

裁判所の見解

家屋の所有権者である賃貸人の地位と転借人の地位とが同一人に帰した場合は、六一三条一項の規定による転借人の賃貸人に対する直接の義務が混同により消滅するのは別として、当事者間に転貸借関係を消滅させる特別の合意が成立しない限りは、転貸借関係は当然には消滅しないものと解するのが相当である（大判昭和8・9・29民集一二巻二三八四頁参照）。

解説

債権と債務が同一人に帰属したときは、その債権は消滅する（五二〇条）。混同により債権が消滅するのは、このような場合に債権・債務を存続させることは無意味だからである。この混同による債権消滅の例外として、様々な場合が認められており、五二〇条ただし書は、その一つとして、債権が第三者の権利の目的である場合を規定している。そして、本件のように、賃貸人の地位と転借人の地位とが同一人に帰属した場合について、判例は、当事者間に特に賃貸借及び転貸借関係を消滅させる合意がない限りは、賃貸借関係及び転貸借関係はいずれも消滅しないとしてきた（本判決も引用する、前掲昭和8年大判）。六一三条一項に基づいて転借人が直接に賃貸人に対して負う義務は存続させる必要がないから消滅するとしても、賃貸借が存在する限り、賃貸人（所有権者）といえども、賃貸物件の使用収益をするためには、転借権を必要とするからである。本判決は、この大審院の判例を最高裁も採用することを明らかにした意義がある。

損害賠償債権と損害賠償債務の混同

181 最1判平成元・4・20民集四三巻四号二三四頁

損害賠償債権と損害賠償債務の混同により、被害者の保険会社に対する損害賠償額支払請求権は消滅するか。

事　実　Aは、妻B及び子Cが同乗する自己所有の車を運転中、誤って海中に落下しABCが死亡した。この事故により、CはAに対し自賠法三条の損害賠償債権を有し、AはCに対しその債務を負った。X_1とX_2はAとAの先妻との子であり、Cの異母姉である。ABCの死亡の先後は不明であり、同時死亡の推定によりABC間には相続は生じず、かつAとCの相続人は他にいないため、Xらが二分の一ずつAとCの権利義務を共同相続した。Xらは、Aが自動車損害賠償責任保険契約を締結していた保険会社Yに対して、Cから損害賠償債権を相続したとして、自賠法一六条一項の保険会社に対する直接請求に基づき、損害賠償額の支払を訴求した。一審・原審共請求棄却。X_1のみ上告。

裁判所の見解　「(自賠法）三条による被害者の保有者に対する損害賠償債権及び保有者の被害者に対する損害賠償債務が同一人に帰したときには、自賠法一六条一項に基づく被害者の保険会社に対する損害賠償額の支払請求権は消滅するものと解するのが相当である。けだし、自賠法三条の損害賠償債権についても民法五二〇条本文が適用されるから、右債権及び債務が同一人に帰したときには、混同により右債権は消滅することとなるが、一方、自動車損害賠償責任保険は、保有者が被害者に対して損害賠償責任を負担することによって被る損害を填補することを目的とする責任保険であるところ、被害者及び保有者双方の利便のための補助的手段として、自賠法一六条一項に基づき、被害者は保険会社に対して直接損害賠償額の支払を請求し得るものとしているのであって、その趣旨にかんがみると、この直接請求権の成立には、自賠法三条による被害者の保有者に対する損害賠償債権が成立していることが要件となっており、また、右損害賠償債権が消滅すれば、右直接請求権も消滅するものと解するのが相当であるからである。」

解　説　交通事故の加害者と被害者に親族関係があり、一方が死亡して他方が相続をする、又は、両者が死亡して第三者が相続をする場合に、損害賠償債権は混同により消滅するか。自賠法一六条一項に基づき、被害者は保険会社に対して損害賠償額の支払を求めることができるが、この直接請求はこのような場合にも可能かが問題となる。本判決は、これ以前の下級審裁判例の流れに沿って、最高裁として、自賠法三条に基づく損害賠償債権・債務が混同によって消滅し、その上で、直接請求はこの損害賠償債権を前提とし、その消滅によって消滅することを認めるものである。

関連条文　五二〇条

最2判平成18.1.13 民集60-1-1……………貸金業法旧四三条と超過利息支払の任意性 6
最1判平成19.2.15 民集61-1-243…………将来債権譲渡担保権者の法的地位 129
最2判平成19.4.27 民集61-3-1188…………訴求力を欠く債権 15
最2判平成20.1.18 民集62-1-28……………過払金の後発借入金債務への充当 7
最2判平成21.1.19 民集63-1-97……………賃借人の損害回避義務 33
最1判平成21.1.22 民集63-1-247…………過払金返還請求権の消滅時効の起算点 8
最2判平成21.3.27 民集63-3-449…………債権譲渡制限特約の譲渡当事者間における効力 115
最2判平成21.4.24 民集63-4-765…………間接強制と不当利得 17
最2判平成21.7.3 民集63-6-1047…………担保不動産収益執行と賃借人による相殺 179
最3判平成22.3.16 判時2078-18……………弁済充当(1)：指定充当 152
最3判平成22.10.19 金判1355-16…………詐害行為取消訴訟の訴訟物の個数 54
最3判平成23.3.22 判時2118-34……………債権の一括譲渡と契約上の地位の移転 133
最2判平成23.9.30 判時2131-57……………併存的債務引受における債権者の受益の意思表示 131
最3判平成23.11.22 民集65-8-3165………弁済による代位(5)：財団債権としての原債権の行使 159
最2判平成24.2.24 判時2144-89……………安全配慮義務違反と弁護士費用賠償 36
最2判平成24.5.28 民集66-7-3123…………無委託保証人が弁済により取得する事後求償権の法的性質 101
最2判平成24.10.12 民集66-10-3311………新設会社分割と詐害行為 74
最2判平成24.12.14 民集66-12-3559………根保証契約の主たる債務に係る債権の譲渡 112
最1判平成25.2.28 民集67-2-343…………消滅時効が援用された自働債権による相殺の要件 175
最2判平成25.9.13 民集67-6-1356…………保証人による主たる債務の相続と消滅時効の中断（更新） 104

最2判平成9.1.20 民集51-1-1……………………弁済充当(3)：債務者複数の根抵当権 154
最1判平成9.4.24 民集51-4-1991…………債権者の外観を有する者への弁済(8)：保険契約者貸付への類推適用 151
最1判平成9.6.5 民集51-5-2053……………債権譲渡制限特約と債務者の承諾の第三者への影響 114
最3判平成9.7.15 民集51-6-2581…………請負人の報酬債権と損害賠償債権との相殺と報酬残債務の履行遅滞 172
最1判平成9.11.13 判時1633-81……………期間の定めがある建物賃貸借契約の更新と保証人の責任 110
最1判平成9.12.18 判時1629-50……………弁済による代位(6)：物上保証人の共同相続と頭数の算定基準時 160
最2判平成10.6.12 民集52-4-1121…………被保全債権成立後の債権譲渡通知と詐害行為取消権 59
最1判平成10.9.10 民集52-6-1494…………共同不法行為における損害賠償債務の相互の関係 94
最3判平成11.1.29 民集53-1-151…………将来債権譲渡契約の有効性 126
最2判平成11.6.11 民集53-5-898…………遺産分割と詐害行為 62
最1判平成12.3.9 民集54-3-1013…………扶養的財産分与及び慰謝料に関する合意と詐害行為 73
最2判平成12.4.21 民集54-4-1562…………集合債権譲渡予約の有効性 127
最1判平成13.11.22 民集55-6-1033………遺留分減殺請求権の一身専属性 44
最1判平成13.11.22 民集55-6-1056………集合債権譲渡担保契約における第三者対抗要件 128
最3判平成13.11.27 民集55-6-1090………債権譲渡が予約された場合の第三者対抗要件 123
最3判平成13.11.27 民集55-6-1334………供託金取戻請求権の消滅時効の起算点 169
最2判平成15.3.14 民集57-3-286…………主たる債務の債務者の法人格消滅と保証人によるその消滅時効の援用 103
最3判平成15.4.8 民集57-4-337……………債権者の外観を有する者への弁済(3)：現金自動支払機による支払 146
最3判平成16.10.26 判時1881-64…………債権者の外観を有する者への弁済(2)：債権者から受領者への不当利得請求 145
最1判平成17.1.27 民集59-1-200…………弁済による代位(8)：抵当権の複数の被担保債権のうち一部の弁済 162
最2決平成17.12.9 民集59-10-2889………不作為債務の間接強制 16

最3判昭和60.1.22 判時1148-111…………弁済による代位(4)：代位者への内入弁済と求償権と原債権の帰趨 158
最3判昭和60.2.12 民集39-1-89……………事前求償権と事後求償権の関係 100
最1判昭和60.5.23 民集39-4-972…………複数の身元保証人と相互の求償 109
最1判昭和61.2.20 民集40-1-43……………弁済による代位(2)：原債権と求償権の関係 156
最2判昭和61.4.11 民集40-3-558…………債権者の外観を有する者への弁済(1)：債権の二重譲渡 144
最1判昭和61.11.27 民集40-7-1205………弁済による代位(7)：保証人と物上保証人を兼ねる場合 161
最2判昭和62.12.18 民集41-8-1592………弁済充当(2)：不動産競売手続と指定充当 153
最2判昭和63.7.1 判時1287-63……………第三者弁済の「正当な利益」(3)：建物賃借人の地代弁済 143
最1判昭和63.10.13 判時1295-57…………債権者の外観を有する者への弁済(7)：総合口座取引への類推適用 150
最1判平成元.4.20 民集43-4-234…………損害賠償債権と損害賠償債務の混同 181
最1判平成2.4.12 金法1255-6………………担保保存義務免除特約と信義則 164
最1判平成2.9.27 民集44-6-1007…………保証の趣旨でする手形の裏書と原因債務の保証 95
最2判平成3.5.10 判時1387-59……………連帯債務者の一部の者に対する債権の転付命令 92
最1判平成4.2.27 民集46-2-112……………共同抵当と価額償還 79
最3判平成4.11.6 判時1454-85……………債権譲渡の異議をとどめない承諾と抵当不動産の第三取得者 130
最3判平成5.3.30 民集47-4-3334…………確定日付のある証書による通知の同時到達(2)：供託金還付請求権の帰趨 122
最1判平成6.4.21 裁時1121-1………………賠償額の予定と過失相殺 35
最2判平成6.7.18 民集48-5-1165…………金銭債務の金額の不足と弁済の提供の成否(2) 135
最1判平成7.3.23 民集49-3-984……………弁済による代位(3)：保証人による代位弁済と求償権の消滅時効 157
最2判平成7.6.23 民集49-6-1737…………担保保存義務免除特約の第三取得者に対する効力 165
最1判平成8.2.8 判時1563-112……………詐害行為後に発生した債権と詐害行為取消権 56
最2判平成8.7.12 民集50-7-1918…………預託金会員制ゴルフクラブ会員権の譲渡の第三者対抗要件 132

最1判昭和51.3.4 民集30-2-48……………修補に代わる損害賠償請求権を自働債権とする相殺 176
最1判昭和52.3.17 民集31-2-308…………債権譲渡制限特約と債務者の承諾 113
最1判昭和53.10.5 民集32-7-1332…………取消債権者に対する不動産移転登記 77
最1判昭和54.1.25 民集33-1-12……………抵当権付不動産の譲渡担保の取消し 78
最2判昭和54.3.16 民集33-2-270…………代位債権者独自の事情に基づく再抗弁 52
最3判昭和54.7.10 民集33-5-533…………相殺の意思表示がされる前の相殺等を原因とする債権消滅と相殺の成否 173
最3判昭和55.1.11 民集34-1-42……………確定日付のある証書による通知の同時到達(1)：債務者に対する請求 121
最1判昭和55.1.24 民集34-1-110…………被保全債権成立後の登記移転と詐害行為取消権 58
最2判昭和55.7.11 民集34-4-628…………財産分与請求権を保全するための代位権の行使 41
最1判昭和55.12.18 民集34-7-888…………安全配慮義務違反を理由とする損害賠償債務の履行遅滞 19
最2判昭和56.2.16 民集35-1-56……………安全配慮義務の証明責任 13
最3判昭和57.9.28 民集36-8-1652…………保険金請求権の代位行使の時期 46
最2判昭和57.12.17 民集36-12-2399………四四三条一項の通知を怠った連帯債務者の求償制限 93
最2判昭和58.5.27 民集37-4-477…………安全配慮義務と履行補助者 12
最1判昭和58.6.30 民集37-5-835…………質権設定（債権譲渡）の通知・承諾における質権者（譲受人）の特定 125
最3判昭和58.9.6 民集37-7-901……………弁護士費用に関する損害賠償債務の履行遅滞 20
最1判昭和58.10.6 民集37-8-1041…………名誉毀損による慰謝料請求権の一身専属性 43
最2判昭和58.12.19 民集37-10-1532………離婚による財産分与と詐害行為 61
最1判昭和59.2.23 民集38-3-445…………債権者の外観を有する者への弁済(6)：預金担保貸付における過失の判断の基準時 149
最3判昭和59.4.10 民集38-6-557…………従業員に対する会社の安全配慮義務 11
最3判昭和59.5.29 民集38-7-885…………弁済による代位(1)：求償及び代位の特約 155

最1判昭和42.11.9 民集21-9-2323…………生活費のための譲渡担保設定と詐害行為 71
最1判昭和42.11.30 民集21-9-2477…………不法行為に基づく損害賠償債権を自働債権とする相殺 177
最1判昭和43.9.26 民集22-9-2002…………消滅時効援用権の代位行使 47
最3判昭和43.12.24 民集22-13-3454………過失相殺の立証責任 34
最1判昭和44.4.17 民集23-4-785…………不可分債務の共同相続(2)：所有権移転登記義務 90
最1判昭和44.5.1 民集23-6-935……………受領を拒絶する債権者と債務者の債務不履行責任 140
最2判昭和44.12.19 民集23-12-2518………債務負担と同時の担保権設定と詐害行為 70
最2判昭和45.5.22 民集24-5-415…………不可分債務の共同相続(3)：賃貸物を使用収益させる債務 91
最大判昭和45.6.24 民集24-6-587…………相殺適状を生じさせる合意の差押債権者に対する効力 178
最大判昭和45.7.15 民集24-7-771…………供託金取戻請求権の時効期間 168
最1判昭和45.8.20 民集24-9-1243…………受領遅滞にある債権者による契約の解除 139
最3判昭和46.9.21 民集25-6-823…………将来の婚姻費用債権と詐害行為取消権 57
最2判昭和46.11.19 民集25-8-1321………受益者である債権者の分配請求権 82
最1判昭和46.12.16 民集25-9-1472………買主の受領義務 38
最1判昭和47.3.23 民集26-2-274…………保証債務の範囲(4)：合意解除による原状回復義務 99
最1判昭和47.4.20 民集26-3-520…………騰貴価格による損害賠償請求(2) 31
最1判昭和48.3.1 金法679-34………………担保保存義務免除特約の保証人に対する効力 163
最1判昭和48.3.1 金法679-35………………保証人に対する債権者の通知義務 107
最3判昭和48.3.27 民集27-2-376…………債権者の外観を有する者への弁済(5)：預金担保貸付への類推適用 148
最2判昭和48.11.30 民集27-10-1491………代物弁済としての債権譲渡の詐害性 68
最1判昭和49.3.7 民集28-2-174……………債権の二重譲渡と優劣の基準 120
最2判昭和49.9.20 民集28-6-1202…………相続放棄と詐害行為 72
最3判昭和50.2.25 民集29-2-143…………公務員に対する国の安全配慮義務 10
最1判昭和50.3.6 民集29-3-203……………債権者代位権における無資力要件 42
最3判昭和50.7.15 民集29-6-1029…………外国金銭債権 4
最1判昭和50.7.17 民集29-6-1119…………準消費貸借前の債権譲渡と詐害行為 55
最2判昭和50.12.1 民集29-11-1847………価額償還の算定基準時 80

最1判昭和35.10.27 民集14-12-2733………受領遅滞にある債権者による催告と解除 39
最3判昭和35.11.1 民集14-13-2781…………損害賠償請求権の時効起算点 37
最1判昭和35.12.15 民集14-14-3060………金銭債務の金額の不足と弁済の提供の成否(1) 134
最2判昭和36.4.14 民集15-4-765……………時効完成後に譲り受けた債権を自働債権とする相殺 174
最2判昭和36.4.28 民集15-4-1105…………損害賠償額の算定基準時としての履行期 28
最3判昭和36.6.20 民集15-6-1602…………金銭債権と名目主義 3
最大判昭和36.7.19 民集15-7-1875…………特定物債権と詐害行為取消権 60
最3判昭和37.9.4 民集16-9-1834……………不法行為を理由とする損害賠償債務の履行遅滞 18
最3判昭和37.10.9 民集16-10-2070…………取消債権者の分配義務 81
最2判昭和37.11.16 民集16-11-2280………騰貴価格による損害賠償請求(1) 30
最2判昭和37.11.9 民集16-11-2270…………継続的保証における保証債務の相続性 106
最3判昭和38.4.23 民集17-3-536……………建物買取請求権の代位行使 51
最3判昭和39.4.21 民集18-4-566……………第三者弁済の「正当な利益」(2)：第二会社的立場にある会社 142
最3判昭和39.11.17 民集18-9-1851…………相当価格による動産売却と詐害行為 66
最大判昭和39.11.18 民集18-9-1868………超過利息の元本への充当の可否 5
最2判昭和39.12.18 民集18-10-2179………期間の定めのない継続的保証と保証人の解約権 105
最2判昭和40.3.26 民集19-2-508……………詐害行為取消権の行使方法 75
最2判昭和40.4.30 民集19-3-768……………代物弁済による債務消滅の効果の発生 170
最大判昭和40.6.30 民集19-4-1143…………保証債務の範囲(2)：法定解除による原状回復義務 97
最2判昭和40.12.3 民集19-9-2090…………受領遅滞と解除 40
最3判昭和41.4.26 民集20-4-849……………保証債務の範囲(3)：不当利得返還義務 98
最2判昭和41.5.27 民集20-5-1004…………相当価格による不動産売却と詐害行為(2) 64
最3判昭和41.10.4 民集20-8-1565…………債権者の外観を有する者への弁済(4)：定期預金の期限前払戻 147
最1判昭和42.2.23 民集21-1-189……………土地の一部の賃貸借と選択債権 9
最1判昭和42.8.24 民集21-7-1719…………金額不足の供託に伴う還付と債権の消長 167
最2判昭和42.8.25 民集21-7-1740…………不可分債権：建物明渡請求権 88

大判昭和4.12.16 民集8-944…………………妨害排除請求権の代位行使 49
大判昭和5.10.10 民集9-948…………………債権譲渡通知の代位行使 50
大判昭和7.12.6 民集11-2414…………………債権の二重譲渡において第一譲受人との間で債権が消滅した場合の第二譲受人の地位 119
大判昭和9.1.30 民集13-103…………………賃借人の債務の保証の相続性 111
大判昭和10.4.25 新聞3835-5…………………自然債務〔カフェー丸玉事件〕 14
大判昭和14.10.13 民集18-1165……………第三者弁済の「正当な利益」(1)：債務者の妻の姉妹の夫 141
大判昭和15.3.15 民集19-586…………………代位権の行使と消滅時効の完成猶予・更新 45
大判昭和18.9.10 民集22-948…………………身元保証の相続性 108
最2判昭和28.5.29 民集7-5-608……………債務者が予め承諾した債権譲渡と債務者対抗要件 124
最2判昭和28.11.20 民集7-11-1229…………損害の発生と損害額の立証 26
最2判昭和28.12.18 民集7-12-1446…………解除後の損害賠償と損害賠償額の算定基準時 29
最2判昭和28.12.18 民集7-12-1515…………債権侵害と妨害排除 85
最1判昭和29.4.8 民集8-4-819……………可分債権の共同相続 86
最2判昭和29.9.24 民集8-9-1658……………代位債権者への直接の明渡請求の可否 48
最2判昭和30.1.21 民集9-1-22………………執行不能に備えた請求の算定基準時 32
最3判昭和30.10.11 民集9-11-1626…………被保全債権額を超える贈与の取消し 76
最3判昭和30.10.18 民集9-11-1642…………取立債務における特定〔漁業用タール事件〕 1
最2判昭和32.3.8 民集11-3-513……………相殺の遡及効と契約解除の効力への影響 171
最大判昭和32.6.5 民集11-6-915……………口頭の提供の要否 138
最1判昭和32.6.27 民集11-6-1154…………弁済の提供における債権者への通知の要否 136
最1判昭和32.9.19 民集11-9-1565…………処分禁止の仮処分と移転登記義務の履行不能 21
最2判昭和33.9.26 民集12-13-3022…………本旨弁済の詐害性 67
最2判昭和34.6.19 民集13-6-757……………連帯債務の共同相続 87
最1判昭和35.4.21 民集14-6-930……………不動産の二重売買において売主の一方買主に対する債務が履行不能になる時点 22
最1判昭和35.6.23 民集14-8-1507…………賃貸人と転借人の地位の混同と転貸借 180

判例索引

裁判所　裁判年月日　登載判例集	項　目	番　号
大判明治39.2.5 民録12-136	相当価格による不動産売却と詐害行為(1)	63
大判明治39.3.3 民録12-435	主たる債務についての債権譲渡に係る対抗要件の具備と保証債務	102
大判明治40.9.21 民録13-877	既存債権者に対する担保供与と詐害行為	69
大判明治44.3.24 民録17-117	詐害行為取消権の法的性質及び取消しの効力	53
大連判大正3.12.22 民録20-1146	確定日付のある証書による通知・承諾の意義	116
大判大正4.3.10 刑録21-279	債権侵害と不法行為	84
大判大正4.12.10 民録21-2039	詐害行為取消権の期間制限の起算点	83
大判大正7.8.27 民録24-1658	特別事情の予見時期	25
大連判大正8.3.28 民録25-441	確定日付のある証書によらない承諾と確定日付のある証書による通知が競合した場合の債権譲渡の優劣	118
大判大正8.12.25 民録25-2400	持参債務における特定〔鱈不着事件〕	2
大判大正10.2.9 民録27-244	債権譲渡の対抗要件規定の強行規定性	117
大判大正11.10.25 民集1-616	債権者の受領拒絶と供託の要件	166
大判大正11.11.24 民集1-670	不可分債務の共同相続(1)：賃料債務	89
大決大正13.1.30 民集3-53	保証債務の範囲(1)：不動産の所有権移転義務	96
大判大正13.4.25 民集3-157	相当価格による不動産売却と詐害行為(3)	65
大判大正14.12.3 民集4-685	慣習上の履行場所の確定〔深川渡事件〕	137
大判大正15.5.22 民集5-386	損害賠償額の算定基準時〔富喜丸事件〕	27
大判昭和4.3.30 民集8-363	履行補助者の行為を理由とする債務者の損害賠償責任	23
大判昭和4.6.19 民集8-675	転借人の行為による賃借物の滅失と転貸人の損害賠償責任	24

池田　雅則	（いけだ・まさのり）	名古屋大学教授	〔120～123〕
和田　勝行	（わだ・かつゆき）	京都大学准教授	〔124～130〕
北居　　功	（きたい・いさお）	慶應義塾大学教授	〔134～140〕
山田八千子	（やまだ・やちこ）	中央大学教授	〔141～145・150・179〕
石上　敬子	（いしがみ・けいこ）	大阪経済法科大学准教授	〔146～149・151〕
下村　信江	（しもむら・としえ）	近畿大学教授	〔152～154・160・161〕
深川　裕佳	（ふかがわ・ゆか）	東洋大学教授	〔171～177〕

※〔　〕内は、執筆担当の番号。

■編者紹介

潮見　佳男	（しおみ・よしお）	京都大学教授	〔23・24〕
山野目章夫	（やまのめ・あきお）	早稲田大学教授	〔178〕
山本　敬三	（やまもと・けいぞう）	京都大学教授	
窪田　充見	（くぼた・あつみ）	神戸大学教授	

■著者紹介（執筆順）

辻　　博明	（つじ・ひろあき）	岡山大学教授	〔1・2〕
川地　宏行	（かわち・ひろゆき）	明治大学教授	〔3～9〕
根本　　到	（ねもと・いたる）	大阪市立大学教授	〔10～13〕
大久保邦彦	（おおくぼ・くにひこ）	大阪大学教授	〔14～17〕
白石　友行	（しらいし・ともゆき）	筑波大学准教授	〔18～22〕
松井　和彦	（まつい・かずひこ）	大阪大学教授	〔25～28〕
宮下　修一	（みやした・しゅういち）	中央大学教授	〔29～32〕
長野　史寛	（ながの・ふみひろ）	京都大学准教授	〔33～35〕
荻野　奈緒	（おぎの・なお）	同志社大学准教授	〔36～40〕
山田　　希	（やまだ・のぞみ）	立命館大学教授	〔41～47〕
平田　健治	（ひらた・けんじ）	大阪大学教授	〔48～52〕
片山　直也	（かたやま・なおや）	慶應義塾大学教授	〔53・67・68〕
名津井吉裕	（なつい・よしひろ）	大阪大学教授	〔54・63～66・75〕
岡本　裕樹	（おかもと・ひろき）	筑波大学教授	〔55～59〕
山本　貴揚	（やまもと・たかあき）	甲南大学准教授	〔60～62・81～83〕
村田　大樹	（むらた・だいじゅ）	関西大学准教授	〔69～72・74〕
瀧　　久範	（たき・ひさのり）	関西学院大学准教授	〔73・76～80〕
小林　和子	（こばやし・かずこ）	筑波大学准教授	〔84・85〕
宮本　誠子	（みやもと・さきこ）	金沢大学准教授	〔86～89〕
杉本　和士	（すぎもと・かずし）	法政大学教授	〔90・101・155～159〕
都筑　満雄	（つづき・みつお）	南山大学教授	〔91・92・131～133・170・180・181〕
渡邊　　力	（わたなべ・つとむ）	関西学院大学教授	〔93・94・100・162～165〕
大澤慎太郎	（おおさわ・しんたろう）	千葉大学准教授	〔95・98・99・102～104〕
三枝　健治	（さいぐさ・けんじ）	早稲田大学教授	〔96・97・166～169〕
齋藤　由起	（さいとう・ゆき）	大阪大学准教授	〔105～112〕
白石　　大	（しらいし・だい）	早稲田大学准教授	〔113～119〕

新《しん》・判例《はんれい》ハンドブック 債権法《さいけんほう》Ⅰ

編著者 潮見佳男《しおみよしお》・山野目章夫《やまのめあきお》
山本敬三《やまもとけいぞう》・窪田充見《くぼたあつみ》

発行所 株式会社 日本評論社　　発行者 串崎 浩
東京都豊島区南大塚3-12-4 電話 (03) 3987-8621 (販売)
3987-8631 (編集)
振替 00100-3-16 〒170-8474
印刷 精文堂印刷株式会社　　製本 株式会社難波製本
Printed in Japan

2018年3月25日 第1版第1刷発行　　装幀 海保 透

ISBN 978-4-535-00828-1